I0357081

www.ingramcontent.com/pod-product-compliance
Lightning Source LLC
Chambersburg PA
CBHW070248010526
44107CB00056B/2389
* 9 7 8 0 6 4 8 9 0 1 4 7 1 *

میرزا مهدی

میرزا مهدی ۱۸۷۰-۱۸۴۸

«ای ربّ فدیت ما اعطیتنی لحیوة العباد و اتّحاد من فی البلاد.»
حضرت بهاءالله

این لوح مبارک حضرت بهاءالله در یوم شهادت
غصن اطهر نازل گردید و چنین شروع می‌شود
«سُبْحانَكَ اللَّهُمَّ يا إِلهِي تَرانِي اليَوْمَ فِي السِّجْنِ
بَيْنَ أَيْدِي أَعْدائِكَ...» (۱)

این لوح مبارک حضرت بهاءالله بعد از شهادت
غصن اطهر و در هنگام شستشوی رمس مطهّر
او نازل گردیده است.
"هذا حین فیه یغسلون الابن امام الوجه بعد الذی
فدیناه فی السجن الاعظم." (۲)

میرزا مهدی غصن اطهر

تألیف: بوریس هندال

ترجمه: احسان کاظمی

میرزا مهدی، غصن اطهر
تألیف: بوریس هندال© ۲۰۱۷ میلادی
ترجمه: احسان کاظمی ۲۰۱۹ میلادی

چاپ اول به زبان فارسی، سال ۱۷۸ بدیع، ۲۰۲۱ میلادی
شماره بین المللی کتاب به زبان فارسی :
(نسخه چاپی) ۱-۷-۶۴۸۹۰۱۴-۰-۹۷۸
(نسخه الکترونیکی) ۸-۸-۶۴۸۹۰۱۴-۰-۹۷۸
چاپ: IngramSpark

نشر اصلی به زبان انگلیسی توسّط انتشارات جرج رونالد
شماره بین المللی کتاب ۵-۶۰۶-۸۵۳۹۸-۰-۹۷۸، سال ۲۰۱۷

طرح روی جلد: سروش صداقت
تصویر روی جلد: حفره نورگیر زندان عکا (نوسازی شده)
که از آن میرزا مهدی به پایین افتاد (مرکز جهانی بهائی)
و عکس ساحل (کِرتو کِلَم، ۲۰۰۶)

Mirza Mehdi, Ghusn-i-Athar

©Boris Handal 2021
All Rights Reserved

ISBN: 978-0-6489014-7-1 (paperback)
ISBN: 978-0-6489014-8-8 (e-book)
Translated by Ehsan Kazemi

فهرست

فهرست تصاویر .... ح
مقدمه مؤلّف (کتاب فارسی) .... م
مقدمه مؤلّف (کتاب انگلیسی) .... س
مقدّمهٔ مترجم ....ص
دیباچه .... ر

۱- عکّا، سجن اعظم ۱
۲- غصن اطهر ۱۱
۳- سال‌های صباوت در طهران ۲۰
۴- دوران تبعید در بغداد، استانبول و ادرنه ۳۲
۵- مسافرت طولانی به عکّا ۴۹
۶- پیاده شدن از کشتی در عکّا ۶۹
۷- زندگانی در قشلهٔ عسکریه ۸۱
۸- اوّلین زائرین بهائی ۱۱۵
۹- گنجینهٔ نفیس حق در ارض اقدس ۱۴۳
۱۰- فداکاری عظیم و رهایی‌بخش غصن اطهر..............۱۶۱
۱۱- زندگانی بدون میرزا مهدی ۱۶۶
۱۲- مرقد غصن اطهر ۱۷۹
۱۳- قصیدهٔ عزّ ورقائیه ۱۸۶
۱۴- بخش آخر ۱۹۸

ضمیمه: استقرار رمسین اطهرین غصن اطهر و مادر بزرگوار
حضرت عبدالبهاء در کوه کرمل، بقلم روحیه خانم ربّانی...... ۲۱۴

کتاب‌شناسی ۲۲۵
مآخذ و یادداشت‌ها....................................۲۳۹

ز

فهرست تصاویر

صفحات اولیه

۱. میرزا مهدی ۱۸۷۰ - ۱۸۴۸

۲. لوح مبارک حضرت بهاءالله که در یوم شهادت غصن اطهر نازل گردید.

۳. لوح مبارک حضرت بهاءالله بعد از شهادت غصن اطهر و در هنگام شستشوی رمس مطهر او نازل گردیده است.

شرح تصاویر ضمیمه فصل چهارم

۴. ناصرالدین شاه ایران (۱۸۹۶ - ۱۸۴۸)

۵. سلطان عبدالعزیز، امپراطور عثمانی (۱۸۷۶ - ۱۸۳۰)

۶. منظره‌ای از طهران در زمان میرزا مهدی

۷. منظرهٔ تاریخی بغداد و رود دجله

۸. پل بیوک چکمجه در ترکیه که میرزا مهدی با اَب بزرگوارش حضرت بهاءالله وخانواده و همراهان در مسیر استانبول به ادرنه در دسامبر سال ۱۸۶۳ میلادی از روی آن عبور نمود.

۹. یکی از منازلی که میرزا مهدی با حضرت بهاءالله و عائله مبارکه در آن در ادرنه می‌زیستند.

۱۰. گروهی از بهائیان در تبعید در ادرنه - میرزا مهدی و حضرت عبدالبهاء نفرات دوّم و سوّم نشسته از سمت چپ.

۱۱. بخشی از عکس بالا میرزا مهدی و حضرت عبدالبهاء در ادرنه

ح

فهرست تصاویر

۱۲. بهائیّه خانم حضرت ورقه علیا در ادرنه
۱۳. کشتی ارسیدوکا فردیناندو ماسیمیلیانو ساخته شده در سال ۱۸۵۶ میلادی که محتملاً حضرت بهاءالله با میرزا مهدی و عائله مبارکه و همراهان با آن از گالیپولی به حیفا مسافرت کردند.
۱۴. مسافرین بر روی عرشهٔ کشتی بخار و در دریای آدریاتیک. نقاشی به وسیله هِنری بردون ریچاردسون.
۱۵. دروازهٔ بحری عکّا محلّ ورود حضرت بهاءالله و میرزا مهدی و عائله مبارکه و همراهان که از طریق آن به عکا وارد شدند.
۱۶. خیابانی در عکّا شبیه خیابانهائی که حضرت بهاءالله و میرزا مهدی و عائله مبارکه و تبعیدیان پیاده از آنها به سربازخانه رفتند.
۱۷. دربدو ورود به قلعه حضرت بهاءالله و میرزا مهدی و همراهان را به اتاق‌هایی که مجاور میدان قشله بود بردند.
۱۸. طرحی از زندان
۱۹. عکّا
۲۰. قشله عکّا

شرح تصاویر ضمیمه فصل هشتم

۲۱. محل دخول به سربازخانه، سجن اعظم
۲۲. از درب سمت چپ به سلول حضرت بهاءالله وارد می‌شویم.
۲۳. سلول حضرت بهاءالله در قشله
۲۴. سلول حضرت بهاءالله که در سال ۲۰۰۴ میلادی نوسازی شد.
۲۵. دو پنجرهٔ قرار گرفته در منتهی الیه سمت راست طبقه بالا، پنجره‌های سلول حضرت بهاءالله هستند.

ط

میرزا مهدی، غصن اطهر

۲۶. پنجرهٔ سلول حضرت بهاءالله. ایشان از این پنجره برای زائرینی که اذن دخول به سربازخانه را نمی‌یافتند، دست تکان داده و مورد عنایت قرار می‌دادند.

۲۷. پنجره نوسازی شده سلول حضرت بهاءالله .

۲۸. ابوالحسن اردکانی (حاجی امین) اوّلین زائری که توانست حضرت بهاءالله را در درون شهر عکّا زیارت نماید.

۲۹. بدیع که با لباس سقاها با تمام وسایلش به درون سربازخانه رفت و به حضور حضرت بهاءالله مشرّف شد.

۳۰. پشت بام زندان، جایی که میرزا مهدی بر روی آن قدم می‌زد.

۳۱. عکس نقشهٔ بخش شمالی شهر عکا [توجه: شرح ساختمان ها در زیر عکس مربوطه نوشته شده است].

۳۲. پنجرهٔ نورگیر، نوسازی شده، که میرزا مهدی از آن به درون و بر روی یک صندوق چوبی افتاد.

۳۳. در هنگام نوسازی زندان تصمیم گرفته شد که کف زمین را به همان صورتی که میرزا مهدی بر آن افتاد باقی گذارند. پلکان به‌پشت‌بام در عکس دیده می‌شود.

۳۴. گورستان نبی صالح در حومه شهر عکّا مکانی که اوّلین بار عرش مطهّر میرزا مهدی در آنجا دفن گردید. سنگ مدفن او در سمت راست است.

۳۵. گورستان نبی صالح در ۲۰۱۷- محلی را که ابتدا مدفن میرزا مهدی بر آن قرار داشت ملاحظه کنید.

۳۶. سنگ آرامگاه اولیه میرزا مهدی در گورستان نبی صالح

فهرست تصاویر

۳۷. بیت عبود. یکی از منازلی که حضرت بهاءالله و عائله مبارکه بعد از ترک قشله در آن می زیستند. نوّاب در این منزل صعود نمود.

شرح تصاویر ضمیمه فصل دوازدهم
۳۸. مرقد حضرت ورقهٔ علیا حدود سال ۱۹۳۲.
۳۹. مرقد حضرت ورقهٔ علیا
۴۰ و ۴۱. مراقد میرزا مهدی و نوّاب
۴۲. لوحهٔ برنزی بر روی مرقد میرزا مهدی.
۴۳. مراقد میرزا مهدی و نوّاب از نزدیک
۴۴ و ۴۵. اکنون، جوانان بهائی در سراسر عالم با الهام از خدمت و فداکاری غصن اطهر، تعالیم حضرت بهاءالله را آموخته، استعداد خود را پرورش داده و برای خدمات فداکارانه به جامعهٔ خود قیام می‌نمایند.

تقدیم به جامعه بهائی ثابت قدم

و فداکار مهد امرالله

مقدمه مؤلّف (کتاب فارسی)

طبع فارسی کتاب میرزا مهدی، غصن اطهر، نمیتوانست در زمانی فرخنده تر از زمان کنونی انتشار یابد. سال ۲۰۲۰ میلادی مصادف با یکصدو پنجاهمین سال از قربانی شدن ایشان در راه حضرت بهاءالله، پدر عظیم الشأن شان، در شهر مسجونی عکّا است.

بدنبال جشنهای دویستمین سال میلاد حضرت ربّ اعلی در سال ۲۰۱۹ میلادی و قبل از برگزاری یادبود یکصدمین سال صعود مرکز میثاق حضرت عبدالبهاء در سال ۲۰۲۱ میلادی، یکصد و پنجاهمین سال شهادت میرزا مهدی در این میان نمایانگر برهه ای از زمان برای تفکر و تعمّق است.

این کتاب رسانه ای است برای به خاطر آوردن شرایط خارق العاده زندگانی میرزا مهدی و ماهیت اصیل خدماتش که با پا نهادن به عرصه حیات در ایران آغاز و در ارض اقدس به اوج خود رسید. با عطف به این کلام، این کتاب فارسی را به جوانان بهائی مهد امرالله که مواجه با مشکلات و تضییقات شدیده در کشور مقدس ایران هستند تقدیم مینمایم.

نشر این کتاب بدون مجاهدات بیدریغ دو نفس نفیس که

من عمیقاً از آنها سپاسگزارم میسر نبود. اول، جناب مهندس احسان کاظمی که ترجمه این کتاب را با سبکی سلیس و ادیبانه از انگلیسی به فارسی به عهده گرفته و با موفقیت تمام به اتمام رسانیدند. ایشان برای مدتی با کوششی خستگی ناپذیر وقت خود را کلاً وقف پیشرفت امر ترجمه نمودند تا ترجمه ای رسا از مندرجات کتاب را بوجود آورند که همگی ما بدان مفتخریم. من ایشان را مترجمی واقف با خلقی خوش یافتم، سعی و کوشش ایشان در حقیقت حاصلی از عشق و صفای روحانی بود.

در ثانی، جناب دکتر سروش صداقت بعنوان ویراستار این کتاب در یافتن نصوص مبارکه الهی به زبان نزولی عربی و فارسی و همچنین متون موثّق سایر ادیان و نوشتجات مشاهیر امرالله که در متن کتاب انگلیسی بکار رفته است جهد بلیغ مبذول داشتند. توجه مخصوص ایشان به جزئیات و صبر نامحدود در جستجوی منابع معادل و پیگیری دقیق ایشان شایان تقدیر است.

همچنین مایلم از دارالتحقیق مرکز جهانی بهائی برای کمک و پشتیبانی صمیمانه شان و به همین ترتیب از از خانم هدیه خوش آئین و خانم فرناز صدقی دیزناب نیز که در تایپ مندرجات همکاری نمودند تشکر نمایم.

بوریس هندال
سیدنی، استرالیا
اکتبر ۲۰۱۹

مقدمه مؤلّف (کتاب انگلیسی)

با قلبی سرشار از عشق بی‌پایان و سپاسی وصف‌ناپذیر مایلم قدرشناسی خود را به ساحت بیت العدل اعظم الهی که هدایت و تشویق بی‌دریغ آن معهد اعلی موجب پیشرفت این کتاب در مراحل مختلف تهیّه آن گردید تقدیم نمایم.

مضافاً حق‌شناسی خود را به‌دارالتحقیق مرکز جهانی بهائی که اطّلاعات تاریخی ذی‌قیمتی در اختیار من قرار دادند که باعث گردید تا این سرگذشت با روحی جدید مزیّن گردد ادا می‌نمایم.

همچنین، مایلم از اداره سمعی و بصری مرکز جهانی بهائی تشکّر نمایم که به من اجازه دادند تا از بسیاری از عکس‌ها کپی‌برداری نمایم که آنها بدون شک نقش محونشدنی و خاطرهٔ بجا ماندنی در قلب و روح نسل‌هایی بی‌شمار باقی می‌گذارد.

به همین نحو میخواهم سپاس صمیمانه خود را به دکتر فلیسیتی رالینکس سنائی (Dr Felicity Rawlings-Sanaei)،

ملانی پرایس (Melanie Price)، نور مهرشاهی (Nur Mihrshahi) و دکتر ادرن علی‌نژاد (Dr Adren Alinejad) به جهت تنظیم و ویراستاری ذیقیمتشان عرضه نمایم. متشابهاً کلمه‌ای نیست که تشکّر عمیق مرا نسبت به سهم فوق‌العادهٔ دکتر وندی مؤمن (Dr Wendi Momen) در حیات بخشیدن به این کتاب ادا نماید.

علاوه بر این تشکّرات عمیق و صمیمانه‌ام را به دکتر موژان مؤمن (Dr Moojan Momen) برای تحریر پیشگفتاری دقیق ومتعالی این کتاب که در آن اصطلاحات الهام‌بخشی در مورد فداکاری بی‌مانند میرزا مهدی محبوب و نازنین به کار رفته تقدیم می‌دارم.

مایلم از آقای گرگ پیج ترنر (Greg Page Turner) از مؤسسهٔ هنرهای زَیبا تشکّر نمایم که به من اجازه داد تا از تصویر مسافرین یک قایق بخار در دریای آدریاتیک که توسّط هنری بردون ریچاردسون (Henry Burdon Richardson) نقاشی شده، استفاده نمایم. و همچنین بالاترین قدردانی خود را به آقای نوری ایدی (Nury Eady) تقدیم می‌دارم که اجازه استفاده از تصویر بام سربازخانه عکّا را به من دادند.

و بالاخره می‌پردازم به دو نفر که مکانی محبّت‌آمیز و جاودانه در قلب حسّاس من دارند یعنی کسانی که برایم عزیزترین و نزدیک‌ترین بوده و منبع دائمی سرور و محرّک و مشوّق من هستند و با عشق قطعی و بدون قید و شرط خود مرا در مقابل هر نوع دلسردی و یأس حمایت و تشجیع نموده اند. همسر عزیزم پروین و دخترم کاملیا، از شما متشکّرم، نه

مقدمه مؤلّف (کتاب انگلیسی)

فقط برای مساعدت‌های شما در کار تحقیق بلکه همچنین برای اهدای اطمینان و دلگرمی دائمی به من که این کتاب موجب تعالی معنوی خوانندگان خواهد شد.

بوریس هندال
سیدنی، استرالیا
فوریه ۲۰۱۷

مقدّمهٔ مترجم

در هنگام مطالعهٔ تاریخ و وقایع امر نازنین حضرت بهاءالله، گاهی با آن مواجه می‌شویم که مورّخین گذشته در بعضی موارد قسمتی از تاریخ و وقایع را مختصراً بیان و توضیح و تشریح جزئیات را به عهدهٔ آیندگان قرار داده‌اند.

کتاب میرزا مهدی غصن اطهر که این ناتوان سعی در ترجمهٔ آن به فارسی نموده‌ام یکی از آن موارد است که مؤلّف آن جناب دکتر بوریس هندال در این کتاب کوشش نموده‌اند که زندگی، فداکاری و شهادت غصن اطهر را از جهات مختلف مورد بررسی قرار دهند.

نویسنده با جهد فراوان از هر گونه آثار و مدارک موجود، آنچه که مربوط به واقعهٔ فداکاری غصن اطهر بوده استفاده و آنها را در یک اثر جمع آوری و سپس آنها را تجزیه و تحلیل نموده است. خواننده این کتاب عمل فداکاری میرزا مهدی نازنین را که مورد تائید جمال اقدس ابهی قرار گرفته است با نیتی والا می یابد.

در این کتاب از آثار مقدّسهٔ حضرت بهاءالله،

مقدمه مترجم

حضرت عبدالبهاء، حضرت ورقهٔ علیا و توقیعات مبارکه حضرت ولی امرالله به وفور استفاده شده و در ترجمهٔ فارسی آن سعی زیادی به عمل آمد که اصل آثار منتخبه عیناً به زبان نزولی نقل شود ولی در موارد نادر به علّت عدم دسترسی به اصل کلمات نازله به ناچار به ترجمه مضمون آنها اقدام گردید.

برای ترجمه قطعات نقل شده از کتاب مقدس [انجیل-تورات] از ترجمه فارسی توسط International Biblical Association استفاده گردید.

در اینجا مایلم تشکّر صمیمانه خود را به حضور جناب دکتر هندال برای تشویق به ترجمهٔ این اثر عرضه دارم و همچنین از جناب دکتر سروش‌صداقت که با تشویق‌های بی‌دریغ خود و سعی موفور در ویراستاری این کتاب موجب آمادگی آن برای نشر شدند امتنان عمیق خود را ابراز دارم. و بالاخره یادآور همسر عزیزم شادروان مهشید کاظمی میشوم که همواره مشوّق این عبد در سبیل خدمت بوده از او پیوسته متشکّرم و برای ارتقاء روح پرفتوحش بدرگاه جمال اقدس ابهی دعا مینمایم.

امید است که مطالعهٔ این اثر مورد استفاده و توجّه احبّای فارسی زبان و به خصوص جوانان عزیز بهائی قرار گیرد.

احسان کاظمی
سیدنی، استرالیا
نوامبر ۲۰۱۹

دیباچه

حضرت شوقی افندی در پایان بررسی خود از رویدادهای قرن اوّل دیانت بهائی خاطرنشان می‌سازند که تاریخ این دیانت هرگز به آرامی پیشرفت ننموده بلکه می‌توان گفت «که آئین الهی متناوباً و مترادفاً با یک سلسله از حوادث خطیره که فتوحات و انتصارات روحانیّهٔ عظیمه در بر داشته مواجه و پیوسته به‌جانب هدف اصلی و مقصد نهائی خویش که ید اقتدار الهی برای آن مقدّر نموده در سیر و حرکت بوده است.» (۱) شدائد و آلام و تضییقاتی که بر دیانت بهائی وارد آمد طبق ارزیابی حضرت شوقی افندی ، «با هیچ‌یک از مصائب و بلایای سابقه در اعصار و ادوار ماضیّه قابل قیاس نیست.» (۲) ولی با قدرت روحانی معجزه آسای اسرارآمیزی هر عمل فداکارانه‌ای که در هنگام بروز در قلب هر بحران انجام گردیده، ایجاد جنبشی روحانی نموده که متعاقب آن سبب پیروزی شده است.

اگر چه ما هرگز قادر به درک این جریانات مکنونهٔ روحانی نیستیم ولی مطمئناً این وقایع مانند قوانین علمی عمل می‌نمایند. حضرت شوقی افندی نمونه‌ها و شواهد بسیاری

از این پدیده متناوب بحران‌ها و پیروزی‌ها را در تاریخ دیانت بهائی[۳] دقیقاً توصیف فرموده اند که ما می‌توانیم بر قدرت و تأثیر این مکانیزم اطمینان داشته باشیم. در یک قیاس می‌توان عمل فداکاری را به کار یک دانه تشبیه نمود که ابتدا بایستی خود را فدا نموده فنا شود تا جوانه‌ای سبز شده و بالاخره درختی برومند را به وجود آورد. در استعارهٔ دیگر همانند دانه‌هائی هستند که در آسیاب خُرد می شوند تا روغنی حاصل آید و آن روغن موجب حدوث نور در چراغی شود تا بتواند همه را نورانی نماید. تنها عمل فداکارانه‌ای که با خلوص و صداقت انجام شود می‌تواند انرژی روحانی برای فائق آمدن بر کلّیه موانع را به وجود آورده، موجب قوّهٔ محرّکه پیشبرد دیانت به سوی مرحله بعدی توسعه گردد.

و این سرشت و رمز فداکاری است که آنهائی که خود را فدا می نمایند اغلب به وسعت نیروی روحانی که آزاد می‌سازند واقف نیستند و یا آن را ناچیز می‌شمارند. باید گفت که نقطه نظر و موضوع اصلی این کتاب، تشریح اهمیّت همین عمل فداکاری است. هنگامی که میرزا مهدی غصن اطهر در روزی از روزهای سال ۱۸۷۰ در عکّا از نورگیر سقف زندان به درون افتاد، به سختی مجروح شد و همه دانستند که او به علّت شدّت جراحت به‌احتمال زیاد وفات می‌نماید. پدر مبارکش حضرت بهاءالله به او پیشنهاد نجات حیات فرمودند. ولی میرزا مهدی قربانی شدن را انتخاب نموده گفت امیدوار است این فداکاری موجب شود که درب زندان عکّا به روی بهائیان گشوده شود تا آنها بتوانند محبوب خود حضرت بهاءالله

میرزا مهدی، غصن اطهر

را یک بار دیگر زیارت نمایند. فداکاری او توسّط حضرت بهاءالله پذیرفته شد و چند ماه بعد از فوت او درب‌های زندان باز و حضرت بهاءالله به منزلی نقل مکان فرمودند که زائرین بهائی توانستند ایشان را زیارت نمایند.

این عمل تنها نتیجهٔ فداکاری غصن اطهر نبود. حضرت بهاءالله شهادت آن نفس مقدّس را در مقام رفیع قربانی های بزرگ تاریخ ادیان محسوب داشتند، «به‌مثابه قربانی فرزند حضرت خلیل در سبیل ربّ جلیل و جانبازی حضرت روح بر صلیب و شهادت حضرت سیّدالشهداء در ارض طفّ.» [۴] فدا شدن میرزا مهدی انرژی روحانی لازم برای هدف غائی ظهور حضرت بهاءالله را آزاد ساخت که در نتیجه موجب احیای حیات روحانی فرد و حصول وحدت اصلیه در انجمن بنی‌آدم گردد. در این مقام این بیانات عالیات مسطور، قوله الاحلی: «قل قد جاءالغلام لیُحییَ العالَمَ و یتّحد من علی الأرض کلّها.»[۵] و نیروی روحانی لازم برای این منظور توسّط فداکاری میرزا مهدی حاصل شد. حضرت بهاءالله فرمودند: « ای ربّ فدیت ما اعطیتنی لحیوة العباد و اتحاد من فی البلاد.»[۶]

البتّه هدف احیاء حیات روحانی افراد بشر و اتّحاد امم عالم هنوز واقع نشده ولی انرژی روحانی لازم آزاد شده به واسطهٔ فداکاری میرزا مهدی پیوسته در جریان است، به بهائیان الهام می‌بخشد که فداکاری نمایند و هدف فوق را به پیش برند.

موژان مؤمن
نورت هیل، فوریه ۲۰۱۷

۱- عکّا، سجن اعظم

در ازمنه قدیم شهری در کنار دریای مدیترانه بود که یونانی‌ها و رومی‌ها آن را پتولمائیس و مصریان باستان آن را عکّا می‌نامیدند ولی طیّ قرون متمادی این شهر به نام‌های مختلف نامیده شده است. در عهد عتیق به آکو[۱] و اکور[۲] شناخته میشد ولی صلیبیون آن را به سن‌ژان داکر (St Jean d'Acre) تغییر نام دادند و مسلمین نام قدیم یعنی عکّا را بر آن نهادند.

دانشمندان گمان دارند که عکّا از چهار هزار سال قبل وجود داشته است. گفته می‌شود که حضرت محمّد بر مقام و جایگاه روحانی این شهر تأکید نموده است. «طوبی لمن زار عکّا و طوبی لمن زار زائر عکّا.»[۳] یعنی خوشا به حال کسی که عکّا را زیارت نماید و خوشا به حال کسی که زیارت‌کنندهٔ عکّا را زیارت کند.

عکّا در ارض اقدس و اکنون در کشور اسرائیل در نزدیکی کوه کرمل و در ساحل یکی از خلیج‌های بسیار زیبای دریای مدیترانه و در فاصلهٔ ۱۷۵ کیلومتری شمال اورشلیم واقع شده

است. در زمان جنگ‌های صلیبی، عکّا صحنهٔ برخوردهای مهیب بین مسلمین با مسیحیان بود و صلیبی‌های فاتح پایتخت پادشاهی اورشلیم را در آنجا قرار دادند. ناپلئون با ارتش قوی خود عکّا را محاصره نمود ولی پس از دو ماه محاصره نتوانست آن را به تصرّف درآورد و آنجا را ترک نمود. بر دیوارهای این شهر اثرات گلوله‌های توپ باقی ماند و او با تمسخر عکّا را یک «دانه شن»(۴) نامید زیرا در مقابل جاه‌طلبی‌های نظامی او مقاومت نموده بود. عکّا را «باستیل ترکی»(۵) نیز خوانده‌اند.

پیامبران اسرائیل این شهر را ستوده‌اند و برایش مقام و جایگاه مخصوصی در تاریخ بشریّت قائل شده‌اند. در واقع از عکّا به عنوان شهری «حصین» یا «مستحکم»(۶)، «دروازه امید»(۷) و جائی که «ربّ‌الجنود»، «پادشاه جلال»،(۸) در آن ظاهر می‌شود، ذکر شده است.

بیست و هشت قرن قبل، هوشع چنین گفت:

«و تاکستانهایش را از آنجا به وی خواهم داد و وادی اکور (عخور) را به دروازه امید مبدّل خواهم ساخت و در آنجا مانند ایّام جوانی اش و مثل روز بیرون آمدنش از زمین مصر خواهد سرائید.»(۹)

همچنین داود، مزمور خوان، دربارهٔ ورود حضرت بهاءالله به دروازه عکّا در مزامیر خود این سرود را خوانده بود «متبارک باد خداوند که رحمت عجیب خود را در شهر حصین به من ظاهر کرده است.»(۱۰) و می پرسید «چه کسی مرا به شهر حصین هدایت خواهد نمود؟»(۱۱) او باز ندا میداد:

ای دروازه‌ها، سرهایتان را بر افرازید.
ای در های ابدی برافراشته شوید تا پادشاه جلال داخل شود. این پادشاه جلال کیست؟
خداوند قدیر و جبّار، خداوند که در جنگ جبّار است.
ای دروازه‌ها، سرهایتان را برافرازید.
ای درهای ابدی برافرازید تا پادشاه جلال داخل شود.
این پادشاه جلال کیست؟
یهوه صبایوت پادشاه جلال اوست! سلاه [۱۲]

حزقیل یکی از بزرگ‌ترین انبیای آینده نگر قوم یهود به نوبه از تجربیات فوق العاده عرفانی خود چنین سخن راند:

«و مرا نزد دروازه آورد، یعنی به دروازه ایکه به سمت مشرق متوجّه بود و اینک جلال خدای اسرائیل از طرف مشرق آمد و آواز او مثل آبهای بسیار بود و زمین از جلال او منوّر گردید. پس جلال خداوند از راه دروازه ایکه رویش به سمت مشرق بود به خانه در آمد.» [۱۳]

عاموص نیز نزول اجلال حضرت بهاءالله را به ارض‌اقدس اعلام داشت:

«خداوند از صهیون نعره میزند و آوازه خود را از اورشلیم بلند میکند و مرتع های شبانان ماتم میگیرند و قلّه کرمل خشک میگردد.» [۱۴]

در طول سالیان طولانی این شهر مقدّس [عکّا] صحنهٔ امور مختلفی بوده است. آنجا شهر بازرگانان، دژ نظامی صلیبیون،

میرزا مهدی، غصن اطهر

قلعهٔ نظامی و سپس در زمان امپراطوری عثمانی شهر زندانیان بود و این هنگامی بود که حضرت بهاءالله "از دروازه‌ای که رویش به سمت مشرق بود" با هیمنه و جلال وارد شدند.

با ورود جمال مبارک حضرت بهاءالله در سال ۱۸۶۸ میلادی به آن ساحل و اعلان اینکه ایشانند ربّ‌الجنود، پادشاه جلال که به ارض اقدس آمده‌اند، کلیه پیشگوئی‌های کتاب مقدّس به وقوع پیوست. همانگونه که خداوند به بندگانش وعده فرمود: «در آن روز از آشور و از شهرهای مصر و از مصر تا نهر فرات و از دریا تا دریا و از کوه تا کوه نزد تو خواهند آمد.»(۱۵)

حضرت بهاءالله دعوت خود را در این شهر که آخرین مقصد تبعید از نقاط متعدّد تبعیدشان در اجرای فرمان حبس ابد برای ایشان و عائله مقدّسشان از جانب سلطان عثمانی بود آشکار نمودند.

برای جامعهٔ بهائی محروم و دورافتاده در ایران، پارس قدیم، کاملاً آشکار بود که دشمنان امر برای اوّلین بار با هم متّحد شده‌اند که با شتاب این ضربه سخت را وارد آورند ولی بالاتر از هر چیز واضح بود که اراده و نقشهٔ الهی در حال اجرا و با نزول اجلال مظهر ظهور کلّی الهی به اراضی مقدّسه کلیه نبوّات پیشین برآورده شد.

تجلّی و عظمت امر حضرت بهاءالله هنگامی که مردم ارض بیدار شده و آن ندای قدرت را شنیدند به نهایت درخشش خود رسید. حضرت عبدالبهاء می‌فرمایند:

«و چون جمال مبارک به این سجن در ارض مقدّس رسیدند دانایان بیدار شدند که بشاراتی که خدا در دو سه هزار سال پیش از لسان انبیا داده بود، ظاهر شد و خداوند به وعده وفا نمود زیرا به بعضی انبیا وحی فرموده و بشارت به ارض مقدّس داده که ربّ‌الجنود در تو ظاهر خواهد شد. جمیع این وعده‌ها وفا شد و اگر چنانچه تعرّض اعدا نبود این نفی و تبعید واقع نمی‌گشت عقل باور نمی‌کرد که جمال مبارک از ایران هجرت نمایند و در این ارض مقدّس خیمه برافرازند. مقصود اعدا این بود که این سجن سبب شود و به کلّی امر مبارک محو و نابود گردد و حال آنکه سجن مبارک تأیید اعظم شد و سبب ترویج گشت. صیت الهی به شرق و غرب رسید و اشعهٔ شمس حقیقت به جمیع آفاق درخشید. سبحان‌الله با وجود آنکه مسجون بودند ولی در جبل کرمل خیمه بلند بود و در نهایت عظمت حرکت می‌فرمودند و هر کس از آشنا و بیگانه به حضور مشرّف می‌شد می گفت این امیر است نه اسیر.»[۱۶]

اهمیت این واقعه تاریخی را که میتوان به عنوان اصل نور و سایه ارائه نمود ، حاکی از تقابل برجسته ای با رکود شخصیت اکثریت جمعیت بود که در آداب و رسوم و ذهنیت مسئولان آن و تودهٔ مردم انعکاس یافته بود. حضرت بهاءالله ساکنان عکّا را به عنوان «اولاد افاعی»[۱۷] یا نسل ماران افعی توصیف نمودند.

میرزا مهدی، غصن اطهر

در حقیقت شرایط سخت زندگی مردم عکّا از واقعیّت مادی این شهر که یک شهر زندان بود بهتر نبود. سلطان عثمانی هم‌پیمان با پادشاه ایران نتوانست در قلمرو وسیع امپراطوری خود نقطه‌ای را نفرت‌انگیزتر از زندان عکّا برای محبوس ساختن مظهر ظهور الهی و خاموش نمودن مشعل درخشنده آن بیابد. جمال اقدس ابهی عکّا را چنین توصیف فرمودند: «ممّا یحکون انّها اخرب مدن الدّنیا و اقبحها صورة و اردئها هواء و انتنها ماء کانّها دارالحکومة الصّدی لایسمع من ارجائها الّا صوت ترجیعه.» ⁽۱۸⁾

از بیان مبارک فوق درمی‌یابیم که حضرت بهاءالله عکّا را به عنوان متروکترین و ویران ترین شهرهای جهان، از نظر ظاهری ناخوشایندترین، از نظر هوا بسیار ناپسند و مکدّر، و از نظر آب بسیار آلوده و گوئی سرزمین جغدان توصیف فرموده‌اند.

چنین شایع بود که اگر پرنده ای از آسمان عکّا عبور کند بعلت ردائت هوا و کثافت محیط بلادرنگ هلاک و بر زمین ساقط خواهد شد. عکّا زندانی بود برای بی رحم ترین قاتلین، اصلاح ناپذیرترین سارقین و زندانیان سیاسی و هر فردی که سلطان می‌خواست او را از بین ببرد.

پیرامون نامنظم این شهر با یک سلسله دیوارهائی محصور شده بود که از دو سوی بوسیله فاضلاب و آبهای آلوده ای که امواج دریا آنها را به داخل شهر می راند شسته شده و به نکبت منظره شهر بیشتر می افزود.

حضرت شوقی افندی ولی عزیز امرالله راجع به محیط زیست عکّا مرقوم فرموده‌اند:

۶

«پیرامون آن را دو ردیف خاکریز و حصار محکم احاطه نموده و صاحب سکنه ای بود که از لسان مبارک حضرت بهاءالله "اولاد افاعی" خوانده شده اند. مدینهٔ مزبور بی آب و پر از کیک و مرطوب و دارای کوچه های تنگ و تاریک و کثیف و پیچ درپیچ بود.»[۱۹]

دروازه زمینی شهر در شب بسته می‌شد و آنرا درب سگ‌ها می نامیدند زیرا در ساعات دیروقت افراد مجبور بودند از یک حفرهٔ باریک عبور کنند تا وارد و یا خارج از شهر شوند.[۲۰]

در یک سمت ساختمان بزرگی رو به دریا بود که به نام ارگ و یا سربازخانه شناخته می‌شد. این ساختمان در دهه ۱۷۹۰ میلادی بر شالوده هائی که توسط صلیبیون بنا شده بود ساخته شد که بخشی از مرکز دفاعی عکّا توسط حکومت عثمانی قرار گرفت و جایگاه سربازان ارتش شد. در قرن نوزدهم این ساختمان تبدیل به یک زندان شد. این ارگ مانند یک قلعه [دژ] قرون وسطایی است که در مجاورت دریای مدیترانه قرار دارد.

در مدخل آن حیاط وسیعی با یک منبع آب وجود داشت که از آن آب آلوده به کک و کثیف بیرون کشیده می شد. در طرف دیگر حیاط ساختمان زندان بود که دو طبقه داشت. با این اوصاف یک راه پلّه بیرونی باریکی به پشت بام منتهی می شد، مکانی که بتوان هوای بهتری را تنفس کرد و بتوان منظرهٔ زیبائی شامل دریا، دشت هاو کوه ها را دید.

میرزا مهدی، غصن اطهر

با خروج از ادرنه، جایی که حضرت بهاءالله به مدت پنج سال در تبعید به سر برده بودند و قبل از آن چهار ماه در استانبول و پیش از آن نیز ده سال در بغداد در تبعید بودند، با کشتی پس از گذر از حیفا در تاریخ ۳۱ آگوست سال ۱۸۶۸ میلادی به عکّا [سجن اعظم] وارد شدند.

به محض ورود حضرت بهاءالله، جمعیتی در بندر جمع شدند تا «خدای عجم ها» را، همانطور که ایشان را با صدای بلند می خواندند، ببینند و متفقاً بی رحمانه ترین نفرت ها و کلمات زشت و طعنه آمیز را به زبان می راندند.

گروه ۶۷ نفره مرد و زن و کودک را فوراً به داخل قشله بردند و از شب اوّل در سربازخانه محبوس ساختند. چند روز بعد مردم برای شنیدن فرمان سلطنتی مبنی بر جزئیّات بازداشت و رفتار سخت و خشونت‌بار با زندانیان به مسجد بزرگ شهر ازدحام کردند.

رنج و عذاب خانوادهٔ مقدّس حضرت بهاءالله در داخل این قلعهٔ نظامی با زیستن در سه اتاق کوچک به مدّت دو سال و دو ماه و پنج روز به منتها درجهٔ خود رسید. بهائیّه خانم دختر حضرت بهاءالله نقل کرده‌اند که ایشان در طول مدّت سجن فقط سه بار آن هم به مدّت یک ساعت از ساختمان خارج شدند.

پس از صعود میرزا مهدی در سال ۱۸۷۰ میلادی به علّت احتیاج سربازخانه برای اسکان سربازان، تبعیدیان را از آنجا خارج ساختند. از جمال مبارک خواسته شد که در یک خانهٔ

اجاره‌ای خارج از سربازخانه زندانی باشند. ایشان قبل از زندگی در بیت عبود در سه بیت دیگر در عکا زندانی بودند.

به تدریج به علّت آشنا شدن مردم با تبعیدیان و رفتار نیکوی آنها شرایط زندان تخفیف یافت و تقریباً فرمان سلطان عملاً غیر لازم گردید. مقامات محلّی شخصیّت و منش این گروه بیگناه تبعیدی را مورد استقبال قرار دادند و چندین نفر از آنها شخصیّت و مقام شامخ حضرت بهاءالله را ستودند به حدّی که بعضی از آنها که قبلاً رفتار خصمانه‌ای داشتند صریحاً اظهار می‌کردند که قبلاً هرگز مردمی با چنین رفتاری نیکو در عکّا دیده نشده بودند. آنها حتّی گمان می کردند که تحوّل مداوم و مثبت در آب و هوای عکّا به علّت حضور حضرت بهاءالله بوده است.

به تبعیدیان اجازه داده شدکه آزادانه و بدون محافظ در اطراف شهر گردش کنند. حصر حضرت بهاءالله در عکّا تقریباً نه سال طول کشید و در این مدّت ایشان هیچگاه « از حصار شهر قدم فراتر ننهاده و یگانه حرکت و هواخوری وجود اقدسش بمشی در اطاق خواب منحصر بود.» [۲۱] در این سجن اعظم وقایع تاریخی به وقوع پیوست مانند نزول کتاب مستطاب اقدس «کتاب احکام»، ارسال الواح به پادشاهان و پیشوایان مختلف جهان و همچنین تدوین تعداد متعدّدی آموزه ها برای بشریّت. جمال اقدس ابهی در هنگام ورود به عکّا به سرکار آقا فرمودند:

«اکنون توجه خویش را به نزول اوامر و نصایح برای دنیای

آینده متمرکز خواهم ساخت و مذاکره با مردم و ادارهٔ امور آنان را به شما می سپارم.» [۲۲]

حضرت بهاءالله چنین مرقوم فرمودند:

«ثمّ اعلم انّ فی ورودنا هذا المقام سمّیناه بالسّجن الاعظم و من قبل کنّا فی ارض اخری تحت السّلاسل والاغلال و ما سمّی بذلک قل تفکّروا فیه یا اولی الالباب.» [۲۳]

از بیان فوق چنین مستفاد می شود که هیکل مبارک حضرت بهاءالله سجن عکا را سجن اعظم نامیدند در حالیکه در سیاه چال طهران در غل و زنجیر بودند ولی آنرا به این اسم نخواندند.

۲- غصن اطهر

میرزا مهدی پسر جوان و مؤمن حضرت بهاءالله از میان دیوارهای قدیمی و بی‌روح عکّا وارد این شهر شد. او سوّمین فرزند باقی‌مانده از ازدواج حضرت بهاءالله با آسیه خانم و چهار سال کوچکتر از حضرت عبدالبهاء بود. نتیجه این ازدواج هفت فرزند به نام‌های کاظم، صادق، عبّاس [حضرت عبدالبهاء]، علی‌محمّد، فاطمه [بهائیّه خانم]، میرزا مهدی و فرزند دیگری به نام علی‌محمّد بود. در ماخذ دیگر نام مهدی بجای صادق ذکر شده است. فقط سه فرزند: حضرت عبدالبهاء، بهائیّه خانم و میرزا مهدی باقی ماندند. همچنین می‌دانیم که دو فرزند قبل از حضرت عبدالبهاء یکی در حدود سال ۱۸۴۰ میلادی و دیگری در حدود سال ۱۸۴۲ میلادی در طفولیت وفات یافتند.

میرزا مهدی به نام مهدی نوری متولّد شد [نور محلّ تولد اجداد حضرت بهاءالله بوده است]. او در یکی از روزهای سال ۱۸۴۸ میلادی در منزلی که توسط خانواده نزدیک دروازه شمیران، یکی از ورودیه های اصلی به شهر طهران، اجاره شده بود دیده به جهان گشود. در این خانه که هنوز باقی است

حضرت بهاءالله با عائله گسترده خویش شامل همسر، فرزندان، مادر، برادران و خواهر تا آخرین روزهای اقامت در ایران ساکن بودند.

حضرت بهاءالله برادر بزرگتری به نام میرزا مهدی داشتند که بسیار به او علاقمند بودند و او یک سال قبل از تولد میرزا مهدی فوت کرد و فرزند جدید را به نام او خواندند. میرزا یک لقب است و مهدی یک کلمه عربی و به معنای «به درستی هدایت شده»[1] می‌باشد. تولّد میرزا مهدی در سال ۱۸۴۸ میلادی، مقارن سالی بود که در آن زجر و آزار شدید پیروان حضرت‌باب به شدت ادامه داشت.

او از سال‌های اوّلیّهٔ عمر از گرفتاری‌های سخت و سنگین پدر عذاب می‌کشید. برای مثال حضرت بهاءالله در سال ۱۸۵۲ میلادی در سیاهچال مخوف طهران زندانی گردیدند و همان‌گونه که در فصل بعد خواهد آمد خطر اعدام ایشان بعلّت بابی بودن در هر لحظه قریب‌الوقوع بود. بدین جهت خانوادهٔ ایشان مجبور بودند که در خفا بسر برند و هر روز در پی آن باشندکه به طریقی از حیات حضرت بهاءالله باخبر شوند.

بعداً در زمانیکه که حضرت بهاءالله و عائله مبارکه ایشان در ژانویه سال ۱۸۵۳ میلادی بعنوان تبعیدیان ایران را بسوی بغداد ترک نمودند، میرزا مهدی خیلی خردسال بود و بعلت مریضی و مسافرت طاقت‌فرسا در اواسط زمستان مجبور شد در طهران باقی بماند. بر طبق گفته بهائیّه خانم، «گرچه جدائی از

این طفل دو ساله برای مادرم [آسیه خانم] بسیار غم انگیز بود ولی بخود اجازه داد که او را تنها نزد مادربزرگش [مادربزرگ آسیه خانم] بگذارد.»[۲]

در سال ۱۸۵۸ میلادی، میرزا مهدی را یکی از افراد فامیل که نامش در لیست تبعیدی‌ها نبود و می‌توانست به ایران مراجعت نماید، به بغداد آورد. وقتی میرزا مهدی به خانواده‌اش پیوست احتمالاً یازده ساله بود دورهٔ مهم از سازندگی حیات خویش را به دور از مراقبت و مهر و محبّت مستقیم والدین و خواهر و برادر از دست داده بود. اطّلاعی از تجربهٔ زندگی او در آن دوره در دسترس نداریم. با این حال، میتوانیم تصوّر کنیم که بعد از آن همه سال‌های جدائی در زمانی که وسایل ارتباطی بسیار ابتدائی بوده و اخبار زود به زود نمی‌رسید این پیوند بایستی سبب سروری وافر برای خانواده شده باشد. او که آخرین تماسش با حضرت بهاءالله در سنّ کوچک چهارسالگی بود ، باید منصفانه گفت اکنون اوّلین باری بود که ایشان را به عنوان پدر خود ملاقات می‌نمود.

از دوران حیات میرزا مهدی بین سنین چهار تا یازده سالگی در زمانیکه والدین شان در بغداد بودند و او تحت سرپرستی جدّ مادری[۳] و اخت [عمهٔ حضرت غصن اعظم][۴] [در طهران] زندگی می‌کرد، اطّلاع چندانی در دسترس نیست. مؤلّفین دیگر معتقدند که او را نزد مادربزرگ مادری[۵] و یا اقوامش[۶] گذاشتند. در این مورد که آیا جدّ مادریش به حضرت باب اعتقاد داشته و قادر بوده است که او را به حقیقت امر الهی رهنمون سازد، اطّلاعی نداریم. عمّه او ساره خانم کاملاً به

میرزا مهدی، غصن اطهر

ظهور جدید معتقد بوده و جمال مبارک الواح متعدّدی برای او نازل فرموده‌اند. او در سال ۱۸۷۹ یا ۱۸۸۰ میلادی فوت کرد. می‌توان فرض کرد که میرزا مهدی به خاطر ماهیّت گستردۀ خانواده های ایرانی با بسیاری از اقوام هم سنّ خود معاشرت داشته و در سنینی که اطفال بیش از حدّ به والدین خود احتیاج دارند، او برای فراگیری ناظر به سایر اعضای فامیل بوده و آنان را الگوی خود قرار داده باشد.

احتمالاً او عموزاده ها و عمه زاده های بسیاری داشته که با آنها بازی کند، و همچنین عموها و عمه هایی که مراقبش باشند. میرزا مهدی علیرغم گرایشهای مذهبی خویشان مسلمانش باید از بازی با آنها لذّت برده باشد، زیرا کودکان روحی پاک و معصوم دارند و متعصّب نیستند گرچه برخی از آنان با بزرگتر شدن چنین میشوند، همان گونه که حضرت مسیح فرمود: «...هر آینه به شما میگویم تا بازگشت نکنید و مثل طفل کوچک نشوید هرگز داخل ملکوت آسمان نخواهید شد.»[۷] به همان اندازه که دشوار است یک کودک قبل از چهار سالگی خاطرات داشته باشد، به همان اندازه نیز پیچیده است که به مدت هفت سال در حال تصور این باشد که والدین و خواهر و برادرهایش به چه شکل هستند و هر شب در حالیکه سکوت کامل او را در بستر خواب فرو برده است به آنان بیاندیشد.

میرزا مهدی ممکن است به والدینش و به خواهر و برادرش فکر کرده باشد و ممکن است در شگفت باشد که آنها را در

آغوش کشیدن، با آنها غذا خوردن، و بازی کردن با خواهر و برادرش همانگونه که در روزهای اول همبازی بودند چه لذتی میتوانست داشته باشد.

در زمان حضرت بهاءالله بغداد و طهران از بزرگترین شهرهای آسیا بودند و ایشان از آنها با القاب رفیع و روحانی ذکر نموده‌اند به طوری که به اوّلی به عنوان «دارالسلام»[۸] و به دوّمی به عنوان «امّ‌العالم»[۹] خطاب فرموده‌اند. فاصله بین این دو شهر در حدود ۹۰۰ کیلومتر است که با وسایل امروزی می‌توان تقریباً در ۷۵ دقیقه این فاصله را طی کرد. ولی در قدیم مردم به طور دسته‌جمعی با واگن اسبی یا با اسب و یا پیاده و یا با کاروان‌ها مسافرت می‌کردند زیرا هم راه طولانی بود و هم خطر سارقین در طول راه وجود داشت. این مسیری بود که برای قرنها بلکه هزاران سال مردم مسافرت می‌کردند و آن قسمتی از راه افسانه‌ای ابریشم بود که شهرهای باستانی را بهم متّصل و فرهنگها را به هم نزدیک ساخته و داد و ستد را میسّر می‌ساخت. میدانیم هنگامی که حضرت بهاءالله و عائله ایشان از طهران تبعید و در زمستان سخت سال ۱۸۵۳ میلادی به بغداد مسافرت فرمودند این سفر سه ماه طول کشید.

بعد از هفت سال میرزا مهدی را به نزد والدینش بردند. ورود به سرزمین‌های بیگانه که مردم به زبان‌هایی غیر از فارسی مانند کردی و یا عربی صحبت می‌کردند و یا لباس‌هایی متفاوت با آنچه در ایران مرسوم بود، به بر داشتند برای میرزا مهدی جوان یک تجربهٔ جدید بود. در آن زمان به علّت کمبود وسایل مسافرت و فقدان تسهیلات در راه‌ها مردم کمتر

میرزا مهدی، غصن اطهر

از مرز کشور خود خارج می‌شدند بنابراین برای جوان ما شرایط این مسافرت دور از انتظار بود. در طول راه بایستی در مکان‌های متعدّد و در منزلگاه‌هایی که کاروانسرا نامیده می‌شد، توقّف کنند. این کاروانسراها در فاصله‌هایی طولانی و دور از شهر و در نقاطی بودند که ساکنانش مردمی از دهات دورافتاده و قبیله‌های چادرنشین بودند. مسافرین با عبور از بیابان‌ها، صحراها، درّه‌ها، جلگه‌ها و در کنار آبشارها و سراسر قلّه‌های بلند کوه‌های زاگرس بالاخره به بغداد که در سواحل رود دجله قرار دارد، می‌رسیدند.

سرانجام میرزا مهدی به خانه‌ای وارد شد که سال‌ها انتظار ورود او را داشت، جائیکه سختی‌های گذشته تمام شده او اکنون در آغوش والدینش بود.

برای ما روشن نیست که میرزا مهدی چقدر مطّلع از دیانت والدینش بود ولی واقعیّت این است که او با ورود به بغداد شروع به رشد و نموّ روحانی کرد. او در این راه خوب پیشرفت نمود زیرا چند سال بعد، منشی شخصی و کاتب وحی حضرت بهاءالله گردید. کاتب وحی شدن فقط یک شغل نبود، بلکه یک امتیاز روحانی بود که به مؤمنین ممتاز اعطاء می‌شد.

آن زمان موقعی بود که حضرت بهاءالله پس از دو سال عزلت روحانی در کوه‌های سلیمانیه به بغداد بازگشت فرموده بودند. همچنین می‌دانیم که میرزا مهدی در هنگام اظهار امر و رسالت حضرت بهاءالله به سنّ ۱۴ سالگی رسیده بود و در باغ رضوان در آپریل سال ۱۸۶۳ میلادی حضور داشت. او برای

غصن اطهر

سال‌های متمادی در شدائد و آلام حضرت بهاءالله سهیم و شریک بود ابتدا به مدّت ۴ ماه در استانبول و سپس به مدّت تقریباً پنج سال در ادرنه.

میرزا مهدی هیچگاه در مدرسه‌ای درس نخوانده بود زیرا جابه‌جاشدن محل زندگیش اجازهٔ حضور در مدرسه را نمی‌داد. گفته شده است که او در نزد مادرش که برخلاف اکثر زنان آن زمان، باسواد بود، خواندن و نوشتن را آموخت و علیرغم نداشتن تحصیلات مدرسه‌ای با فضیلت و خصائص روحانی پرورش و رشد نمود. به علّت روح نجیب و سیرت پاک او بود که حضرت بهاءالله لقب غصن اطهر را به او عطا فرمودند.

در این استعاره در آثار بهائی حضرت بهاءالله به عنوان سدره حیات و اولاد ذکور ایشان به لقب اغصان [شاخه‌ها] و اولاد اناث به لقب ورقات [برگ‌ها] آن سدره مبارکه ذکر شده‌اند. برای مثال حضرت عبدالبهاء غصن اعظم و بهائیّه خانم حضرت ورقه علیا لقب یافته‌اند.

گفته شده که میرزا مهدی بسیار شبیه به حضرت عبدالبهاء ولی کمی بلندتر و لاغرتر بوده است. آنها نسبت به یکدیگر بسیار مهربان بوده‌اند. یکی از مؤمنین اوّلیه نقل نموده است که میرزا مهدی «حقیقتاً برادر سرکار آقا بودند بسیار خاضع و خاشع.» [۱۰] از او همچنین به عنوان «شخصیّتی دارای صفات عالی روحانی»[۱۱] ذکر شده است.

حسن بالیوزی مورّخ برجسته، راجع به میرزا مهدی نوشته است:

«بنا به نوشته آقا رضا که شاهد رشد او از دوران طفولیّت تا هنگام نوجوانی بود میرزا مهدی بمثابه ستونی محکم در بین همراهان جمال مبارک بشمار میرفت و از هنگام خروج از بغداد تا روزی که آن واقعهٔ ناگوار عمر کوتاه و معصوم او را به پایان رسانید همواره در جمع یاران حاضر بود، آثار قلم اعلی را برای آنان میخواند و به آنان درس تواضع و بردباری، بزرگی و وقار و رضای محض به تقدیر الهی می آموخت.»(۱۲)

یکی دیگر از همراهان دربارهٔ او چنین توصیف نموده است:

«دیگر خضوع و خشوع و توجّه و مظلومیّت و بندگی‌شان فوق تصوّر عقول بشری بود.»(۱۳)

میرزا مهدی در خوشنویسی یعنی هنری که در آن زمان مورد توجّه بسیار بود، کاتب اب بزرگوارش در ادرنه شد و در این هنر مهارت یافت. او در آن شهر الواح مقدّسه را استنساخ می‌نمود که هنوز هم به خطّ او موجود است. هر روز بعد از اتمام کار با احبّاء ملاقات نموده و آنها را با آیات و الواح جدید نازله سهیم و آشنا می‌ساخت. او همچنین باعث آرامش و دلداری دوستان بود و آنها را تشویق به صبر و تحمّل در برابر مشقّات تبعید و زندان می‌نمود.

به طوری که قبلاً ذکر شد، برحسب فرمان سلطان عبدالعزیز، حضرت بهاءالله و کلّیه گروه تبعیدیان به زندان عکّا

منتقل شدند. حکم زندان ابد و بدون تخفیف بسیار سخت و خشن بوده و اجازه نمی‌داد که محبوسین با مردم عادی معاشرت نمایند و آنها را به حدّ بی‌نهایت از مردم جدا می‌ساخت. ویرانی شهر، گرمای سوزاننده، هوای نامساعد و شرایط غیرقابل تحمّل آن سجن را می‌توان از کلمات مظهر ظهور الهی بهتر درک نمود:

«لا یعلم ماورد علینا الا الله العزیز العلیم... از اوّل دنیا تا حال چنین ظلمی دیده نشده و شنیده نگشت.»

و در مقام دیگر می‌فرمایند:

«این مظلوم اکثر ایّام حیات در مخالب اولوالبغضا مبتلا و حال در این سجن پرمحن که بایادی ستمکاران در آن افکنده شده مصائب و آلام به اعلی ذروهٔ کمال رسیده.» [۱۴]

در این زندان بود که در ۲۳ ژوئن سال ۱۸۷۰میلادی یعنی دو سال بعد از زندانی شدن در حالی که هیچ نشانه و اثری از آزادی وجود نداشت، میرزا مهدی جان خود را به راه حق فدا نمود و با تأیید پدر و با شعف قربانی گشت تا به قلب احبّائی که قادر نبودند محبوبشان را زیارت کنند، خوشحالی و سرور آورد.

مواضیع دیگر مربوط به حیات میرزا مهدی در فصول بعد تشریح گردیده است.

۳ - سال‌های صباوت در طهران

از جمله زنان نامدار در تاریخ دیانت بهائی آسیه خانم حرم مقدّس حضرت بهاءالله و مادر میرزا مهدی می باشند. کسانی که در زمان حیاتش با او آشنا بوده‌اند،بر شخصیّت نمونهٔ او به عنوان حرم حضرت بهاءالله و یک مادر وفادار و فداکار گواهی داده‌اند.

جمال مبارک به طوری که رسم طبقه اشراف در ایران برای نامیدن همسرانشان بود او را نوّاب می‌نامیدند. نوّاب همچنین از لسان مبارک به لقب «ورقه علیا» مفتخر گردید [این لقب بعداً به بهائیّه خانم نیز عطا گردید] . حضرت شوقی افندی می‌فرمایند:

«در طی چهل سنه آثار تسلیم و رضا و ورع و تقوی و علوّ روح از آن ورقهٔ مبارکهٔ موقنه ساطع و لامع بود به درجه‌ای که پس از افول آن نجم درّی افق وفا در الواحی که از یراعه مالک اسماء در شأن آن سیّده اهل بها نازل گردید آن نفس زکیّه را به خطاب مستطاب

"وجعلک صاحبة له فی کل عالم من عوالمه" مخاطب و مفتخر فرمودند.»^(۱)

نوّاب دختر یکی از وزرای ثروتمند دربار شاه ایران به نام میرزا اسمعیل یالرودی و مانند همسر برجسته‌اش از اصالت خانوادگی برخوردار بود. گفته شده است که او بسیار زیبا و باسواد بوده و فارسی و عربی را به خوبی می‌نوشت. او را چنین توصیف نموده‌اند: «خانمی با اندام موزون، با شخصیّتی باوقار... با بشرهٔ سفید و چشمان آبی و گیسوانی سیاه.»^(۲) و همچنین: «دختری خوشرو، و بانشاط و بی‌نهایت زیبا.»^(۳)

همان گونه که قبلاً ذکر شد نام ایشان آسیه می باشد، مستفید از نامی که به برجسته ترین زن دیانت حضرت موسی داده شده بود. آسیه همسر^(۴) فرعون مصر بود که طبق احادیث اسلامی به علّت ایمانش به حضرت موسی دچار مجازات سهمگینی توسّط دربار فرعون شد به صورتی که در زیر آفتاب سوزان کویر او را بر زمین افکنده، صخرهٔ سنگینی بر سینه‌اش نهادند و با چهار میخ او را مهار ساختند.

ازدواج فرخندهٔ حضرت بهاءالله و نوّاب در حدود اکتبر سال ۱۸۳۵ میلادی واقع شد. جواهرساز مخصوصی که تعیین شده بود، به مدّت شش ماه در منزل آسیه خانم بر روی جهیزیهٔ عروس کار می‌کرد. برای اینکه از این مراسم باشکوه بهتر مطّلع شویم کافی است بگوئیم که دکمه‌های لباس عروس تماماً از طلا و سنگ‌های گرانبها ساخته شده و جهیزیهٔ او توسّط چهل استر به خانهٔ حضرت بهاءالله حمل شد. مجلل بودن

این مراسم عروسی آنچنان بود که تا مدّتی نقل مجالس درباری بود. چندی قبل از آن نیز هنگامی که خواهر حضرت بهاءالله با برادر نوّاب ازدواج نمود، جشن آنها آنچنان مجلّل و پر هزینه بود که مردم می‌گفتند «ثروت با ثروت آمیخته شده است.»[۵]

از این ازدواج خاص سه جواهر روحانی به وجود آمد که دنیای بشری را منوّر ساختند یعنی حضرت عبدالبهاء، بهائیّه خانم و میرزا مهدی. همانگونه که قبلاً ذکر شد چهار فرزند دیگر نیز از این ازدواج حاصل شد که آنها فوت نمودند چه قبل و چه بعد از تبعیدهای حضرت بهاءالله.

شکوه مادّی هیچگاه بر عظمت روحانی نوّاب که او را مشتعل ساخته بود، چیره نگشت. صفات ممتازهٔ او که مورد قبول همه کس بود: زیبائی او، ذکاوت عمیق او، جاذبهٔ او، وقار و خوی پسندیدهٔ او بود. دخترش بهائیّه خانم در کلیّهٔ آلام و شدائد سخت که در زمان حیات حضرت بهاءالله بر آنها وارد گشته بود، همراه و شریک نوّاب بود.

بهائیّه خانم در قسمتی از شرح وقایع به طور شفاهی برای لیدی بلامفیلد، شخصیّت برجسته والدین خود را چنین توصیف نموده است:

> «ای کاش شما هم مانند اولّین باری که مادرم را بیاد می آورم او را دیده بودید. قدّی بلند و اندامی ظریف و با وقار و با چشم های آبی تیره که چون مروارید و گلی بین زنان بود.

برایم نقل شده بود که عقل و درایت مادرم در جوانی مشهور بود. تا آنجا که از خاطرات طفولیّت بیاد دارم همواره او را چون بانوئی با عظمت و مهربان تصوّر می کنم که رعایت نفوس را میفرمودند. آرام و بسیار فروتن بودند و اعمال ایشان حاکی از محبّت خالصانهٔ ایشان بود و در هر محلّی حاضر بودند فضائی از عشق و سرور ایجاد می نمودند و ادب و آرامش ایشان حضّار را در بر میگرفت.

پدر و مادرم حتّی در اوایل تأهلشان در مراسم رسمی و اجتماعی و تشریفاتی خاندان اعیان و ثروتمند ایران به ندرت شرکت میفرمودند. مادر و همسر گرامیش در این لذّات دنیوی معنی و مفهومی نمی دیدند و ترجیح میدادند که اوقات خود را صرف مراقبت از فقراء، غمزدگان و محنت دیدگان نمایند. از درب منزل ما کسی محروم بر نمی گشت و خوان ما برای همه گسترده بود. خانمهای فقیر همواره نزد مادرم می آمدند و مصائب خود را برای مادرم شرح میدادند تا کمک عاشقانه ایشان سبب تسلّی و آرامش قلوبشان گردد. در حالیکه پدرم را "پدر فقراء" می نامیدند از مادرم به عنوان "مادر تسلّی بخش" یاد مینمودند. اینچنین ایّام سراسر آرامش و صفای ما سپری گردید.

ما عادت داشتیم گاهی بمنزل ییلاقی خویش میرفتیم. من و برادرم عبّاس بازی در باغهای زیبای مزیّن به انواع میوه ها و گلهای شگفت انگیز را بسیار دوست داشتیم. ولی از این قسمت از دوران طفولیّتم خاطرهٔ روشنی در ذهن ندارم.» [۶]

میرزا مهدی، غصن اطهر

بهائیّه خانم همچنین شرح دادند که چگونه محیط آرام‌بخش زندگی‌شان در طهران ناگهان از هم گسیخت. سرگذشت ایشان حاوی صحنه‌هایی از اذیّت و آزار مذهبی بود که در ماه‌های بعد از آگوست سال ۱۸۵۲ میلادی یعنی دو سال پس از شهادت حضرت ربّ اعلی به وقوع پیوست:
«روزی را به خاطر می آورم که فقط شش سال داشتم، یک بابی کم عقل سوء قصدی به جان شاه نموده بود پدرم در منزل ییلاقی اش در ده نیاوران که از املاک ایشان بود بسر میبردند. همۀ ساکنین این ده تحت مراقبت و توجه پدرم قرار میگرفتند.
ناگهان خدمتکاران با نهایت عجله و با اضطرابی زاید الوصف به نزد مادرم آمدند و گفتند که آقا را دیده اند که دستگیر شده اند. و پاهای ایشان خون آلود بوده و کفش بر پا و کلاه بر سر نداشتند. لباسهای ایشان پاره شده بود و بر گردن ایشان زنجیری قرار داده بودند.
مادرم رنگ از رخسارش پرید و ما اطفال ترسیدیم و با تلخی گریستیم. تمام منسوبین، دوستان و خدّام نا گهان از منزل ما گریختند. تنها خادمی بنام اسفندیار و یک خادمه باقی ماندند. طولی نکشید که تمام وسایل و گنجینه های قصر و خانه های مجاور آن به یغما رفت. عمویم میرزا موسی کلیم که همواره نهایت لطف را در حقّ ما داشت به مادرم و سه طفلش کمک نمود تا در جائی مخفی شوند. مادرم موفّق شد قسمتی از جهیزیه

ازدواجش را نجات دهد که قسمتی از مایملک هنگفتی بود که برای ما باقی ماند. این اشیاء فروخته شد و مادرم توانست آن را به دربان زندان بدهد تا برای پدرم غذا به زندان برد و برای مخارجی که بعداً پیش آمد مصرف گردید.

در آن موقع در خانه محقّری ساکن بودیم که فاصله چندانی با زندان نداشت. یحیی ازل در نهایت خوف و وحشت به مازندران گریخت و در آنجا مخفی شد. چقدر تحمّل این نگرانیها برای مادرم سخت و وحشتناک بود و به یقین بیش از توان خانمی بود که بزودی باید مادر میشد.

زندانی که پدرم در آن محبوس بود محلّ وحشتناکی بود و هفت پلّه در زیر زمین بود و تا زانو در لجن میرفت مملوّ از حشرات موذی و بوی متعفّن بود و هیچ نوری داخل آن نمی شد و در آن چهل نفر بابی مسجون بودند. این شرایط وحشت آور را در نظر مجسّم کنید، کوچکترین حرکت باعث میشد که زنجیر فشار بیشتری بر همهٔ آنان وارد سازد و در این حالت خواب و استراحت غیر ممکن بود. غذائی برای آنها فراهم نمیشد و مادرم در نهایت سختی میتوانست غذا و آشامیدنی به آن زندان مخوف ببرد. ولی روحی که بابیها را تأئید و حمایت میکرد حتی لحظه ای در چنین شرایطی آنها را ترک نمیکرد.

میرزا مهدی، غصن اطهر

اعظم هدف و آمالشان مرگ همراه با شکنجه بود که تاج وهّاج آن عاشقان جمال رحمان بود. آنان لیلاً و نهاراً به دعا مشغول بودند. هر روز صبح از بین این نفوس شجیع و فداکار یک یا چند نفر را برای شکنجه بیرون میبردند و آنان را به طرز وحشتناکی شهید مینمودند.

هنگامیکه عرق تعصبات مذهبی علیه فرد ویا افراد متهم به کفر که اکنون بابیها بودند بر انگیخته میشد آنها را مانند عادت معمول به سهولت به مرگ محکوم نمیکردند و بدست جلادان حکومت نمی سپردند بلکه قربانیان را تسلیم اصناف مختلفه مینمودند. صنف قصّاب برای شکنجه روش مخصوص خود را بکار میبرد. نانواها، کفّاشها و آهنگر ها شکنجه های مخصوص بخود داشتند و این فرصت را داشتند که ابداعات بیرحمانه خود را بر روی بابیها اجرا کنند. این افراد متعصّب هنگامیکه از خاموش نمودن روح عجیب و حیرت آور این نفوس بیباک و فداکار که با ثبات عزم به دعا میپرداختند دچار یأس و حرمان میشدند، بر شدت خشمشان افزوده میگشت. توده مردم برای تماشای این صحنه های رعب آور مجتمع گشته و در حین اجرای این شرارت ها با صدای بلند طبل مینواختند.

من این صداهای رعب آور را خوب به خاطر می آورم

زیرا هر سه نفر ما به مادر خود پناه برده و او نمیدانست که آیا این قربانی همسر محبوب اوست یا خیر. تا اواخر شب یا فردا صبح که علیرغم خطرات بسیار برای کسب اخبار از خانه بیرون می رفتند و البته چنین موقعی زنان و اطفال هم از این خطر مستثنی نبودند. مادرم تصمیم گرفت علیرغم خطراتی که برای خودش و ما وجود داشت خود را به مخاطره اندازد.

خیلی خوب در ذهنم باقی مانده که در تاریکی کِز کرده برادرم میرزا مهدی غصن اطهر را که در آن وقتَ دوساله بود در میان بازوانم داشتم که چندان قوی نبودند. چون فقط شش سالم بود و از ترس بر خود میلرزیدم چون که بر بعضی از امور رعب آوری که اتفاق می افتاد آگاه بودم و حتی میدانستم که ممکن است مادرم را هم دستگیر نمایند. لذا برای بازگشت او منتظر می ماندم سپس عمویم جناب میرزا موسی کلیم که در اختفاء بسر میبرد برای شنیدن اخباری که مادرم جمع آوری کرده بود خود را به خطر می انداخت. برادرم عبّاس اغلب در این رفت و آمد ها مادرم را همراهی مینمود. ما با کمال اشتیاق توضیحات مادرم را به عمویمان گوش میدادیم. این اطلاعات را یکی از عمّه های پدرم که زوجهٔ میرزا یوسف از اتباع روس و دوست کنسول روس بود به صرف محبّت در اختیار مادرم قرار میداد. در این ایّام مرگبار، دوستان و منسوبین هیچکدام جرأت نداشتند برای ملاقات مادرم بیایند.

روزی میزا یوسف دریافت که اعداء خستگی ناپذیر یعنی علما متعصّب تو طئه قتل پدرم، میرزا حسینعلی نوری را در سر دارند. میرزا یوسف با کنسول روس مشورت کرد و آن دوست متنفّذ تصمیم گرفت که فوراً این توطئه را خنثی نماید. صحنه ای حیرت انگیز در دادگاه صدور احکام قتل اتفاق افتاد. کنسول روس برپا خاست و بدون خوف افراد حاضر در دادگاه را مخاطب ساخته گفت: "به من گوش فرا دهید من مطالب مهمی را برای شما بیان میکنم". (صدای او در دادگاه طنین افکند و رئیس دادگاه و سایر مأمورین را چنان دچار حیرت نمود که قادر به جواب نبودند). " آیا شما تا بحال بحد کافی انتقام ظالمانه نگرفته اید؟ آیا تا بحال افراد بی آزار کثیری را به صرف اتهامی واهی به قتل نرسانده اید؟ آیا این مجالس عیش و عشرت و باده گساری و شکنجه های وحشیانه برای اقناع و رضایت شما کافی نبوده است؟ چگونه ممکن است حتی ظاهراً فکر کنید که چنین مسجون عظیم الشأنی این چنین نقشه ابلهانه ای را برای تیر اندازی به شاه طراحی کرده باشد؟ بر شما واضح است که این اسلحه ابلهانه که توسط این جوانک بیچاره بکار رفته حتی نمیتوانست پرنده ای را از پا در آورد و ضمناً عامل این توطئه جوانی عاری از عقل است، شما بخوبی میدانید این مسئله نه تنها صحّت ندارد بلکه بسیار مضحک است و باید به همهٔ این مسائل

خاتمه داد. من تصمیم گرفته ام که این جوان نجیب زاده را در تحت حمایت روس قرار دهم لذا آگاه باشید که اگر از این لحظه یک موی از سر این جوان کم شود به مجازات این عمل شما جوی خون در شهر شما جاری خواهد شد. شما به این انذار من توجه خواهید نمود زیرا دولت من در این مسئله حامی و پشتیبان من است."

شرح این صحنه در آن شب توسط میرزا یوسف به مادرم داده شد و مادرم برای عمویم که جهت دریافت اخبار آمده بود این صحنه را بیان نمود. لازم به توضیح نیست که من و برادرم چقدر مشتاقانه گوش میدادیم و از شدت شعف و سرور گریستیم.

چندی بعد از این واقعه شنیدیم که از ترس بی توجهی به این انذار شدید کنسول روس، حاکم دستوراتی جهت استخلاص پدر صادر کرده و حکم به تبعید ایشان وخانواده شان داده است. آنها قرار شد که طهران را به صوب بغداد ترک نمایند و ده روز برای تهیه مقدمات وسایل به آنها فرصت داده شد در حالیکه آن مسجون محبوب بسیار بیمار بودند. آن حضرت به دو اتاق محقر ما تشریف آوردند. چه سروری از حضورشان حاصل شد! و چه سیاهچال دهشتناکی که چهار ماه حضرتشان را در خود جای داده بود.

جمال مبارک (لقب پدرم) از مصیبات آن ایام سخنی به میان نمی آوردند ما آثار زخم پاهای ایشان که

گواهی از ضربات شلاق بود و بدون مداوا باقی مانده بود مشاهده مینمودیم و به این خاطر با مادرمان بسیار میگریستیم . او به سهم خود در باره استقامت دوستان سخن میگفت که در دست شکنجه گران با وجد و سرور به استقبال مرگ میشتافتند تا تاج وهّاج شهادت را بر سر گذارند. جلوه این شهادت ها فتح و ظفری عظیم ایجاد نمود که شرم و درد و غم و استهزاء در مقابل آن اهمیتی نداشت. جمال مبارک که در سجن طهران مکاشفات روحانی شگفت انگیزی داشتند درخشش تازه ای را که همانند هاله ای روشن ایشان را احاطه کرده بود میدیدیم و اهمیت این درخشش را سالهای بعد درک نمودیم. در آن وقت بدون اینکه این مسئله را درک کنیم یا از جزئیات این امر روحانی سخنی به میان رفته باشد از غیر عادی بودن این مسئله آگاه بودیم.

مادرم نهایت اهتمام خود را به جهت پرستاری همسر محبوبش بکار میبرد تا شاید قوای لازمه را برای سفری که ده روز دیگر شروع میشد بدست آورد.

مادرم چگونه میتوانست خود را آماده سازد؟

این بانوی بینوا، با فروش جهیزیه و جواهرات و لباسهای قلابدوزی شده عروسیش و سایر اموالش که باقی مانده بود چهارصد تومان دریافت نمود. با این پول وسیله ای برای این سفر طاقت فرسا فراهم نمود (دولت برای

کسانیکه تبعید میشدند مبلغی پرداخت نمیکرد). مشکلات این سفر غیر قابل توصیف بود. مادرم در این امر هیچ تجربه ای نداشت، نه خادمی، نه وسایلی، (مقدار بسیار ناچیزی وجه نقد باقی مانده بود). پدرم بشدت بیمار بود و از مشقات و شکنجه های سجن بهبودی نیافته بود. هیچکدام از منسوبین و دوستان به غیر از مادر بزرگ پیر مادرم جرأت کمک و حتی خداحافظی با ما را نداشتند. خادم وفادار اسفندیار و خادمه سیاهی که بیمی از همراهی ما نداشتند تمام هم و سعی خود را بکار بردند ولی ما سه طفل بسیار خردسال بودیم، برادرم هشت ساله و من شش ساله بودم و میرزا مهدی غصن اطهر که بسیار ناتوان بود. گرچه جدائی از این طفل دو ساله برای مادرم بسیار غم انگیز بود ولی بخود اجازه داد که او را تنها نزد مادر بزرگش بگذارد. بالاخره ما این سفر موحش را که حدود چهار هفته طول کشید آغاز نمودیم. هوا بسیار سرد بود، برف سراسر زمین را پوشانیده بود، در راه بغداد گاهی چادر میزدیم ولی در آن ماه دسامبر هوا بسیار سرد بود و ما هم مجهز نبودیم. مادرم در این سفر تحمل مشقات بسیار نمود و بر تخت روانی که قاطری آن را می راند سوار بود و این شش هفته قبل از تولد کوچکترین پسرش بود. او هرگز شکایت نمیکرد و همواره در مشاکل به همه اظهار لطف و محبت و همدردی مینمود.» [۸]

۴- دوران تبعید در بغداد، استانبول و ادرنه

نوّاب [آسیه خانم] مدت ها قبل از شروع اذیت و آزار، در هنگام سکونت در طهران ، منزل خویش را اختصاص به امرالله داده بود.

در آن سال‌ها حضرت بهاءالله مروّج و مدافع دیانت حضرت باب بودند. ایشان سوار بر اسب پیوسته به شهرها و دهکده‌های استان بومی خود و سایر نواحی رفته، احکام جدید را منتشر و احبّاء را از وقایع تاریخی مانند محاصرهٔ قلعهٔ شیخ طبرسی و گردهم آیی بدشت مطّلع می‌ساختند.

مقرّ باشکوه ایشان در طهران، مرکز و محور فعّالیّت‌های دوستان بود. پیروان برجسته‌ای چون ملاحسین، قدّوس، وحید، حجّت و طاهره، ایشان و نوّاب را ملاقات می کردند. نبیل مورّخ نامدار دیانت بهائی متذکّر شده است که چشم درد او یک بار توسّط مرهمی که نوّاب تهیّه کرده بود معالجه شد. همچنین نوّاب برای مدّتی در منزل خود میهماندار و معاشر طاهره، آن زن دانشمند و شجاع و شاعر برجسته بوده است.

حضرت بهاءالله اغلب دور از منزل و مشغول تبلیغ دیانت حضرت باب بودند. مساعدت‌های مالی و روحانی ایشان برای جامعهٔ نوظهور و نوین و احبّائی که برای پیشرفت و رشد در یک محیط متعصّب و نابردبار تلاش می کردند، پیوسته مورد نیاز بود. ایشان سه بار در ایران زندانی و به علّت شکنجه دچار خونریزی شدند. آخرین بار زنجیر ۵۰ کیلوئی را به گردن تحمّل نموده از غذا و نوشیدنی محروم گشته و تمام ثروت و مایملک خود را از دست دادند. هنگامی که با فرمان شاه ایران این خانوادهٔ مقدّس برای همیشه مجبور به ترک وطن و عبور از سرحدّ ایران شدند، نوّاب هرگز به ثروت و گذشتهٔ مشحون از رفاه خود نیاندیشید و آن را با مشکلات متوالی و پایان‌ناپذیر یک زندگی نامعلوم و سخت که تبعیدهای متوالی در سرزمین های غریبه را در پی داشت با رضایتمندی کامل پذیرفت. این تبعیدها عبارت بودند از حرکت به بغداد در سال ۱۸۵۳ میلادی، به استانبول و ادرنه در سال ۱۸۶۳میلادی و بالاخره به سجن اعظم عکّا در سال ۱۸۶۸ میلادی.

بهائیه خانم در شرح شفاهی حوادث مربوط به تبعید به بغداد که مادرشان که زندگی مرفه و مجللی را گذرانده بود و مجبور بود امور را بدون خدمتکاران اداره کند چنین بیان کرده اند:

> «وقتی به شهری وارد می شدیم مادر عزیزم لباسها را به حمام عمومی می برد و آنها را می شست و ما میتوانستیم در آنجا حمام کنیم. او لباسهای تر را بر دست میگرفت.

میرزا مهدی، غصن اطهر

خشک کردن این لباسها تقریباً کار غیر ممکنی بود. دستهای زیبای او که به چنین امور سختی عادت نداشت بسیار آسیب دیده بود. گاهی در کاروانسرا اقامت مینمودیم. کاروانسرا مهمانسرای بدوی بود و هر خانواده اجازه داشت فقط یک اطاق برای یک شب در اختیار داشته باشد. در آنجا هیچ نوری نبود و تختخوابی وجود نداشت. گاهی میتوانستیم چای، چند تخم مرغ و کمی پنیر و نان سیاه صرف کنیم. پدرم طوری بیمار بود که قادر به تناول این طعامهای نا مناسب نبود و مادرم بسیار ناراحت بود و فکر تهیه طعام مناسب بود و چون آن حضرت چیزی تناول نمی فرمودند ضعیف تر شده بودند. روزی مادرم توانست کمی آرد تهیه کند و شب هنگام به کاروانسرا وارد شدیم برای ایشان حلوائی درست کرد ولی متاسفانه چون تاریک بود به جای شکر در آن نمک ریخت و آن حلوا قابل خوردن نبود و این بسیار ناراحت کننده بود.

حاکم طهران سربازانی را به همراه ما فرستاد تا ما را بدست سربازان عثمانی بسپارند و تا بغداد ما را همراهی نمودند. در اول ورودمان منزل بسیار کوچکی داشتیم که دارای دو اطاق بود یکی متعلق به پدرم و اطاق دیگر که متعلق به مادرم بود و من و برادر بزرگم و آن طفل نوزاد هم در آن زندگی میکردیم. هنگامیکه خانمهای عرب برای ملاقات ما می آمدند این تنها اطاق پذیرائی

ما بود. این خانمها که جناب طاهره ایشان را تبلیغ نموده بودند برای ملاقات ما می آمدند. روزی که در حضور خانم مسنی به من گفتند که سماور را آماده کنم و برای دستان ضعیف من بردن سماور به طبقه بالا کار مشکلی بود آن خانم فرمود: آماده نمودن سماور به وسیله این دختر کوچک از علائم حقانیت این ظهور است. پدرم متحیر شده بود و همواره میفرمود: "مشاهده شما در پای سماور باعث ایمان این خانم گردید."

از جمله اعرابی که توسط طاهره تبلیغ شده بود شیخ سلطان بود که دخترش با جناب میرزا موسی کلیم برادر حضرت بهاءالله ازدواج کرد و نوه او عاقبت با میرزا محمد علی برادر ناتنی حضرت عبدالبهاء ازدواج کرد.

میرزا موسی و همسرش همواره فدائی حضرت بهاءالله بودند. عمویم میرزا موسی که در تبعید همراه ما بود در هر امری یار و مددکار ما بود. ز مانی تمام امور پخت و پز را انجام میداد و استعدادی هم در این امر داشت. در امور شست و شو هم مساعدت مینمود. آسیه خانم مادر عزیزم که بسیار ظریف و حساس بود و قوایش در تحت مشقات وارده به تحلیل رفته بود همواره مافوق طاقتش کار میکرد. گاهگاهی پدرم در امور طبّاخی که برای آن خانم نجیب زاده بسیار مشکل بود او را مساعدت مینمودند. مشقاتی که مادرم تحمل نموده بود قلب

همسر آسمانیش را می آزرد که در عین حال رب الملکوت او هم بود.»[۱]

عائله مبارکه به خانهٔ بی نهایت محقّر ی که در محلّهٔ کَرخ در قسمت غربی شطّ [۲] واقع شده بود نقل مکان کردند. اتاق پذیرائی که حضرت بهاءالله از آن استفاده می‌نمودند، بسیار ساده با سقفی کوتاه بود که از کاهگل ساخته شده و با یک باغچهٔ کوچک آراسته گشته بود. مبلمان آن عبارت از یک نیمکت از چوب نخل بود که حضرت بهاءالله برای نشستن از آن استفاده می‌نمودند. تنگدستی به حدّی بود که لباس‌های ایشان را بایستی در شب بشویند که روز بعد بتوانند آن را بپوشند زیرا تنها همین یک لباس را داشتند. در مورد این منزل جمال مبارک فرمودند که این مکان بعدها محلّ زیارت خواهد بود. بسیاری از احبّای ایران و همچنین امرا، روستائیان، عالمین الهیات و اشخاص غنی و فقیر از این خانه بازدید و جویای رسیدن به حضور حضرت بهاءالله بودند. میرزا مهدی در دوران بلوغ خود در این مقرّ تاریخی که حضرت بهاءالله آن را بیت اعظم و بیت‌الله نامیدند، تا حدّ بسیار زیادی راجع به شخصیّت پدربزرگوارش و همچنین راجع به امرالله آموخت. حضرت بهاءالله دربارهٔ شکوه و جلال این بیت به فردی از احبّاء چنین مرقوم فرمودند:

«ان یا محمّد اذا خرجت عن ساحة العرش ان اقصد زیارة البیت من قبل ربّک و اذا حضرت تلقآء الباب قف و قل یا بیت الله الأعظم این جمال القدم الّذی به جعلک الله قبلة الأمم و آیة ذکره لمن فی

السّموات و الأرضین یا بیت الله این الأیّام الّتی کنت فیها موطأ قدمیه و این الأیّام الّتی ارتفعت منک نغمات الرّحمن فی کلّ الأحیان و این طرازک الّذی منه استضآء من فی الأکوان این الأیّام الّتی کنت عرشاً لاستقرار هیکل القدم و این الأیّام الّتی کنت مصباح الفلاح بین الأرض و السّمآء و تتضوّع منک نفحات السّبحان فی کلّ صباح و مسآء

یا بیت الله این شمس العظمة و الاقتدار الّتی کانت مشرقة من افقک و این مطلع عنایة ربّک المختار الّذی کان مستویاً علیک ما لی یا عرش الله اری تغیّر حالک و اضطربت ارکانک و غلق بابک علی وجه من ارادک و ما لی اراک الخراب أ سمعت محبوب العالمین تحت سیوف الأحزاب طوبی لک و لوفائک بما اقتدیت مولاک فی احزانه و بلایاه

اشهد بأنّک المنظر الأکبر و المقرّ الأطهر و منک مرّت نسمة السّبحان علی من فی الأکوان و استفرحت قلوب المخلصین فی غرفات الجنان و الیوم ینوح بما ورد علیک الملأ الأعلی و سکّان مداین الأسمآء

انّک لم تزل کنت مظهر الأسمآء و الصّفات و مسرح لحظات مالک الأرضین و السّموات قد ورد علیک ما ورد علی التّابوت الّذی کانت فیه السّکینة طوبی لمن یعرف لحن القول فیما اراد مالک البریّة

و طوبی للّذین یستنشقون منک نفحات الرّحمن و یعرفون قدرک و یحفظون حرمتک و یراعون شأنک فی کلّ الأحیان نسأل الله بأن

یفتح بصر الّذین غفلوا عنک و ما عرفوا قدرک لعرفانک و عرفان من رفعک بالحقّ انّهم قوم عمون و الیوم لا یعرفون انّ ربّک لهو العزیز الغفور

اشهد بک امتحن الله عباده طوبی لمن اقبل الیک و یزورک و ویل للّذین انکروا حقّک و اعرضوا عنک و ضیّعوا قدرک و هتکوا حرمتک . . . »[۳]

علی‌رغم تنگدستی، همیشه غذایی وجود داشت که عائله مبارکه با میهمانان بیشمار شریک شوند. چندین سال بعد حضرت عبدالبهاء فرمودند:

«استغناء، ثروت حقیقی است. اگر فردی صفت استغناء را در خود به وجود آورد او استقلال دارد. استغناء خالق سرور است. هر گاه فردی مستغنی است او اعتنایی به ثروت یا فقر ندارد. آنها در او نفوذی ندارند و او نسبت به آنها بی‌تفاوت است. زمانی که ما در بغداد بودیم اغلب با نیم کیلو گوشت برای پانزده تا بیست نفر شام تهیّه می‌کردیم یعنی با آن گوشت ما آش ایرانی می پختیم و دیگ را با آب پر می‌کردیم. بنابراین هر کس می‌توانست یک کاسه سوپ میل کند. به این ترتیب همه ما مسرور بودیم و فکر می‌کردیم لذیذترین شام را خورده‌ایم.»[۴] (ترجمه)

دوران تبعید در بغداد، استانبول و ادرنه

خوشحالی و سرور آن ایّام هنگامی به اوج خود رسید که میرزا مهدی را که ۱۱ سال داشت از ایران به بغداد آوردند. عائله مبارکه به مدّت ده سال در بغداد اقامت داشتند. در تمام این مدّت آوازه برتری و تفوّق روحانی جمال مبارک در حال فزونی وشهرت درایت و تقدّس ایشان در سطح شهر گسترش یافته بود. این باعث برانگیختن حسد و رشک معاندین و دشمنان امرکه به طور دائم فعّالیّت‌های تبعیدیان را زیر نظر داشتند، می‌شد. این بدخواهان با نفوذ خود، دولت ترکیه را وادار ساختند که حضرت بهاءالله را به استانبول، پایتخت ترکیه عثمانی فراخوانَد.

این فرمان سلطان عبدالعزیز از ترکیه که با سعایت دربار ایران صادر شده بود، آرامش نسبی را که عائله مقدّس در آن حال داشتند، برهم زد. حضرت بهاءالله قبل از ترک بغداد و عزیمت به استانبول به مدّت ۱۲ روز در باغ رضوان در حومۀ شهر بغداد، خیمه برافراشتند و مأموریّت و رسالت خود را به تعدادی از احبّای حاضر و اعضاء خانوادۀ خود اظهار نمودند.

حضرت عبدالبهاء در مورد جزئیّات این واقعۀ بسیار مهم که میرزا مهدی هم در آن شرکت داشت چنین روایت فرموده‌اند:

«در شب‌های آن ایّام ما خواب نداشتیم زیرا در تصوّر خود راجع به لذّت بی‌مانند ملاقات حضرت بهاءالله در روز بعد فکر می‌کردیم که چگونه در حضورش بایستیم، فیض دیدارش را دریافت نموده و کلماتش را

استماع نمائیم. توصیف اهتزاز سعادت‌بخشی که ما را در آن ایّام احاطه نموده بود، غیرممکن است. گرچه جمال مبارک در ظاهر در تبعید بودند، ولی با قدرت و هیمنهٔ یک سلطان حرکت می‌فرمودند. تعداد کسانی که در این مدّت به ملاقات آمدند، مانند تعداد افراد یک ارتش بود. کسانی که در مدّت اقامت بغداد هرگز به دیدار ایشان نیامده بودند، اینک به ملاقات می‌آمدند. کلّیهٔ مقامات جامعه، افسران ارتش و حکومت به ملاقات آمدند. حتّی والی بغداد، نجیب پاشا، به دیدار آمد امّا حضرت بهاءالله از او بازدید نفرمودند. اگر لحظه‌ای در این مورد بیاندیشیم، در می‌یابیم که چنین رویدادی هرگز در تاریخ ادوار شرایع گذشته، اتّفاق نیفتاده است.»[۵] (ترجمه)

مسافرت به قسطنطنیه که اکنون به استانبول معروف است، همراه با افسران و محافظین و با عبور از خشکی و دریا سه ماه طول کشید. حضرت بهاءالله و خانوادهٔ ایشان در تاریخ یکشنبه ۱۶ آگوست سال ۱۸۶۳ میلادی، از کشتی بخار پیاده شدند.

استانبول در نظر هر مسافر معمولی از نقطه نظر مادّی، شهری جذّاب و فریبنده بود. این شهر پس از لندن و پاریس، سوّمین شهر بزرگ جهان با ساکنینی از تمام نقاط دنیا بود که در دو قارّهٔ آسیا و اروپا در دو طرف تنگهٔ بُسفر مسکن گزیده بودند. این شهر فرایند تجدّد در قرن نوزدهم را که شامل ساختمان‌های باشکوه، آب جاری و الکتریسته، پل‌ها و

گذرگاه‌های بزرگ، تلگراف، بنادر معتبر، تراموا‌های اسبی و قایق‌های بخار و سایر تسهیلات پیشرفته بود، طی نموده بود. همچنین این شهر یک مرکز فرهنگی در منطقه بود که افکار و استعدادهای درخشان را در علوم، بشردوستی، موسیقی، تجارت و نمایشگاه‌های صنعتی و کالا جلب می‌نمود. هنر معماری در آن شگفت‌آور بود؛ مساجد بزرگ و زیبا چون مسجد سلطان احمد و مسجد سلیمانیه، بازار بزرگ (بزرگترین بازار سرپوشیدهٔ جهان)، کلیساهائی مانند کلیسای جامع صوفیه (ایاصوفیه) و عمارت‌های زیبای دیگری که توسّط معماران محلّی و یا اروپائی ساخته شده بود. استانبول را «قبة الاسلام یا گنبد اسلام»، «شهر کبیر» و مسند سلطان می‌نامیدند مکانی که کلّیه قدرت‌های بزرگ جهان در آن نمایندگی داشتند. این شهر که بین دریای مرمره و دریای سیاه قرار دارد پیوسته مرکز مهمّ تبادلات تجارتی بین شرق و غرب بود. توریستی که از کاخ «دلمه باغچه» با وسعت ۴۵۰۰۰ متر مربع و با ۲۸۵ اتاق و ۴۶ سالن که در سال ۱۸۵۶ میلادی افتتاح شد، دیدن می کند، می‌تواند مشاهده کند که چگونه سلطان حاکم عبدالعزیز و درباریانش در شکوه و جلال و اسراف می زیستند. در مقابل این عظمت مادّی، حضرت بهاءالله نسبت به محیط روحانی این شهر با لحنی اکید می‌فرمایند:

«ثمّ اذکر یا عبد ما رأیت فی المدینة حین ورودک لیبقی ذکرها فی الارض و یکون ذکری للمؤمنین فلمّا وردنا المدینة وجدنا رؤسائها کالأطفال الّذین یجتمعون علی الطّین لیلعبوا به و ما وجدنا منهم

> من بالغ لنعلّمه ما علّمنی الله و نلقی علیه من کلمات حکمة منیع و لذا بکینا علیهم بعیون السّرّ لارتکابهم بما نهوا عنه و اغفالهم عمّا خلقوا له و هذا ما اشهدناه فی المدینة و اثبتناه فی الکتاب لیکون تذکرة لهم و ذکری للآخرین.»(۶)

بعد از چهار ماه اقامت موقّت در استانبول حضرت بهاءالله و خانوادهٔ ایشان فرمان تبعید ثانی را از سلطان عبدالعزیز مبنی بر عزیمت به آدریانوپل که اکنون ادرنه نامیده می شود بدون اطلاع دریافت نمودند. ادرنه در فاصلهٔ ۲۵۰ کیلومتری از استانبول قرار دارد. در این سفر که در اواسط زمستان انجام گرفت، همراهان و خانوادهٔ حضرت بهاءالله در راه با چنان سرمای سختی روبه رو شدند که مجبور بودند حتّی برای به دست آوردن آب، آتش بزرگی بیفروزند و با آن یخ‌های چشمه را ذوب نمایند. پیاده‌روی در باران و طوفان شدید برای رسیدن به محلّ تبعید جدید حتّی در شب هم ادامه داشت.

حضرت بهاءالله در مورد ادرنه در سوره ملوک فرموده اند:

> «مدینة التی لن یدخل فیها احد الا الّذینهم عصوا امرک و کانوا من العاصین...» ایشان خطاب به سلطان فرمودند: «واخرجونا عنها بذلّة التی لن تقاس به ذلّة فی الارض...» و همچنین فرموده‌اند: «و لم یکن لاهلی و للّذینهم کانوا معی من کسوة لتقیهم عن البرد فی هذا الزّمهریر» و نیز راجع به شدّت بلایای وارده می‌فرمایند: «و بلغ امرنا الی المقام الذی بکت علینا عیون اعدائنا و من ورائهم کل ذی بصرٍ بصیر.»(۷)

دوران تبعید در بغداد، استانبول و ادرنه

پس از ورود آنها را در مسافرخانه‌ای مسکن دادند و کمی پس از آن به خانه‌ای و بعد به خانهٔ دیگر و سرانجام پس از حدود ۱۰ ماه به خانهٔ سوّم منتقل ساختند. تهیدستی غالب بوده و اغلب در این منزل تنها غذا عبارت بود از نان و پنیر.

در حالی که سلطان و دربار او در نهایت ثروت و توانگری می زیستند، خانوادهٔ مقدّس حضرت بهاءالله در تحت شرایط طاقت‌فرسائی بودند. با این حال، بطور غیر قابل مقایسه با زیبائی فریبنده قصر «دلمه باغچه» که با هزینه‌ای معادل ۳۵ تن طلا ساخته شده و با نمائی به طول ۶۰۰ متر در مقابل جریان آرام و آبی تنگه بُسفر بود، خانهٔ کوچک اجاره‌ای در یکی از کوچه‌های باریک ادرنه وجود داشت. این خانه با حضور سلطان سلاطین حضرت بهاءالله به والاترین درجه تبرّک مزیّن شده بود، بطوریکه بعداً بوسیله پروفسور ادوارد گرانویل براون از دانشگاه کمبریج پس از ملاقات با حضرت بهاءالله تأثیر شرفیابی به محضر انور را چنین توصیف می‌نماید:

«دو چشمم به جمالی افتاد که هرگز فراموش ننمایم و از وصفش عاجزم. حدّت بصر از آن منظر اکبر پدیدار و قدرت و عظمت از جبین مُبینش نمودار، به یک نظر کشف رموز دل و جان نمودی و به یک لحظه اسرار قلوب بخواندی. مپرس در حضور چه شخصی ایستادم و به چه منبع تقدیس و محبّتی تعظیم نمودم که تاجداران عالم غبطه ورزند و امپراطورهای امم حسرت برند.»[۸]

میرزا مهدی، غصن اطهر

همچنین میرزا حیدرعلی یکی از مؤمنین که به شرف لقای مولای خود حضرت بهاءالله فائز شده است، چنین نوشته است:

«... و چون پرتو انوار جمال بدرخشید حالی حاصل شد که معجزات منویّه و کشف اسرار معضله جسمانیه و روحانیه را سراب بقیعه‌ای که تشنه آب گمان می‌کند؛ دیدم نه آب عذب فرات و شراب طهور حیات و نجات... وجود مبارکی که در لباس انسانی جسمانی بود جمیع حرکات و اطوار و جلوس و قیام حتّی نوم و یقظه اش معجزه بود و حتّی خوردن و آشامیدنش چه که در جمیع کمالات لانهایه و صفت‌های کمالیّه و جمالیّه و جلالیّه و اسماء حسنای الهیّه و صفات علیای ربّانیّه وحید فرید بی‌مثیل و مانند وحده وحده لا شریک له و وحده وحده لانظیر له و وحده وحده لاشبیه له و وحده وحده لامثیل له و وحده وحده لاوزیر له احد صمد وتر فرد لم یلد و لم یولد و لم یکن له کفواً احد بود.

... دیدم که جمیع شفقت و رأفت و عطوفت و رحمانیت اوّلین و آخرین را جوهرکشی نمائی پیش شفقت و مهربانی او حکم قطره و دریا دارد بل استغفرالله و جمیع علوم و فنون و رسوم و حکم و سیاسیّات و طبیعیّات و الهیّات عالمین را جمع کنی و حاضر و موجود نمائی مقابل دانائی و بینائی او قدر ذرّه و آفتاب ندارد. تمام توانائی و قدرت و قوّت ملوک و سلاطین و انبیاء و مرسلین را چون میزان کنیم نسبت به قوّت سلطنت و

قدرت و عظمت جلال و هیمنه ظهور رحمانیت و ربّانیّتش حکم نمی از بحر ندارد... و چون هر یک از صفاتش را مشاهده نمودم ناتوانی خود را در مقابلش درک نمودم و دریافتم که کلیّه نفوس جهان هرگز قادر به وصول کمالاتش نیستند.»(۹)

حضرت بهاءالله از ادرنه که در شرق اروپا قرار گرفته و بیشتر ساکنین آن مسیحی بودند الواح تاریخی و مهیمن خود را خطاب به ملوک و سلاطین عالم ابلاغ فرمودند. همچنین بسیاری از زائرین از ایران توانستند به ادرنه آمده و به حضور جمال مبارک مشرّف شوند.

حضرت بهاءالله و عائله مقدّس ایشان و گروهی از تبعیدیان در حدود پنج سال در ادرنه باقی ماندند تا اینکه آنان را به زندان عکّا که قسمتی از سوریه و در آن زمان متعلّق به دولت عثمانی بود، مجدداً تبعید نمودند.

زندگی تبعیدیان دائمی در ادرنه هنگامی که ناقضین و اعدای امرالله به سرپرستی میرزا یحیی مبارزه‌ای را با انتشار افترائاتی در سطح شهر شروع کردند، شدیداً به زحمت افتاد. میرزا یحیی برادر ناتنی حضرت بهاءالله با ادّعای اینکه او جانشین حضرت اعلی و پیشوای جامعهٔ احبّاء است و با حسادت بر شهرت حضرت بهاءالله، چندین بار برای قتل ایشان توطئه چید که یک مورد از آن را حضرت شوقی افندی چنین بیان داشته‌اند:

«میرزا یحیی برای احیاء خلافت مجعول و تثبیت

ریاست موهوم و از دست رفتهٔ خویش به دست و پا افتاد و در مخیلهٔ خود خیالات شیطانی بپرورانید تا جمال قدم و اصحاب آن حضرت را مسموم نماید و چون می‌دانست جناب کلیم (میرزا موسی) به مسائل طبّی وقوف و آشنائی دارند از ایشان به عناوین مختلف راجع به خواص و اثرات پاره‌ای از ادویه و نباتات، پرسش نمود. سپس برخلاف معمول و عادت معهود به دعوت حضرت بهاءالله به منزل خویش پرداخت و روزی در فنجان چای مبارک بعضی از مواد سمّی ریخت و هیکل اعزّ ابهی را مسموم ساخت به نحوی که در اثر آن سمّ، وجود مبارک را کسالت و آلام شدید عارض گردید و مدّت یک ماه ملازم بستر بودند. درجهٔ حرارت بدن بالا رفت و در نتیجه هیکل اقدس تا آخر حیات به ارتعاش دست مبتلا شدند و حال مبارک به قدری سخت و مخاطره‌آمیز گردید که یک نفر پزشک خارجی به نام شیشمان را به بالین حضرت بهاءالله آوردند. لیکن طبیب از ملاحظهٔ بشره مبارک که به شدّت کبود شده بود، معالجه را بی‌اثر دانست. این بود که خود را به اقدام آن طلعت احدیّت انداخت و بدون صدور دستور و تجویز درمانی از حضور مرخّص گردید. چند روزی نگذشت که طبیب مذکور خود دچار مرض شدید شد و از عالم ادنی رخت بربست ولی قبل از فوتش حضرت بهاءالله ضمن بیانات اشاره

فرمودند که دکتر شیشمان خود را فدای حق نمود و میرزا آقاجان (منشی) را برای عیادت و احوالپرسی او فرستادند. دکتر اظهار داشت دعای او در ساحت الهی اجابت و مسئولش به حسن قبول تلقّی گردیده است ضمناً پزشک دیگری را به نام دکتر چوپان که مورد اطمینان او بود، معرّفی نمود تا برای معالجهٔ هیکل مبارک به او مراجعه نمایند.»[۱۰]

در موقعیت دیگر میرزا یحیی چاه آبی را که اهل بیت و احباب برای مصرف روزانه از آن استفاده می‌نمودند، زهرآلود ساخت. میرزا یحیی برای کسب ریاست جامعه از هرگونه وسیلهٔ ممکن استفاده نمود تا حضرت بهاءالله را در نزد مقامات دولت و احبّاء بی‌اعتبار سازد. او با ناامیدی و یأس دریافت که اغلب احبّاء توجّه به حضرت بهاءالله دارند و روی از او برگردانده‌اند. میرزا مهدی در سن جوانی هوش و فراست روحانی خویش را آشکار ساخت هنگامی که بیان داشت: «این مسافرت به ما خیلی چیزها آموخت، مثل اینکه ازل [میرزا یحیی] خیال میکرد که همه مطیعش هستند، در حالی که چنین نبود.»[۱۱]
در این حال اعدای دیگر امر از موقعیت استفاده نموده و اغراض خود را به منتهی درجه ظاهر ساختند. سرانجام حدوث این وقایع سبب بروز بحران‌های شدید گشته و سلطان عثمانی

این وضعیت را مغتنم شمرده و فرمان سوّمین تبعید حضرت بهاءالله را صادر نمود.

سلطان عثمانی در ۲۶ جولای سال ۱۸۶۸ میلادی به موجب فرمانی، حضرت بهاءالله و پنج نفر دیگر[۱۲] را از ادرنه تبعید نمود. خانوادهٔ حضرت بهاءالله و خانواده‌های وابسته و اطفالشان آماده گشتند که در این تبعید با ایشان سهیم شوند. با این حال محلّ قطعی تبعید در این زمان تا چندی بعد بر آنها مکشوف نبود تا اینکه پس از چندین روز آنها را سوار بر کشتی نموده و به سوی عکّا روانه ساختند. حضرت بهاءالله در الواح متعدّدی که در ادرنه نازل فرمودند به عکّا به عنوان مکان تبعید آینده اشاره فرموده‌اند.[۱۳]

رنج و عذاب عائله مبارکه به حدّ نهایت رسید. وزرای دربار عثمانی و سلطان و همچنین سفیر ایران متّحداً دستورالعملی صادر نمودند که حبس و محدودیت تبعیدشدگان با شدّت عمل اجرا شود. این فرمان غیرمنتظره نبود.

حضرت شوقی افندی گواهی فرموده‌اند که حضرت بهاءالله از اوّلین سال اقامت در ادرنه به طور کنایه اشاره به عکّا به عنوان آخرین محل تبعید فرموده بودند، به طوری که در لوح سیّاح اشاره به سرزمین عکّا و به ترقّیات آتیهٔ امرالله و ورود اهل عالم در ظلّ کلمةالله می‌فرمایند. قوله العزیز:

«وجدنا قوماً استقبلونا بوجوه عزّ درّیاً ... و کان بایدیهم اعلام النصر... اذن نادی المناد فسوف یبعث الله من یدخل الناس فی ظل هذه الاعلام.»[۱۴]

ناصرالدین شاه ایران
(١٨۴٨- ٩۶)

سلطان عبدالعزیز
امپراطور عثمانی
(١٨٣٠ - ٧۶)

منظره‌ای از طهران در زمان میرزا مهدی

منظرهٔ تاریخی بغداد و رود دجله

پل بیوک چکمجه در ترکیه که میرزا مهدی با اب بزرگوارش حضرت بهاءالله و خانواده و همراهان در مسیر استانبول به ادرنه در دسامبر سال ۱۸۶۳ میلادی از روی آن عبور نمود.

یکی از منازلی که میرزا مهدی با حضرت بهاءالله و عائله مبارکه در آن در ادرنه میزیستند.

گروهی از بهائیان در تبعید در ادرنه - میرزا مهدی
و حضرت‌عبدالبهاء نفرات دوّم و سوّم نشسته از سمت چپ.

میرزا مهدی و حضرت عبدالبهاء
در ادرنه

بهائیّه خانم حضرت ورقه علیا
در ادرنه

کشتی ارسیدوکا فردیناندو ماسیمیلیانو ساخته شده در سال ۱۸۵۶ میلادی که محتملاً حضرت بهاءالله با میرزا مهدی و عائله مبارکه و همراهان با آن از گالیپولی به حیفا مسافرت کردند.

مسافرین بر روی عرشهٔ کشتی بخار و در دریای آدریاتیک. نقاشی به وسیله هنری بردون ریچاردسون.

دروازهٔ بحری عکّا محلّ ورود حضرت بهاءالله و میرزا مهدی و عائله مبارکه و همراهان که از طریق آن به عکا وارد شدند.

خیابانی در عکّا شبیه خیابانهائی که حضرت بهاءالله و میرزا مهدی و عائله مبارکه و تبعیدیان پیاده از آنها به سربازخانه رفتند.

دربدو ورود به قلعه حضرت بهاءالله و میرزا مهدی و همراهان را به اتاق‌هایی که مجاور میدان قشله بود بردند.

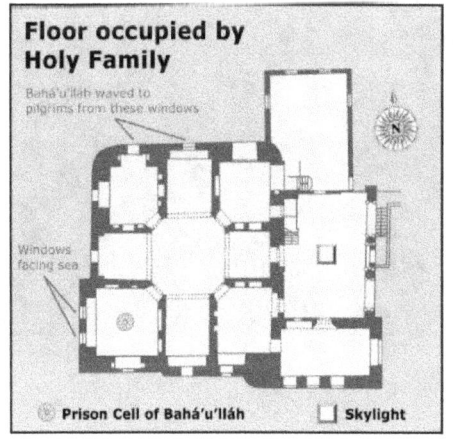

طرحی از زندان

عكّا

قشله عكّا

۵ - مسافرت طولانی به عکّا

مسافرت زمینی و دریایی از ادرنه به عکّا، ۱۹ روز به طول انجامید. این سفری بود با مشخصاتی چون: مقصد نهایی نامعلوم، با عبور از دریای مدیترانه در سه کشتی مختلف، در قسمت پرجمعیّت، تغذیه با جیرهٔ غذائی زندانیان و در نهایت درجهٔ گرما. این مسافرت با صعود یکی از احبّاء و همچنین با خبر خوش یافتن شگفت انگیز نبیل، مورّخ نامدار آتیه بهائی که تا آن زمان، محل زندان او در مصر نامعلوم بود، به یادگار مانده است.

جزئیات این مسافرت رقّت‌انگیز از ادرنه تا عکّا توسّط حضرت بهائیّه خانم [ورقه علیا]، خواهر میرزا مهدی، برای آیندگان نقل شده است:

«وجود عبّاس افندی [حضرت عبدالبهاء] در دوران اقامت در ادرنه برای همه کس چه عالی و چه دانی، چه در بین احبّاء و چه اغیار عزیز و محترم بود. ایشان همیشه به امر تبلیغ مشغول و همه جا ایشان را به عنوان سرکار آقا می‌شناختند. والی ادرنه با سرکار آقا دوست شده

میرزا مهدی، غصن اطهر

و از شنیدن بحث‌های مذهبی ایشان لذّت می‌برد. برای والی عادت شده بود که مرتّباً ایشان را در قصر خود بپذیرد و اگر برادرم نمی‌توانست به دیدار او برود او شخصاً به دیدار ایشان می‌آمد.

هنگامی که والی دستور تبعید ما را از ادرنه دریافت کرد به قدری متأثّر شده بود که خود جرأت اجرای این امر را نداشت و این کار را به زیردستانش واگذار کرد. نامه‌ای به حضرت عبدالبهاء نوشت و شهر را ترک کرد. در این نامه چنین نوشت:

«این مزاحمت به وسیلهٔ بستگان شما به وجود آمده است. صبح ازل باعث شده است که سلطان چنین اقدامی کند. من در این مورد قدرتی برای کمک به شما ندارم و علاقه و دوستی من نسبت به شما آنچنان است که بایستی از اینجا دور شوم. من نمی‌توانم ناظر وقوع این عمل ناگوار باشم.»

این دردسر مانند یک گردباد ناگهانی بر ما نازل شد. ما با آرامش در منزل بودیم که ناگهان صدای هیاهوی مخوفی را شنیدیم برادرم حضرت عبدالبهاء به بیرون نگاه کرد و صفی از سربازان را با تفنگ‌هایشان به دور خانهٔ ما دید. اوّلین تصوّر ما آن بود که حیات جمال مبارک و یا عبّاس افندی در خطر است. حضرت عبدالبهاء کوشید که ما را آرام سازد و سپس به بیرون رفت که علّت این وضعیت را جستجو نماید. نامهٔ والی

را به ایشان دادند. با اعضاء خانواده مشورت کردیم و عبّاس افندی به افسر فرمانده گفت ما حتّی حاضریم بمیریم ولی از یکدیگر جدا نمی‌شویم و تقاضای مهلت نمود. جواب عبارت بود از: «نه امروز باید بروید»... «بهاءالله و خانواده‌اش هر یک به نقاط مختلف رهسپار و هیچیک از مقصد دیگری خبر نخواهد داشت.» عباس افندی درخواست اجازه نمود که به قصر والی برود و از جانشین او تقاضای تجدیدنظر بنماید. در ابتدا با این درخواست مخالفت و سپس موافقت شد. پس او با دو نفر محافظ به خارج از منزل رفت.

در آنجا برادرم با مقامات آنچنان با فصاحت دادخواهی و دفاع نمود که آنها راضی شدند تلگرافی به استانبول مخابره و تقاضای تعویض دستور را نموده و بخواهند که همهٔ اعضاء خانوادهٔ ما با هم باشند. جوابی که واصل شد منفی بود. برادرم پافشاری نمود و آنچنان نفوذی در آن مقامات داشت که آنها نمی‌توانستند دستور مافوق را اجرا کنند و این موجب شده بود که او بتواند برای یک هفته پیغام‌ها و مخابره‌های متوالی بنماید.

روزهای وحشت‌زائی بود. اعضاء خانوادهٔ ما نه می‌توانستند غذایی بخورند و نه بخوابند. در منزل ما هیچ غذایی پخته نمی‌شد. در آن روز هنگامی که برادرم با دو محافظ منزل را ترک نمود از ترس فکر می‌کردیم که دیگر او را نخواهیم دید و ساعت‌ها منتظر بازگشت او بودیم.

بالاخره تلگرافی واصل شد که در آن تخفیفی قائل شده بودند که پدرم می‌توانست فقط با خانوادهٔ درجه یکم خود باشد و پیروانش بایستی از او جدا شوند بدون آنکه از مقصد

او آگاهی یابند. یکی از مستخدمین ما که تصادفاً قسمتی از این پیام را شنیده و کاملاً به محتوای آن واقف نشده بود با عجله خود را به ما رسانید و گزارش داد که دستور اوّلیه لغو نگردیده و جمال مبارک باید از خانواده و پیروانش جدا باشد. و بعد از آن او به طرف احبّائی که نزدیک منزل ما جمع شده بودند، دوید و این خبر را با همان کلمات منتشر ساخت که آن دوستان همگی یکّه خورده و گیج و مبهوت شدند. یکی از آنها که مردی پیر و بسیار مؤمن بود، کاردی برداشته و فریاد برآورد «اگر قرار است من از محبوبم جدا شوم همین حالا به نزد خدایم می‌روم.» و گلوی خود را برید. خوشبختانه یکی از نزدیکانش قسمتی از کارد را به زور از او گرفت و شاهرگ او بریده نشده بود و به کمک یک پزشک، او از مرگ نجات یافت.

مبادرت به خودکشی باعث سر و صدای زیاد و اضطراب شد که توجّه خانوادۀ ما را جلب نمود. مادرم و من از منزل بیرون رفتیم که علّت شلوغی و اضطراب را بدانیم. نزدیک‌تر رفتیم و مردی را دیدیم که روی زمین افتاده و خون از گلویش جاری بود. سربازانی که این گروه را محاصره کرده بودند مانع شدند که ما جلوتر رفته و فرد را کاملاً بشناسیم. اوّلین فکری که به ما دست داد این بود که آن مرد شاید برادرم است که با شنیدن این تلگرام از روی ناامیدی خود را کشته است. حرف های او را که با نفس نفس زدن و نامفهوم ادا می‌شد شنیدیم که می گفت «شما مرا از محبوبم جدا کردید... ترجیح می‌دهم

که بمیرم.» چون نمی‌توانستیم صدا را تشخیص دهیم هنوز فکر می‌کردیم برادرم است. ما برای مدّتی در سکوتی عذاب‌آور بودیم که ناگهان صدای برادرم را شنیدیم که با صدای بلند و قوّت صحبت می‌نمود.

با شنیدن صدای او، دو موضوع ما را متحیّر ساخت. اوّل اینکه به نظر می‌رسید موضوعی او را به شدّت به خشم آورده بود، در گذشته هرگز نشنیده بودیم که او کلماتی را با عصبانیت ادا کند. می‌دانستیم که او گاهی بی‌حوصله و قاطع است ولی او هرگز عصبانی نمی‌شد. دوّم آنکه هیجان فوق‌العاده، به او قدرتی عجیب در تکلّم زبان ترکی داده بود که هیچکس قبلاً نشنیده بود. او مانند یک ترک زبان بسیار برافروخته و با روشی تهییج شده با اعتراض به حرکات افسران، خواستار حضور والی شد که به شهر بازگشته بود. افسران که به نظر می‌رسید از این پرخاش یکّه خورده بودند، در پی والی فرستادند. والی آمد و با دیدن آن وضعیت گفت این غیرممکن است نمی‌توان این مردم را از یکدیگر جدا ساخت.

او به قصر خود رفت و تلگرافی به استانبول فرستاد. روز بعد جوابی دریافت داشت که پیروان جمال مبارک اجازه دارند همراه او باشند ولی نگفته بودند که ما را به کجا می‌فرستند. هنگام عزیمت گروه ما هفتاد و هفت نفر بودند. ما شش روز مسافرت کردیم و به شبه جزیره گالیپولی رسیدیم.

با ورود به این شهر مطّلع شدیم که والی این شهر تلگرافی از دولت عثمانی مبنی بر جدائی ما دریافت کرده بود بدین مضمون که پدرم با یک مستخدم باید به یک محل و برادرم با

میرزا مهدی، غصن اطهر

یک مستخدم به محلّ دیگر بروند و خانوادهٔ ما به استانبول و همراهان به نقاط مختلف بروند. این تغییر و بازپس گرفتن ناگهانی و بدون توضیح در مورد تخفیفی که اخیراً با سختی به دست آورده بودیم، حوصله و صبر ما را به سر آورد. بدون هیچ تردید اعلام کردیم که ما از یکدیگر جدا نخواهیم شد. همان روشی که در ادرنه اتّفاق افتاد در اینجا نیز تکرار شد. برادرم به نزد والی رفت و گفت که ما تسلیم جدائی از یکدیگر نخواهیم شد. او گفت: «این کار را بکنید، ما را به یک کشتی سوار نموده و در اقیانوس غرق کنید، در این صورت ما را از عذاب و خود را از سرگردانی نجات خواهید داد، ولی ما جدائی را رد می‌کنیم.»

یک هفته در گالیپولی باقی ماندیم به همان طرز وحشتناک که در ادرنه بودیم. سرانجام برادرم با کمال فصاحت در مباحثه و قدرت اراده برای دوّمین بار موفّق شد که تخفیف دولت استانبول را به دست آورد که همه با هم باشیم.

کنسول‌های آلمان، روسیه و انگلستان در گالیپولی با جمال مبارک ملاقات و متعهّد شدند که حاضرند از طرف ایشان با دولت ترکیه مذاکره و وساطت نموده و اجازه دریافت نمایند که ایشان و خانواده‌اش به یکی از کشورهای اروپای غربی عزیمت نمایند و در آنجا مشکلی نداشته باشند. پدرم پاسخ داد که او هیچ مایل نیست که با رأی سلطان مخالفت نماید و هیچ راضی نیست که پیروانش را رها کند زیرا تنها علاقهٔ او امور روحانی بوده و تنها آرزویش انتشار یک مذهب

است بنابراین او از هیچ چیز ترس و بیم ندارد.

آخرین دستور واصله از استانبول مبنی بر این بود که همگی ما با هم سوار بر یک کشتی دولتی عزیمت نمائیم و هیچ وقتی برای اجرای آن تلف نشود.»[1] (ترجمه)

کشتی‌های آن زمان با نیروی بخار حرکت می کردند. این کشتی‌ها مسافرین، کالا، پست و حتّی اسب‌ها و چارپایان را به شهرهای بندری مدیترانه حمل می‌نمودند. برای درک مشکلات مسافرت تبعیدی‌ها باید دانست که مسافرت دریایی قبل از سال ۱۸۶۸ میلادی در اطراف مدیترانه و عبور از مستعمرات انگلیسی چگونه بوده است. برای مثال مسافرین در راه هند، استرالیا و هنگ کنگ می‌بایستی در بندر اسکندریه در قسمت مدیترانه‌ای مصر از کشتی پیاده شده، سپس در حدود ۳۰۰ کیلومتر با ترن در آن کشور مسافرت نمایند تا به یک کشتی بخار دیگر در دریای سرخ سوار شوند و بتوانند به سواحل اقیانوس هند یا اقیانوس آرام دسترسی پیدا کنند. به هرحال ایجاد کانال سوئز باعث شد که از سال ۱۸۶۹ میلادی دریای مدیترانه و دریای سرخ به یکدیگر متّصل و مسافرت را تا حدّ زیادی کوتاه و مسیر استراتژیکی بین اروپا و آسیا و شرق و غرب به وجود آید.

کشتی‌های بخار روز و شب با صدای یکنواخت چرخ‌های پارودار که آب را می‌شکافت و گاهی همراه با صدای سوت اعلام خطر و زنگ‌ها بود، دریانوردی می کردند. در حالیکه مسافرین ممتاز از اتاق‌های لوکس با کلّیه تسهیلات و غذاها و نوشیدنی‌های اعلا استفاده می کردند، مسافرین طبقهٔ پایین در

کابین‌های تنگ و فشرده و تختخواب‌های دوطبقه که برای نشستن نیز بود، استفاده و غذا را در پشت میزهای طولانی می‌خوردند و وسایل نظافت و دستشویی آنها آلوده و مملوّ از آفت و حشرات و حتّی موش‌ها بود.

کشتی‌های بخار ضمن اینکه در مقایسه با مسافرت در خشکی در مدّت کوتاه‌تری طیّ طریق می‌کردند ولی وسایل آسایش آنها در برابری با استانداردهای کنونی مطلوب نبود. برای مثال کابین‌های پرجمعیّت آنها بر حسب قیمت به سه دستهٔ درجه یک، درجه دو و درجه سه تقسیم شده بود. موتورهای کشتی که با ذغال سنگ به کار می‌افتاد، تولید دود و بوی شدیدی می‌نمود و اغلب باعث می‌شد که مسافرین برای احتراز از این دود و کربن خفه کننده در کابین باقی بمانند. تکنولوژی جدید، انقلاب صنعتی به وجود آورد و تولید صنعت جدید توریسم را نمود به طوری که مسافرت‌های بین‌المللی از غرب به شرق برای آشنایی با ملل و فرهنگ آنها ترویج یافت. کمپانی‌های کشتیرانی بخار با نمایندگانی در بسیاری از نقاط جهان مانند شرکت‌هایی هوایی کنونی با آگهی در مورد نرخ خود و تورهایی به کشورهای خارجی با یکدیگر رقابت داشتند.

حضرت شوقی افندی ولی امر دیانت بهائی در مورد لحظات سخت گسیل تبعیدی‌ها به کشتی اطریشی لوید چنین نظریه‌ای مرقوم داشته‌اند:

«هنگام عزیمت از گالیپولی وجود اقدس را به نحوی مخاطرات و مصائب احاطه نموده بود که خطاب به اصحاب فرمودند «این سفر به جز سفرهای سابق است هرکس خود را مستعدّ مواجهه با بلایای آتیه و خطرات محتومهٔ مقدّره نمی‌یابد بهتر آن است که از هم اکنون به هر طرف که مایل است حرکت کند و از امتحانات و بلیّات محفوظ ماند زیرا بعداً رهایی متصوّر نیست.» ولی دوستان و طائفین حول جمال رحمن کلاً به آنچه مشیّت الهی و ارادهٔ مطلقهٔ سبحانی بدان تعلّق گرفته بود، تفویض شدند و هر بلائی را بر ابتلای به حرقت و فرقت آن طلعت احدیت ترجیح دادند.»(۲)

ایادی امرالله جناب ابوالقاسم فیضی راجع به آن لحظات پرتشویش و اینکه چگونه این گروه پرجمعیّت با یک کشتی کوچک از گالیپولی به اسکندریه مسافرت نمودند و اوّلین قسمت مسافرت به فلسطین به همراهی ده نفر افسر و سرباز بود، چنین نوشته اند:

« برای رسیدن به کشتی اتریشی که دور از ساحل لنگر انداخته بود، مسافران مجبور بودند بر قایقهای کوچک سوار شوند و این مسافت را طیّ کنند. در همان زمانی که حضرت بهاءالله وارد یکی از این قایقها میشدند لسان مبارک به نزول آیات مشغول بود. جناب انیس و همراهانش در ساحل ایستاده و به محبوب خود ناظر بودند که به سوی مقصدی که هنوز مکشوف نشده بود

میرزا مهدی، غصن اطهر

عزیمت میفرمود؛ حزنی عمیق و دردی شدید قلوب آنها را در هم فشرد و اشک از چشمانشان فرو ریخت و گونه ها را مرطوب ساخت. حضرت بهاءالله که آنها را چنین محزون مشاهده فرمودند، آنها را تسلّی دادند و با هطول امطار محبّت و شفقت بر آنها قلوبشان را قوّت بخشیدند. حضرتش به این ترتیب دلهای بریان و قلوب سوزان حبیبانش در سراسر جهان را در لحظات فراق و احزان قرین بهجت و مسرّت میساخت.»(۳)

این گروه قبل از ظهر ۲۱ آگوست سال ۱۸۶۸ میلادی از گالیپولی به سوی اسکندریه در مصر حرکت کردند. حضرت عبدالبهاء مرقوم فرموده‌اند: «آنها ما را به اجبار سوار یک کشتی نمودند و مجبور ساختند که همهٔ وجه عبور را بپردازیم.»(۴) آقارضا راجع به شروع حرکت از گالیپولی می‌نویسد: «در غروب آن روز اثاثیه ما را به کشتی حمل کردند و صبح روز بعد بوسیله قایق ها ما را به کشتی منتقل نمودند.»(۵) چندین سال بعد بهائیّه خانم نقل کردند: «ما با چنان عجله‌ای عازم شدیم که قادر به تهیّه وسائل سفر نبودیم – تنها توشه‌ای که در اختیار داشتیم چند قرص نان و مختصر پنیری بود که یکی از احبّا آورده بود.»(۶)

کنت بوریج در تحقیقی که به عمل آورده شرح میدهد که مسافرت از گالیپولی به اسکندریه و از اسکندریه به حیفا در فلسطین ممکن است با کشتی اُرکیدوسا فردیناندو ماسیمیلنانو و ساتورنو انجام شده باشد. کشتی ارکیدوسا در سال ۱۸۵۶

مسافرت طولانی به عکّا

میلادی ساخته شده بود و ظرفیت آن شامل ۴۸ مسافر برای درجهٔ یک و ۲۸ نفر برای درجهٔ ۲ و ۲۵ نفر خدمه بوده است. و امّا ساتورنو که سرویس خود را چهار ماه قبل از مسافرت بهائیان به حیفا شروع کرده بود، کشتی بزرگ‌تری بود که ظرفیت آن ۵۱ نفر مسافر برای درجهٔ یک و ۲۸ نفر برای درجهٔ ۲ و ۴۰ نفر خدمه بود. کشتی ارکیدوسا یک کشتی مجهّز به چرخ‌های پارویی و ساتورنو مدرن‌تر و مجهّز به پروانه و بادبان های کمکی بود. هر دو کشتی دارای بدنهٔ فلزی و ساخت انگلیس و متعلّق به شرکت اطریشی لوید بودند که تا سال ۱۸۶۷ میلادی دارای ۶۴ کشتی بخار بود.[۷] در این مسافرت از هر کدام از این کشتی‌ها استفاده شده باشد، بایستی بیش از ظرفیت خود مسافر می‌داشته است زیرا تعداد تبعیدی‌ها بیش از ۸۰ نفر بدون شمارش سایر مسافرین بوده است. از این تعداد ۶۷ نفر پیروان حضرت بهاءالله[۸] بودند که مقصد آنها عکّا بود. ۱۶ نفر[۹] پیروان میرزا یحیی بودند که به قبرس در فاصلهٔ ۳۰۰ کیلومتری فرستاده شدند.

مسافرین برای گریز از یکنواختی و کسالت مسافرت مجبور بودند که از بین مسافرین دیگر خود را به عرشهٔ بالای کشتی برسانند تا بتوانند دست و پای خود را حرکتی داده، نگاهی به دریای عظیم بیاندازند و منظره‌هایی از سواحل را تماشا کنند یا شاید هم با دیگر مسافرین از سایر دیار گفتگویی نمایند. به دنبال ساعات پایان‌ناپذیر روز سیاهی شب فرا می‌رسید. کشتی در تمام اوقات این مسافرت با حرکت نوسانی و برخورد امواج به سکّان آن طیّ طریق می‌نمود.

در داخل کشتی از سایر مسافرین هیچکس توجّهی به حضور یک شخصیّت روحانی در این کشتی نداشت. به خصوص که این دسته، عنوان زندانی داشتند و توسّط دولت به محلّ زندان حمل و نقل می‌شدند و پیوسته در تحت نظارت افسران ارتش بودند بنابراین کسی توجّهی نمی‌کرد. در این کشتی کنسول ایران در ازمیر و همراهانش که سخت مراقب او بودند با تشریفات به محلّ مأموریّت خود در شهر ازمیر می‌رفتند. جناب ابوالقاسم فیضی می‌نویسد: « چون بر عرشه کشتی بخار اتریشی سوار شدند، مسافران را که شامل برخی از ایرانیان بودند، مشاهده کردند. حضرت بهاءالله با احدی صحبت نکردند، بلکه به مکان وسیعی که چندین صندلی در آنجا نهاده شده بود، رفتند. بر یکی از صندلیها جالس شدند و به احبّاء اجازه دادند که آنها نیز جالس شوند. »[۱۰] قابل ملاحظه است که زجر نامعلوم بودن مقصد این مسافرت با حضور خصمانه و منحوس میرزا یحیی در این کشتی تشدید شده بود. خانوادهٔ او و بعضی از پیروانش تا رسیدن به حیفا در بین جمع مسافرین بودند و بعد از آن بایستی به محل حبس خود در جزیرهٔ قبرس بروند.

قدرت و نفوذ الهی با تودهٔ ستارگانی که با محبّت به این تبعیدی‌ها نظاره می‌کردند، آشکار می‌گردید. مردان، زنان، پیران و اطفال یعنی آنهایی که توسّط دنیا فراموش شده بودند، به سفری دور و محلّی نامعلوم و اسرارآمیز می‌رفتند ولی مشتاقانه به حمایت محبوب خود یعنی ملوان واقعی کشتی عالم

دل بسته بودند. ایشان در شروع مسافرت از گالیپولی به همه اطمینان بخشیدند و با سپس با قدرت و هیمنه اضافه فرمودند: «ولی این کشتی غرق نخواهد شد، حتّی اگر امواج آنرا در هم کوبد.»(۱۱)

در هنگام غروب کشتی به مادلی در جزیرهٔ یونانی لبوس رسیده و بعد در شب به ازمیر رفت که تبعیدی‌ها دو روز در آنجا توقّف کردند. یک نفر از احبّاء یعنی جناب مُنیب بسیار سخت مریض شد. حضرت عبدالبهاء مرقوم فرموده‌اند:

«. . . ولی بسیار ناتوان بود زیرا بمرضی شدید مبتلا با وجود این راضی نشد که در ادرنه بماند و بمعالجه پردازد بلکه آرزوی آن داشت که در اقدام جمال مبارک جانفشانی نماید آمدیم تا بدریا رسیدیم از شدّت ضعف سه نفر او را بلند نمودند تا آنکه بکشتی رساندند در کشتی مرض شدّت یافت بدرجه ئی که قاپیتان کشتی اصرار در اخراج نمود ولی بسبب الحاح ما تا ازمیر صبر نمود در ازمیر قاپیتان بمأمور دولت میر آلای عمر بیک که بهمراهی ما بود گفت اگر او را برون نبرید من جبراً برون کنم زیرا کشتی مریض قبول نکند.»(۱۲)

جناب مُنیب را به بیمارستان محلّی در ازمیر بردند و در بیمارستان به همراهان اجازه دادند که فقط یک ساعت با او باشند. بهائیه خانم نقل کرده‌اند:

میرزا مهدی، غصن اطهر

«حضرت عبدالبهاء یک هندوانه و مقداری انگور ابتیاع فرمودند و با این میوه های حیات بخش به جانب او برگشتند و دریافتند که ایشان صعود نموده اند. تشییع جنازه ساده ای به کمک مسئول مریضخانه صورت گرفت. سرکار آقا چند مناجات تلاوت فرمودند سپس با قلبی جریح به قایق مراجعت نمودند.»^(۱۳)

مسافرت این گروه به اسکندریه در طرف دیگر مدیترانه و حرکت از قارّهٔ اروپا به افریقا با فقدان یک نفر ادامه یافت. گروه تبعیدی‌ها دو روز بعد هنگام صبح به بندر مهمّ اسکندریه که در دلتای نیل قرار دارد وارد شدند. در اسکندریه آنها را سوار کشتی بخار دیگری از لوید اطریشی کردند و شایعه بود که آنها را به نقاط مختلفی تقسیم خواهند کرد. نمی‌دانیم به چه منظور و قصد حضرت بهاءالله را از یک کشتی به کشتی دیگر و از یک بندر به بندر دیگر می‌بردند. با این حال در ذیل خواهیم دید که نزدیک بودن کشتی به ساحل باعث شد که ایشان بتوانند پای مبارک را در خاک مصر بر زمین نهند حتّی برای زمانی بسیار کم.

بهائیّه خانم ادامه می‌دهند:

«به علّت عجله و اضطراب و نامشخّص بودن مقصد ما فراموش کردیم که از گالیپولی مواد غذایی برای این مسافرت تهیّه کنیم ولی یک مستخدم پیر در مسیر خود به طرف کشتی متوجّه می‌شود که هیچ آذوقه‌ای تهیّه نگردیده، پس او یک جعبه نان و مقداری پنیر خریده

بود. این نان با جیرهٔ غذایی زندانیان که تقریباً غیرقابل خوردن بود تنها غذایی بود که ما برای پنج روز داشتیم تا به اسکندریه رسیدیم. در ورود به اسکندریه باز شایعهٔ جدایی تبعیدی‌ها تازه گشت و به قدری همه ترسیده بودند که هیچکس جرأت نمی‌کرد برای تهیّه آذوقه، کشتی را ترک کند که مبادا او را از بازگشت ممانعت نمایند.

ما فقط توانستیم قدری انگور و آب معدنی تهیّه کنیم و بالاخره یکی از همراهان با یک محافظ برای خرید مواد لازم به خارج از کشتی رفت.»[۱۴] (ترجمه)

جالب آنکه نبیل مورّخ شهیر بهائی به علّت دیانتش قبلاً دستگیر و زندانی شده و محلّ زندانش نامعلوم بود. شبی در زندان در رؤیایی که او داشت جمال مبارک به او فرمودند «تا هشتاد و یک روز دیگر واقعه خوشحال کننده ای برای تو پیش خواهد آمد.»[۱۵] روز انتظار فرا رسید. هنگامی که در غروب آفتاب نبیل به پشت بام زندان رفته بود ناگهان مشاهده می‌کند که در خیابان پایین یکی از تبعیدی‌ها که دوست دیرین نبیل بود بهمراهی یک پلیس بعد از خرید مایحتاج به کشتی باز میگشت.[۱۶] نبیل بلافاصله به پایین رفته و با اصرار توانست محافظ را قانع کند که دوستش به داخل زندان او برود. در آنجا نبیل از حضور حضرت بهاءالله در کشتی مطّلع گردید و این دو نفر در چند لحظه ماجراهایی را که در راه حق بر آنها

گذشته بود، برای یکدیگر تعریف کردند.

نبیل آرزو داشت نامه‌ای برای حضرت بهاءالله بفرستد. آن روز پنجشنبه بود و روز بعد همهٔ ادارات تعطیل بود زیرا روز جمعه روز استراحت در کشورهای اسلامی است و از طریق اداری ممکن نبود که نامه یا پیغامی برای حضرت بهاءالله در کشتی ارسال شود.

نبیل و فارس که یک دکتر مسیحی بود و در زندان توسّط نبیل به دیانتِ بهائی ایمان آورده بود، تصمیم گرفتند که صبح روز بعد این نامه را برای ایشان بفرستند. به نظر می‌رسد فارِس اوّلین مسیحی است که به دیانت بهائی مؤمن گردیده است. قرار شد نامه توسّط کنستانتین دوست فارِس که یک ساعت ساز مسیحی بود به حضرت بهاءالله تحویَل شود زیرا فارِس همانند نبیل یک زندانی بود.

نبیل می گوید:

> در صبح روز بعد کنستانتین با قایق پارویی به طرف کشتی رفت و ما از سقف زندان به او نگاه می کردیم. در همین اثنا ابتدا یک زنگ و بعد صدای حرکت کشتی را شنیدیم. ما حیران و گیج شده بودیم که آیا او توانست این مهم را انجام دهد؟ در این دلواپسی بودیم که کشتی از حرکت باز ایستاد و بعد از یک ربع ساعت باز به حرکت افتاد. ما دچار دلهرهٔ عجیبی شده بودیم که یک مرتبه سر و کله کنستانتین پیدا شد. او به من یک پاکت و یک بسته که در دستمالی پیچیده شده

بود، داد و بلند گفت: به خدا سوگند! من پدر مسیح را دیدم. فارس چشمان او را بوسید و گفت:
«قسمت مَا سوز جدائی و فراق و از آن تو موهبت نظاره به محبوب عالمیان...»
در جواب عریضهٔ ما لوحی با دستخطّ جمال اقدس ابهی و نامه‌ای از حضرت عبدالبهاء و کاغذ پیچیده‌ای حاوی مقداری نُقل بادام که غصن اطهر (میرزا مهدی) عنایت کرده بود، به دستمان رسید. در این لوح دکتر فارس بخصوص مورد محبّت و عنایت قرار گرفته بود.
یکی از همراهان نوشته است: «من چندین بار شاهد قدرت و عظمت جمال مبارك بوده ام که هیچگاه فراموش نخواهد شد یکی از آنها امروز بود کشتی بحرکت در آمده بود که قایقی را از دور دیدیم. کاپیتان کشتی را نگه داشت و این ساعت‌ساز جوان خودش را بما رسانید و نام مرا با صدای بلند فریاد زد ما به نزد او رفتیم و او پاکت شما را به ما داد همه چشمها متوجه ما مسجونین بود و هیچکس اعتراضی به عمل کاپیتان ننمود.»[۱۷]

بهائیّه خانم چندین سال بعد این چنین به خاطر آوردند: «جناب نبیل مورخ امر و یکی از بهائیان [فارس] در زندانی نزدیك بندر اسکندریه مسجون بودند. درَ حالیکه تحت سلاسل بودند از پنجره به بیرون مینگریستند با تعجب مشاهده نمودند که حضرت بهاءالله و سرکار آقا در بین احبّاء در روی عرشه قایق ایستاده اند.»[۱۸]

در مدّتی که کشتی در اسکندریه لنگر انداخته بود، حضرت بهاءالله تعدادی از ایرانیان محلّی را به حضور پذیرفتند و آنها نهایت احترام را به جا آوردند. گر چه عبور ایشان از این بندر برای کسی مکشوف نبود، ولی ممکن است بعضی از مسافرین ایرانی که از گالیپولی به اسکندریه در این کشتی بودند، خبر ورود و حضور ایشان را به جامعه محلّی پخش کرده باشند.

به محض ورود به اسکندریه بار دیگر شایع شد که دوستان را از هم جدا خواهند نمود. احبّاء گرچه از کسالت درمانده شده و از ذلت سفر از پا درآمده بودند و از این ضربه مکرّر خرد شده بودند تصمیم گرفتند که سرپیچی نمایند.

> «یکی از احبّاء در نهایت ناامیدی خود را به دریا انداخت ولی او را نجات دادند. حضرت بهاءالله و سرکار آقا ما را مسرور ساخته و سئوال فرمودند: "چرا خود را به دریا افکندید. آیا می‌خواستید برای ماهی ها ضیافتی تدارک نمائید؟"» (۱۹)

خط سیر کشتی عبارت بود از حرکت از اسکندریه به حیفا که در ضمن آن توقّف‌هایی در پورت سعید در مصر و یافا در فلسطین نیز داشت. بهائیّه خانم می‌فرمودند:

> «سپس ما عازم حیفا شدیم. در آن قایق محلّی برای استراحت وجود نداشت. چند مسافر تاتاری در قایق بودند که مجاورت آنان امر سختی بود آنان بیش از حد

> عاری از نظافت بودند. فقدان آذوقه صحّت ما را دچار اختلال نموده بود.»[۲۰]

کشتی فردای آن روز به پورت سعید در کانال سوئز رسید، در طول روز لنگر انداخت و در شب آنجا را ترک نمود. غروب روز بعد در مسیر خود در یافا یعنی بندری که در نزدیکی تل‌آویو امروزی در جنوب غربی آسیا واقع شده، توقّف کوتاهی نمود. کشتی صبح روز بعد به حیفا رسید. ملاح قدس یعنی حضرت بهاءالله که قبلاً به آن اشاره فرموده بودند، در حیفا با همراهان از کشتی پیاده شدند. بهائیّه خانم حکایت کرده‌اند:

> «بعد از دو روز مسافرت در دریا ما به حیفا در سوریه رسیدیم. همگی به علّت گرسنگی و یا خوردن غذای ناسالم، مریض بودند. من که تا قبل از این مسافرت زنی سالم بودم از آن به بعد مریض شدم و هرگز سلامت خود را باز نیافته‌ام. ما یک روز در زندان حیفا بودیم و مردان در زندان با زنجیر...»[۲۱] (ترجمه)

بعد از ۱۱ روز مسافرت در دریا در سه کشتی مختلف و از حیفا با یک کشتی شراعی (بادبانی) مسافرین خسته و کوفته در بعدازظهر ۳۰ آگوست سال ۱۸۶۸ میلادی به عکّا وارد و بلافاصله در تحت حفاظت ۳۰ نفر سرباز به سربازخانه برده شدند. و این درست پنج هفته بعد از صدور فرمان مهیب سلطان عثمانی دربارهٔ تبعید سوّم بود که این سفر تاریخی را شامل عبور از سه قارّه نموده بود.

نوزده روز از حرکت تعجیلی از ادرنه می گذشت و اهمّیت روحانی فوق‌العاده این سفر بحری از گالیپولی به عکّا توسّط معهد اعلی بیت العدل اعظم در پیامی در سال ۱۹۶۸ میلادی چنین توصیف شده است:

«نه کوچ ابراهیم از اورِ کلده به ناحیهٔ حلب، نه سفر موسی به جانب سرزمینِ موعود، نه گریز مریم و یوسف با نوزاد عیسی و نه هجرت محمّد را می‌توان با سفر بحری مظهر ظهور الهی در یکصد سال قبل از گالیپولی به سجن اعظم عکّا مقایسه نمود. این سفر بحری به دستور دو حاکم مستبد و جابر که رؤسای اعدای امر بودند به نهایت قساوت و به جهت قلع و قمع شجرهٔ الهیّه اجرا گردید. فرمان تبعید چهارم هنگامی صادر شد که صیت بیانات پیغمبرگونهٔ ایشان مرتفع و اعلان امرشان به اهل عالم شروع شده و انوار قدرت و جلال الهی ساطع بود و با گواهی پیروانش احترام و ستایش مردم و احترامات فائقهٔ مقامات و نمایندگان دول خارجه نفوذ و برتری ایشان را نمودار ساخته بود.»[۲۲] (ترجمه)

۶ - پیاده شدن از کشتی در عکّا

گروه تبعیدی‌ها در بعدازظهر روز دوشنبه [۳۱ آگست ۱۸۶۸] در دروازه بحری عکّا که اسکله آن بنائی بود از قرون وسطی با معبری باریک که توسط توپ های سنگین حفاظت میشد از کشتی پیاده شدند.(۱) این گروه، صبح زود آن روز با همراهی ده نفر افسر و سرباز با یک کشتی بخار متعلّق به شرکت اطریشی لوید پس از یک مسافرت ۷۰ ساعته از اسکندریه به حیفا وارد شده بودند که این مسافرت، امروزه با هواپیما در حدود یک ساعت انجام می‌شود و جالب است که همین سفر از راه زمینی برای حضرت موسی در ۳۵ قرن قبل در حدود ۴۰ سال به طول انجامید.

گر چه عکّا یک مرکز مهم از نظر جمعیّت بود ولی خلیج آن نمی‌توانست کشتی‌های بزرگ را بپذیرد و به این جهت از کشتی‌های کوچک‌تری برای حمل مسافرین از حیفا به لنگرگاه عکّا استفاده می‌کردند. با نزدیک شدن به حیفا مأمورین مشغول جدا ساختن میرزا یحیی و وابستگانش از سایر مسافرین و انتقال آنها به قبرس شدند. بنا به امر سلطان قرار بود

چهار نفر از بهائیان همراه با میرزا یحیی به قبرس فرستاده شوند و آنها از این جدائی قریب‌الوقوع از حضرت بهاءالله بسیار پریشان و مضطرب بودند و سایرین هم همین حالت را داشتند.

حضرت شوقی افندی در این مورد مرقوم داشته‌اند:

«و در همان لحظه که حضرت بهاءالله به قصد توجّه به جانب اسکله حیفا قدم در قایق گذاشتند جناب آقا عبدالغفّار از نفوس اربعه‌ای که در اعداد همراهان میرزا یحیی معیّن شده بود و لسان مکرمت و عنایت در حق او به بیان «فیا روحاً من حُبّه و انقطاعه و توکّله و استقامته» ناطق، از کثرت نومیدی و حرمان از ساحت اقدس ملیک منّان یابهاءالابهی گویان خود را از عرشهٔ کشتی به دریا انداخت ولی فوراً آن مستغرق دریای محبّت را اخذ نمودند و پس از آنکه به زحمت زیاد به حال آمد مأمورین قسی‌القلب او را به ادامهٔ سفر با قطب شقاق و اتباعش ملزم ساختند و به عنف و جبر به مقرّ معلوم یعنی قبرس روانه نمودند.»[۲]

بهائیّه خانم حکایت کرده‌اند: «بعد از ورود به حیفا ما را بر روی صندلی به ساحل حمل نمودند.»[۳] بعد از چند ساعت انتظار حضرت بهاءالله و همراهان با یک کشتی شراعی [بادبانی] که توسّط مأمورین آماده شده بود، به عکّا برده شدند.

و امّا برای درک مشکلات حمل و نقل این سفر و مقایسه با استانداردهای مدرن کافی است به نظر آورید در این کشتی ۶۷ نفر از بهائیان بودند به اضافه تعدادی مأمورین. حال اگر

پیاده شدن از کشتی در عکّا

هر یك از آنها تنها یك جامه‌دان به همراه داشتند، برای حمل آنان لااقل یك اتوبوس بزرگ مدرن لازم بود. برای طیّ مسافت ۱۶ کیلومتر، ۸ ساعت این سفر بحری طول کشید و به علّت نوزیدن باد و عدم حرکت کشتی شراعی و نبودن سایه بان و تابش آفتاب سوزان، این سفر بسیار سخت و دشوار بود. بالاخره تبعیدی‌ها در حدود ساعت ۴ بعدازظهر در عکّا از کشتی پیاده شدند.[۴] (ترجمه)

چون کشتی دور از ساحل لنگر انداخته بود مسافرین مجبور بودند چندین بار در آب رفت و آمد نمایند تا تمام چمدان‌ها و وسایل را به ساحل بیاورند. بهائیّه خانم این چنین ادامه دادند:

«والی عکّا دستور داده بود که زنان را مردان به کول گرفته و از آب گذر کنند. برادرم حضرت عبدالبهاء با این امر مخالف و با آن اعتراض نمودند. او اوّلین فردی بود که به ساحل رفته یك صندلی تهیّه نمود و با کمك یکی از احبّاء زنان را به ساحل حمل نمودند. جمال مبارك را تا پیاده شدن همهٔ همراهان اجازه ندادند که از کشتی خارج شوند. پس از ورود ایشان به ساحل، افراد این گروه را شمارش نموده و به سربازخانه یعنی محلّی که زندان بود، بردند. به علّت رنج و عذاب زیاد و محرومیت از هر چیز در این سفر تقریباً همه مریض بودند و بدتر از همه شاید جمال مبارك و من بودیم.»[۵] (ترجمه)

همان گونه که در فوق ذکر شد، حضرت بهاءالله را تا پیاده

میرزا مهدی، غصن اطهر

شدن همهٔ همراهانشان اجازه ندادند از کشتی پیاده شوند و این بی‌حرمتی بر مظهر ظهور الهی در همه وقت مشاهده میشد.(۶) یکی از تبعیدی‌ها نقل نموده است که پس از قدم گذاردن بر روی خاک این منطقه آنها را «میشمردند که گویی اغنامند.»(۷)

در دروازهٔ عکّا زندانیان مواجه با جمعیّت زیادی از مردم شدند که علیه ورود آنها تظاهرات می‌کردند. در بین این تودهٔ جمعیّت، بسیاری از افراد کنجکاو نیز بودند که می‌خواستند صورت «خدای عجم‌ها» را ببینند که منظور حضرت بهاءالله بود. مردم با خشم شدید و تعصّب با تصمیم دولت که این گروه را به شهر آنها فرستاده بود، موافق نبودند. آنها این تبعیدی‌ها را به عنوان گروه مذهبی از افراد رافضی و شرور می‌شناختند. بهائیّه خانم فرمودند: «در ساحل دسته‌ای از سربازان در دو ردیف ایستاده بودند و زندانیان در بین این دو صف عبور کرده و به سربازخانه داخل شدند. دستور بود که به هر کس که قصد فرار از زندان کند، تیراندازی نمایند.» (۸) (ترجمه)

در آن زمان جمعیّت عکّا در حدود پنج هزار نفر بود.(۹) اوّلین تأثیر شهر عکّا بر روی خانوادهٔ مقدّس و تبعیدی‌ها پس از پیاده شدن از کشتی این بود که با تصویری مواجه شدند شامل یک محیط دلتنگ‌کننده و عبور از میان جمعیّتی متخاصم و کوچه‌هایی تنگ و پیچ در پیچ و غم‌انگیز.

حضرت عبدالبهاء نقل فرموده‌اند:

«هنگامی که ما وارد این شهر شدیم ساکنین عکّا را

پیاده شدن از کشتی در عکّا

بدون استثناء مردمی علیل و ناتوان، رنگ پریده و زرد چهره یافتیم که تعداد بسیاری از آنها قادر به راه رفتن نبوده و در کوچه‌های تنگ و باریک پراکنده بودند. حتّی سربازان و افسرانی که از امتیازاتی نیز برخوردار بودند بیمار به نظر می‌رسیدند. و در واقع تعدادی از سربازان که قرار بود محافظ ما باشند بسیار مریض بودند و من بی‌درنگ شروع به معالجهٔ آنها نمودم.»(۱۰)(ترجمه)

بر طبق روایت بهائیّه خانم:

«هنگامی که ما در عکّا پیاده شدیم همه مردم شهر برای دیدن ما ازدحام کرده بودند و با صدای بلند عربی صحبت می‌کردند و من می‌فهمیدم. بعضی می‌گفتند قرار است آنها را به سیاهچال بیاندازند و زنجیر کنند، دیگران عقیده داشتند که ما را به دریا می‌ریزند و هنگامی که ما را پیاده از کوچه‌ها و خیابان‌ها به طرف این زندان مخوف می‌بردند، مردم زشت‌ترین کلمات و طعنه‌ها و تمسخرها را نثار ما مینمودند.»(۱۱)(ترجمه)

از ساحل تا سربازخانه صفی از سربازان بود. ابتدا زنان را به اتاقی برده و درب را به روی آنها بستند و سپس با مردان نیز به همین طریق رفتار نمودند.(۱۲)

پیاده‌روی مسافت تقریباً یک کیلومتر از اسکله و از میان کوچه‌ها و خیابان‌های کثیف و باریک و نفس‌گیر عکّا تا سربازخانه به غیر از توقّف در ایستگاه پلیس که در محلّی حدود یک سوّم از این مسافت قرار گرفته بود، نیم ساعت به

طول انجامید. «ابتدا خواستند ما را در آنجا محبوس سازند ولی ما قبول نکردیم سپس ما را به سربازخانه بردند.»(۱۳) این نشان می‌دهد که مقامات محلّی کاملاً آمادگی پذیرش از این تعداد زندانی‌ها را نداشته‌اند.

طیّ این مسافت بخصوص برای افرادی که بعد از ۱۹ روز مسافرت عذاب‌آور بایستی وسایل شخصی خود را برداشته و اطفال خود را نیز که بیش از بزرگترها خسته، گرسنه و تشنه بودند حمل نمایند، مشکل بود. در آن بعدازظهر گرم تابستان به نظر می‌رسید این پیاده‌روی پایان‌ناپذیر است تا بالاخره دیوارهای بی‌روح سربازخانه دیده شد و آنها با آخرین رمق خود با بالارفتن از پله‌های بسیار به مقصد نهائی رسیدند. هنگامی که از مرکز شهر عبور می‌کردند و قبل از اینکه برای دو سال و دو ماه و پنج روز در حبس قرار گیرند، توانستند بدبختی این شهر را نظاره نموده و شاید هم نیمه نگاهی به بعضی از ساختمان‌های برجستهٔ آن چون سه کاروانسرا (مسافرخانه)، یک صومعهٔ مسیحی، یک بازار شلوغ محلّی و یک مسجد بزرگ انداخته باشند.

غروب آفتاب در آن روز حدود ساعت ۶:۳۰ بعدازظهر بود. بنابراین از زمانی که زندانیان به عکّا رسیده بودند ساعات زیادی از روز باقی نمانده بود. آن شب ماه با زیبایی کامل به این گروه می‌نگریست. جریان ورود به زندان بایستی در بخش های مختلفی انجام شده باشد. بدون شک تعدادی از مردان برای حمل چمدان‌ها و وسایل در اسکله باقی ماندند که با در

نظر گرفتن ۶۷ نفر در این گروه و اینکه هر نفر حداقل یک عدد چمدان بزرگ محتوی لباس‌ها و وسایل شخصی داشته است، مقدار قابل ملاحظه‌ای به نظر می‌رسد.

در یک شهر کوچک عربی چون عکّا که سمبل آن یکنواختی و کسادی بوده است، آمدن این قافله و گروه جدید باید توجّه مردم را به خود جلب نموده باشد. برای مردم محلّی این گروه غیرمعمول مسافرین ایرانی شامل جوانی ۲۰ ساله چون میرزا مهدی و بچّه‌های شیرخواره و افراد مسنّی چون مادربزرگ‌ها و پدربزرگ‌ها که خیلی از آنها تحصیل کرده بنظر می رسیدند و لباس‌های مختلف محلی در بر و به زبان دیگری صحبت می کردند و سعی می‌نمودند بنا بر آداب بهائی با ازدحام مردم مؤدّب باشند، خیلی عجیب بود. در میان آنها حضرت بهاءالله بودند که بدون شک هیئت باعظمت ایشان جلب توجّه همه را می‌نمود، نه تنها با طرز مشی اشرافی و موزون خود، یا با منش شاهانه و باشخصیّت جاذب خود، بلکه به سبب افترائات ستیزه‌جویانه‌ای که در مورد ایشان توسّط حکومت‌های جابر شایع شده بود که آنها می‌خواستند ایشان را بی‌اعتبار ساخته و نفوذشان را محدود سازند. به همهٔ پیروان ایشان برچسب جنایتکاران در قلمرو حکومت عثمانی زده شده بود.

جالب توجّه اینکه در میان آن توده از مردمان غفلت‌زده ناظرینی هم بودند که جلال و عظمت و وجه روحانی حضرت بهاءالله و انوار ساطع از آن را هنگامی که به سمت

میرزا مهدی، غصن اطهر

سربازخانه حرکت می‌نمودند، شناختند. ادیب طاهرزاده داستان دو فرد بابصیرت را این گونه نقل می‌کند:

«. . . ولکن در میان این جمعیت افرادی هم وجود داشتند که تا حدودی از درک روحانی بهره‌مند بودند. این نفوس با نظاره به وجه نورانی حضرت بهاءالله تحت تأثیر عظمت و جلال آن حضرت قرار گرفتند و شکوه و جلالی را در آن حضرت مشاهده کردند که در احدی ندیده بودند. در میان اینگونه افراد، مرد مسن و محترمی بنام خلیل احمد عبدو بود که همیشه به همشهریان عکّائی خود میگفت که در وجه حضرت بهاءالله آثار و نشانه‌های عظمت و شکوه و صدق و صفا می توانست ببیند. این مرد اغلب میگفت که اهالی عکا می بایستی مسرور باشند و بدرگاه الهی شکر کنند که سرزمین شان موطی اقدام چنین شخصیّت جلیلی گردیده است. او به برکت حضور حضرت بهاءالله روزهای خجسته و سعادتمندی را برای ساکنین عکا پیش بینی میکرد و این پیش بینی البته بصورت ظاهر هم تحقّق پیدا نمود.

در میان جمعیّتی که به تماشای ورود تبعیدشدگان ایستاده بودند شخص دیگری بنام عبدالله طوزه بود که چنان نورانیّت، عظمت و شوکت در وجه حضرت بهاءالله مشاهده کرد که منجذب آن حضرت گردید. این شخص بعداً به ایمان به امر مبارک فائز شد و

دخترش که در همان روز ورود حضرت بهاءالله به عکا متولد گشته بود سالها بعد به عقد ازدواج حسین آشچی که یکی از خادمین با وفای حضرت بهاءالله و آشپز مخصوص عائلهٔ مبارکه بود در آمد.»(۱۴)

مسلّماً افراد دیگری نیز در شهر بودند که معتقد بودند که موعود کلّ به عکّا خواهد آمد. یک شیخ پیر مذهبی در عکّا در سال ۱۸۵۰ میلادی به یک پدر و پسر چنین گفته بود که

«در آینده روزی موعود جمیع ملل عالم به عکا خواهد آمد ودر منزلی مرتفع با پلّه هائی کثیر ساکن می شود. حکومت مایحتاج او را مهیّا می سازد (مقصود این است که تحت نظر حکومت و مسجون می باشد). وقتی او به این شهر بیاید تو در شهر خواهی بود لکن من و پدرت تا آن موقع دار فانی را ترک گفته ایم. پس آنچه که اینک به تو می گویم استماع کن. تو باید درود و تحیّت من و پدرت را به محضر مبارک این شخص مقدس و عظیم الشأن تقدیم کنی.»(۱۵)

این فرزند به نام شیخ محمود در عکّا بزرگ شد و سپس یکی از مؤمنین فداکار گردید و بنابر آنچه در فصل بعد خواهد آمد، مورد محبّت فوق‌العادهٔ جمال مبارک قرار گرفت و بالاتر از همه، پیشگوئی اعلام شده توسّط حضرت محمّد به مرحلهٔ عمل در آمد: «و یقتلون کلّهم (پیروان قائم(۱۶)) الا واحد منهم ینزل فی مرج عکا فی المأدبة الالهیة.»(۱۷)

آنچه که بعدها شناخته شد دلالت بر آن دارد که شهر عکّا

علیرغم محیط پلید و «اولاد افاعی»[۱۸] مردم آن مورد عنایت و موهبت بیش از اندازه قرار گرفته است.

ایادی امرالله جناب ابوالقاسم فیضی در مورد آن لحظات سخت نخستین که حضرت بهاءالله به همراهان انذار فرمودند که این اوقات تاریخ‌ساز است چنین نوشته است:

« لحظه ای که حضرت بهاءالله وارد قلعه شدند، توقّف کردند و به کلامی تفوّه فرمودند که الی ابدالآباد در قلوب متمسّکین به عروة وثقای امر مبارکش طنین خواهد افکند. هیکل مبارک به کلّیه کسانی که ایشان را تا سجن اعظم همراهی کردند، مقام و موقف متعالی را که برای آنها مقدّر بود، خاطرنشان فرمودند. آنها را متذکّر داشتند که از آن به بعد زندگی آنها شکل دیگری به خود خواهدگرفت و اهمّیت و ارزشی به مراتب عمیق تر خواهد یافت. حتّی نَفَسی که در آن هوا بر می آوردند و قدمی که در آن راه برمی داشتند جاودانه میشد. ایشان شاخهٔ شکسته ای را نزدیک پای مبارک مشاهده کردند. نگاهی به آن انداختند و فرمودند که حتّی این شاخهء شکسته هم در شرق و غرب ذکر خواهد شد. به این ترتیب ایشان از عائلهٔ مبارک و پیروان خود صداقت و شرافتی تزلزل ناپذیر و تعلّق تام و تمام به امر الهی را خواستند، به طوری که کلّیه اعمال و اقوال آنها ارزش ابدیت را داشته باشد.»[۱۹]

پیاده شدن از کشتی و حمل بارها چندین ساعت طول

کشید. حضرت عبدالبهاء همهٔ این فرایند را مدیریت می‌فرمودند که مشکلات بعدی به حدّاقل برسد. بهائیّه خانم فرمودند زمانی که همراهان در سربازخانه اسکان می‌یافتند:

> «برادرم بدون آنکه کسی بداند به کشتی بازگشته و به بقیهٔ کسانی که هنوز در آنجا بودند، برای حمل وسایل و مستقرّ شدن کمک می‌نمود. سربازان همین که متوجّه غیبت ایشان شدند به والی شهر خبر دادند و او کسانی را برای یافتن ایشان فرستاد ولی بعد فهمیدند که ایشان در ساحل مشغول کمک به سایرین است... ایشان ساعت‌ها در آنجا بود و ما نگران و مضطرب برای سلامتی او بودیم.»[۲۰]

به این ترتیب فرایند استقرار در یک سرزمین خارجی در محیطی از کوه کرمل [کوه مقدّس تورات و انجیل] شروع شده و با امداد از نیروهای مقدّر الهی یک چنین ورود محقّرانه و مسکن تبعیدی‌های مظلوم در عرض چند دهه تبدیل به مرکز جهانی بهائی و مؤسّسات معزّز و افتخارآمیز آن در ارض اقدس گردید. بر طبق پیشگوئی‌های کتاب مقدّس: رب الجنود وارد عکّا شده بود «مانند غرّش سیل»[۲۱] در «شهر حصین»[۲۲] از «دروازه‌ای که به سوی مشرق است.»[۲۳] «دروازه امید»[۲۴]، همچنین مزامیر داود پیش‌بینی مقصد حضرت بهاءالله را نموده بود: «این استراحتگاه ابدی من است، من در اینجا مسکن می‌یابم زیرا من آن را آرزو کرده‌ام.»[۲۵]

دریغا با آنکه همهٔ پیشگویی‌ها به وقوع پیوسته و حضرت بهاءالله

میرزا مهدی، غصن اطهر

به ارض اقدس برای سکونت همیشگی وارد شدند و این مسکن تا صعود ایشان در سال ۱۸۹۲ میلادی ادامه یافت ولی میرزا مهدی تا مرگ اسفناکش فقط ۲ سال در آنجا زیسته بود. آن روح پاک در دوران کوتاه عمرش به عنوان غصن اطهر الهی رشد کرد و مورد محبّت بهائیان آن دیار بود و پیوسته نزدیک به پدر محبوبش در تحت قوانین شدید حبس زیست.

امروزه هزاران توریست از همهٔ نقاط دنیا برای دیدن بقایای این شهر دورافتاده و منزوی ولی مشهور به عکّا روی می‌آورند تا اسکله و دیوار جنوبی آن را ببینند. ارزش تاریخی این شهر افزایش یافته است زیرا جامعهٔ بهایی به جز پیاده شدن تبعیدیان در عکّا گزارش دقیقی از آنچه که در سایر بنادر مدیترانه اتّفاق افتاده است در دسترس ندارد. تعدادی ساختمان‌های قدیمی هنوز در مجاورت آن محلّ تاریخی پابرجا هستند به عنوان شاهدین ساکت در طول زمان و حارسین واقعه‌ای که خداوند می‌خواهد ما آن را به خاطر آورده و فراموش نکنیم. دروازه بحری عکّا با نگاهی به سرتاسر دریای مدیترانه و جلگهٔ اراضی مقدّسه و نظری به شرق و غرب برای آنها آرزوی صلح نموده و یادآور حکومت‌های ستمکاری است که ظلم مذهبی هرگز برای زمان طولانی پایدار نخواهد ماند.

اکنون آن دروازه دریایی به عنوان قسمتی از میراث جهانی یونسکو حفاظت می‌شود تا این بنا در آینده پابرجا بوده و نسل های بعدی بتوانند بر اهمیّت تاریخی آن بعد از ظهر ۳۱ آگوست سال ۱۸۶۸ میلادی و وقایع متعاقبه آن تفکّر نمایند.

۷ - زندگانی در قشلهٔ عسکریه

زمانی که حضرت بهاءالله و همراهان به عکّا رسیدند میرزا مهدی ۲۰ ساله بود. در زمان کوتاهی پس از ورود به قلعه همه زندانیان به استثنای دو نفر به حال بیماری افتادند.[۱] میرزا مهدی هم یکی از آنها بود، زیرا او از طفولیت ضعیف البنیه بود.

می‌دانیم که او به علّت شرایط زندگی قبل از آمدن به زندان به سختی‌ها عادت داشت. در چهارسالگی هنگامی که خانواده‌اش به بغداد تبعید شدند، او در طهران باقی ماند و زمانی به آنها پیوست که ۱۱ ساله بود. سپس با تبعید از بغداد به استانبول و ادرنه و آنگاه به عکّا رنج او ادامه یافت. حکایاتی که در این فصل نقل می‌گردد مبیّن سختی‌هایی است که او تحمّل نمود و همچنین نشان‌دهندهٔ شکیبایی روحانی او در اوقات پرملال زندگی برای کمک به کسانی است که در شرایط نامساعدی بودند. این استقامت او بود که بدون شک باعث پایداری او در مقابل مشکلات و سختی‌ها در ۲۲ ماه باقیمانده از حیاتش می‌شد.

میرزا مهدی، غصن اطهر

عائله مبارکه پس از ورود به سربازخانه در طبقهٔ پایین (زیرزمین) که اتاق‌ها محدود به دیوارهای سخت می‌شد و مشرف به دریا بود، منزل داده شدند. سپس آنها را یک طبقه بالاتر یعنی به طبقهٔ یکم بردند. شرایط غیربهداشتی و طاقت فرسا از همان ابتدا احساس می‌شد.

بهائیّه خانم خواهر میرزا مهدی چنین به خاطر آورده‌اند:

«پس از ورود به سربازخانه نظر بر این بود که جمال مبارک و خانوادهٔ ایشان در طبقهٔ بالا منزل گیرند و ایشان را به آن طبقه فرستادند ولی من از شدّت ضعف و خستگی قادر نبودم که از پله‌ها بالا روم... (در اینجا ایشان برای یک لحظه سکوت کردند و به طور آشکار می‌لرزیدند و سپس ادامه دادند) و این شاید وحشتناک ترین حالتی بود که من تجربه کردم. مشقّات آن سفر دریایی تقریباً مرا به پای مرگ رسانده بود و ناخوشی دریا و تهوّع هم به آن اضافه شده بود...

آیا می‌توانید تصوّر کنید که این گرفتاری‌ها چه اثرات مخرّب و از پای درآورنده‌ای در مغز و روان یک دختر جوان چون من بر جای گذارده بود؟ آیا تعجّب می‌کنید که من چرا جدّی هستم و زندگی من با سایر زنان کشورم متفاوت است؟ از موضوع منحرف شدم... بعد از اینکه ما وارد سربازخانه شدیم درب بزرگ آن بسته و قفل آهنین به آن زده شد. من لغاتی نمی‌یابم که آن مکان پر از کثافت با بوی گند و بسیار بد را توصیف

زندگانی در قشلهٔ عسکریه

نمایم. ما به اتاقی رفتیم که تقریباً تا مچ پای در گل و لای بودیم. هوای مرطوب و بستهٔ آنجا با بوی مدفوع سربازان ترکیب شده، فضای خفه‌کننده‌ای را به وجود آورده بود. من که توان تحمّل آن را نداشتم به حالت اغماء درآمدم و قبل از اینکه بیفتم اطرافیانم مرا نگهداشتند ولی به علّت گل و کثافت محلّی نبود که من بر زمین بنشینم. در یک طرف اتاق مردی بود که برای سربازان حصیر می‌بافت. یکی از همراهان حصیری از او گرفت و مرا بر روی آن نشاندند. بعد آب خواستند ولی آبی در آنجا نبود و سربازان به هیچکس اجازهٔ خروج از آنجا را نمی‌دادند. در آنجا سطل آبی بود که حصیرباف الیاف و بوریای حصیر را در آن خیس می‌نمود. مقداری از آن آب را برداشته از صافی گذرانده و به لبم نزدیک ساختند. من کمی از آن نوشیدم و نیروئی گرفتم ولی آن آب به قدری ناپاک بود که معده‌ام آن را دفع و بار دیگر غش کردم. آنها کمی از آن آب را به صورتم پاشیدند تا بالاخره توانایی یافتم که از پلّه‌ها بالا روم.

سپس موضوع دیگری از رنج و عذاب به وجود آمد. مادرانی که نوزاد داشتند به علّت فقدان غذا و نوشیدنی شیری در سینه نداشتند که نوزادان خود را آرام نموده و تسکین دهند. بچّه‌های بزرگتر برای غذا و آب گریه می‌کردند و نمی‌توانستند بخوابند و آرام گیرند، زنان غش می‌کردند.

میرزا مهدی، غصن اطهر

برادرم در تحت این شرایط در قسمتی از آن شب در بین این مردم بینوا حرکت نموده و سعی می‌کرد به آنها آرامش دهد و از سربازان درخواست می‌نمود که سخت دل نبوده و اجازه ندهند که زنان و بچّه‌ها آنقدر عذاب بکشند. در نیمهٔ شب او موفّق شد که پیامی به حکمران شهر بفرستد.

برایمان مقدار کمی آب و مقداری برنج پخته فرستادند ولی این برنج پر از سنگریزه بوده و آنقدر بدبو بود که فقط معده‌های قوی می‌توانست آن را هضم نماید. آب را بچّه‌ها نوشیدند ولی برنج را قویترها توانستند بخورند. بعد چند نفر از همراهان که بسته‌های خود را باز کردند در آنها قطعاتی از نان خشک و کمی شکر یافتند که از گالیپولی در چمدان باقی مانده بود. با اینها بشقابی از غذا برای جمال مبارک که بسیار مریض بودند، تهیّه شد. وقتی آن را به نزد ایشان بردند، فرمودند: "از شما می‌خواهم که این را برای بچّه‌ها ببرید." بنابراین آن را به بچّه‌ها دادند و آنها تا اندازه‌ای آرام گرفتند.

فردای آن روز شرایط بهتر نبود. در آنجا نه آب و نه غذایی برای خوردن بود. برادرم پیام‌های متوالی برای حکمران فرستاد و از طرف زنان و بچّه‌ها درخواست رسیدگی نمود. سرانجام حکمران برایمان آب و نان مخصوص زندانیان را فرستاد ولی این نان از برنج قبلی بدتر بود. از شکل و مزهٔ آن به نظر می‌رسید که آرد آن

را با خاک مخلوط کرده‌اند. بالاخره برادرم موفّق شد که یک نفر را با حفاظت چهار سرباز برای خرید مواد غذایی به خارج از زندان بفرستد ولی قبل از صدور این اجازه، حکمران شهر برادرم را خواست و به او گفت که او یا هر یک از زندانیان و حتّی یکی از بچّه‌ها در تحت هیچ شرایطی نمی‌توانند از زندان خارج شوند و تا این شرط را نپذیرفته و قول انجام آن را ندهند حتّی آن یک نفر هم اجازه ندارد برای خرید به خارج برود. در این وضعیّت برادرم مجبور شد که شرط او را بپذیرد. به آن نفری که برای خرید انتخاب شده بود گفتند اگر او با مرد یا زنی به غیر از خرید مایحتاج صحبت کند شمشیر سربازان به خون او آغشته میشود.

آن فرد مقداری آذوقه تهیّه کرد ولی ما هنوز مواد غذایی لازم را نداشتیم. زیرا همگی ما آنچنان فقیر بودیم که فقط می‌توانستیم کمی مواد غذایی بخریم. لهذا جمال مبارک از حکمران خواستند که معاش زندانیان به صورت پول نقد محاسبه و پرداخت شود. حکمران بالاخره موافقت نمود و مقدار تعیین شده برای خانوادۀ ما را به پدرم داد و مقدار معیّن برای همراهان را به برادرم سپرد. چون مقدار آذوقه برای همه غیر کافی بود، پدرم سهم خود و ما را هم به برادرم داد تا صرف تهیّه آذوقه برای همراهان شود و فرمودند "من فقط نان می خورم". و بعد از آنکه دریافتند مقدار

آذوقه هنوزکافی نبود ایشان فقط نان و آب می خوردند. »[۲] (ترجمه)

بهائیّه خانم در چندین دهه بعد راجع به اوّلین شب زندان فرمودند: «اتاق سربازخانه از هر نوع اثاث به جز چند فرش خالی بود و ما غذایی به جز چند تکّه نان که در چمدان یکی از همراهان باقی مانده بود، نداشتیم.»[۳] جمال اقدس ابهی در این مقام در لوح رئیس می‌فرماید: «شب اوّل جمیع از اکل و شرب ممنوع شدند... حتّی آب طلبیدند احدی اجابت ننمود.»[۴]

در روایت دیگر چنین ذکر شده است: در روزهای بعد زندانیان مجبور به پذیرش جیرهٔ سه قرص نان شور سیاه برای هر نفر شدند. حضرت بهاءالله را ابتدا در یک سلول خالی جای دادند ولی بعد به اتاقی بردند "که کف آن اطاق از خاک پوشیده بوده و از سقف آن هم گچ های باقیمانده بر زمین فرو می‌ریخته است".[۵] بدون وجود رختخواب، خوابیدن بر روی چند حصیر بر روی زمین سرد آن اتاق برای حضرت بهاءالله یک شکنجه بود. برای سه ماه به ایشان اجازه ندادند که به حمام عمومی بروند. سلمانی که در زندان به خدمت ایشان می‌پرداخت اجازه نداشت که با ایشان صحبت کند و پیوسته توسّط یک نفر محافظ، مراقبت می‌شد.

حضرت عبدالبهاء در این خصوص فرموده‌اند: «ما هیچگونه ارتباطی با دنیای خارج نداشتیم. حتّی هر قرص نان توسّط نگهبان قطعه قطعه می‌شد که مبادا پیامی در آن باشد.»[۶] (ترجمه)

زندگانی در قشلهٔ عسکریه

روز بعد مامورین برای سرکشی بوضع ما آمدند و بحضور جمال مبارک مشرف شدند. هیکل مبارک با چنان عظمت و حکمتی با آنان سخن گفتند که آنها از همان روز اوّل دانستند با مردمانی عالم، دانا و کم نظیر روبرو هستند. یکی از آنها فی المجلس اظهار داشت که تا بحال هرگز نفوسی چنین پاک و مقدس به این محل قدم نگذارده اند.(۷)

چند روز بعد حکمران شهر برای بازدید به سربازخانه آمد. رفتار او نسبت به حضرت عبدالبهاء و همراهان آمرانه و گستاخانه بود. حکمران در این اوّلین بازدید از سربازخانه با تکبّر به حضرت عبدالبهاء اخطار نمود که هر گاه کسی فرار نماید افراد شما از غذا محروم خواهند شد. بعد نظر او نسبت به رفتار و منش بهائیان تغییر نموده و حالت انسانی یافت و دستور داد که به جای سه گرده نان روزانه مقدار کمی پول به هر نفر بدهند و به این ترتیب هر روز صبح یک گروه چهارنفره همراه با محافظین به بازار رفته و برای هر کس مواد غذایی لازم را خریداری می‌نمودند و زندانیان می‌توانستند غذای خود را تهیّه نمایند. حضرت عبدالبهاء نقل فرموده‌اند:

> «هنگام ورود به عکّا متوجّه شدیم که در سربازخانه تعداد اتاق کافی برای زندانیان وجود نداشت. بنابراین آنها همهٔ ما را در دو اتاق که هیچگونه وسیله‌ای نداشت محبوس ساختند. حیاط این سربازخانه موحش‌ترین وضع را داشت. در آنجا سه یا چهار درخت انجیر بود که بر روی شاخه‌های آنها چندین جغد شوم تمام شب

فریاد می‌زدند.»[۸] (ترجمه) «. . . فی الحقیقه صوت این بوم چه قدر مُزعج است انسان چه قدر متأثّر میشود.»[۹]

همه اتاق ها به روی فضائی مرکزی باز می شد که توسط ورودیه ای به قسمت بیرونی متصل بود، چنین تشریح گردیده:

قسمت خارجی این محوّطه شامل یک ایوان (که در سقف آن یک پنجره نورگیر بود)، یک آشپزخانه، توالت، یک اندرونی و یک بیرونی و یک اتاق بود که حضرت بهاءالله در آن ملاقات‌کنندگان را به حضور می‌پذیرفتند. قسمت شرقی با سه قوس باز که هریک بر دو ستون قرار گرفته بود تشکیل ورودیه به بالکنی را می‌داد که رو به حیاط قرار داشت. سایر احبّاء در مکان های دیگر این ارگ زندگی میکردند. [۱۰] (ترجمه)

فرد دیگری ذکر نموده است که آشپزخانه رو به روی اتاق حضرت بهاءالله قرار داشته است. البتّه این منطقی است که به علّت محدود بودن وسایل در طول زندانی بودن تبعیدی‌ها بارها اتاق‌ها تغییر شکل و وضعیت یافتند. در ایوان اثاثیه و مبلمان چوبی درست در زیر پنجرهٔ نورگیر قرار داشت و محوطه آن تبدیل به اتاق اصلی زندگی برای عائله مبارکه شده بود و این محلّی بود که حادثهٔ ناگهانی برای میرزا مهدی اتّفاق افتاد. او برای رفتن به سقف که پنجرهٔ نورگیر در آن قرار داشت از پلّه های باریکی که در یک طرف ایوان بود، به بالا رفته بود.

بعضی خانواده‌ها و افراد به تدریج به قسمت‌های دیگر

سربازخانه، در اطراف حیاط و نزدیکتر به محل زیست عائله حضرت بهاءالله نقل مکان نمودند. برای مثال عائله میرزا محمّد قلی برادر کوچک‌تر حضرت بهاءالله به طبقهٔ همکف محلّ اقامت ایشان و خانواده شان که در طبقهٔ یکم قرار داشت، تغییر مکان یافتند. میرزا موسی عموی دیگر میرزا مهدی اتاقی در طرف دیگر حیاط داشت.

در آن تابستان سال ۱۸۶۸ میلادی به قدری شرایط محیط غیربهداشتی و همراه با بیماری‌هایی چون مالاریا، تیفوئید و اسهال مسری بود که سه نفر از تبعیدی‌ها شامل دو برادر به نام‌های آقا محمّد اسمعیل و آقا محمّد باقر در حالی که یکدیگر را درآغوش گرفته بودند، فوت کردند. حضرت بهاءالله عالی‌پاشا نخست وزیر حکومت عثمانی را در لوح رئیس که در اواخر تابستان سال ۱۸۶۸ میلادی و بعد از فوت آن دو برادر نازل گردید به علّت افراط در بی‌عدالتی این چنین سرزنش و ملامت فرمودند:

«و حال اکثری مریض در حبس افتاده‌اند لا یعلم ما ورد علینا الاّ اللّه العزیز العلیم دو نفر از این عباد در اوّل ایّام ورود به رفیق اعلی شتافتند یک روز حکم نمودند که آن اجساد طیّبه را برندارند تا وجه کفن و دفن را بدهند و حال آنکه احدی از آن نفوس چیزی نخواسته بود و از اتّفاق در آن حین زخارف دنیویّه موجود نبود هر قدر خواستیم که به ما واگذارند و نفوسی که موجودند حمل نعش نمایند آن هم قبول نشد تا آنکه بالاخره

سجّاده‌ای بردند در بازار حراج نموده وجه آن را تسلیم نمودند بعد که معلوم شد قدری از ارض حفر نموده آن دو جسد طیّب را در یک مقام گذارده‌اند با آنکه مضاعف خرج دفن و کفن را اخذ نموده بودند.»[۱۱]

« جمال مبارک روحی لاحبّائه الفداء سجّاده زیر پای خود داشتند آنرا بر داشته و فرمودند بفروشید و بعوانان بدهید. بصد و هفتاد غروش آن سجّاده فروش رفت و تسلیم ستمکاران شد ولی آن ظالمان آن دو روح مجسّم را نه غسلی نمودند نه کفنی بل زمین را کاو یده آن دو مظلوم را با لباس دفن نمودند که الآن قبرشان متّصل بهم است همچنانکه جانشان در ملکوت ابهی همدم جسمشان نیز در زیر خاک دست در آغوش یکدیگر است.» در همان ایّام یکی دیگر از احبّاء به نام ابوالقاسم به علّت تیفوس درگذشت. حضرت عبدالبهاء نقل فرمودند: «جمال مبارک اظهار رضایت از او نمودند و جمیع یاران در مصیبت او با چشمی گریان و قلبی سوزان آه و فغان نمودند.»[۱۲]

مقامات زندان از فراخواندن دکتر برای عیادت بیماران امتناع می‌کردند و حضرت عبدالبهاء وظیفهٔ مراقبت از بیماران را به عهده گرفته بودند. گر چه یکبار ایشان نیز سخت مریض شدند و این حادثه همهٔ همراهان را به شدّت مضطرب ساخت. بیماری‌های محلّی برای احبّاء ناشناخته بود. حضرت بهاءالله

یک بار فرمودند: « تب یکی از محصولات این سرزمین است هر کس به اینجا می‌آید باید دچار آن بشود.»(۱۳) در این مورد بهائیّه خانم در سال ۱۹۲۰میلادی برای یک زائر، خاطرهٔ خود را دربارهٔ استاندارد بهداشتی هنگامی که به خانم‌ها اجازه دادند یک روز در معیّت سربازان به حمّام عمومی عکّا بروند، چنین حکایت فرمودند:

«بعد از حدود پانزده روز خانم‌ها اجازه خواستند که به حمام عمومی بروند. اجازه داده شد... بهائیّه خانم گفت که او بعد از مراجعت از حمام گریه نمود. چونکه بیم داشت که همهٔ خانم‌ها مانند زنانی که در حمام دیده بود، زرد رنگ، استخوانی و با شکم‌های برآمده شوند. این شکل ظاهر به علّت مالاریا بوجود آمده بود.»(۱۴)

حضرت عبدالبهاء چند سال بعد وضعیّت اسفناک خانواده هایی چون علی‌عسکر یعنی پیرمردی را به خاطر آوردند که یازده نفر از افراد خانواده‌اش در زندان بودند و "مسجونی سبب سرور و شادمانی بود و زندان او را ایوان".(۱۵)

«روزی در بدایت سجن بلانه و کاشانه او در قشله شتافتم در اطاقی محقّر منزل داشت خود حاجی تب شدید داشت و مست و مدهوش افتاده بود در طرف یمینش حرم محترمه‌اش در لرز شدید بود در یسارش دختر محترمه‌اش فاطمه مُحرقه نموده بود بالای سرش پسرش حسین آقا حصبه نموده بود و فارسی را فراموش

> کرده فریاد میکرد (یاندی یوره کم) یعنی دلم آتش گرفته است در زیر پایش صبیّه دیگر مستغرق مرض در کنار اطاق برادرش مرحوم مشهدی فتّاح سر سام کرده بود در چنین حالتی زبانش بشکرانه حضرت پروردگار مشغول و اظهار بشاشت و سرور مینمود.»[۱۶]

در زمانی که همراهان اجازه یافتند که برای خرید مواد غذایی به خارج از زندان همراه با سربازان بروند، حضرت عبدالبهاء در نزدیک درب زندان ایستاده و بازدید میفرمودند که وقتی باز می‌گردند مواد غذایی که برای سلامتشان مضرّ است با خود نیاورند. سرکار آقا گاهی حتّی جیب دوستان را نیز هنگام بازگشت از بازار بازدید می‌فرمودند. به تدریج مواد غذایی روزانه توسّط یک مغازهٔ محلّی تأمین می‌شد و حساب وجه آن ماهیانه بررسی و پرداخت می‌گردید.[۱۷] از میرزا مهدی مانند چند جوان دیگر در گروه همراهان خواسته می‌شد که در حمل بسته‌های بزرگ آذوقه کمک نماید. غذا در آشپزخانه در تحت بازرسی سخت بهداشتی پخته می‌شد و بین دوستان که تعدادشان به ۷۰ نفر می‌رسید تقسیم می‌گردید.

جمال مبارک یک مناجات شفای کوتاهی نازل و فرمودند احبّاء در سربازخانه با هم تلاوت نمایند و خوشبختانه پس از آن تلفات بیشتری رخ نداد. این مناجات چنین است:

> «بسمه الغفور، ولو ان سوء حالی یا الهی استحقنی لسیاطک و عذابک ولکن حسن عطوفتک و مواهبک یقتضی العفو علی

عبادک و التلطف علی ارقائک اسئلک باسمک الذّی جعلته سلطان الاسماء بان تحفظنی بسلطنتک و اقتدارک عن کل بلاء و مکروه و عن کل مالا اراده ارادتک و انک انت علی کلّ شیئی قدیر.»(۱۸)

در حدود ۳۰ سال بعد از محبوس نمودن بهائیان، بهائیّه خانم دختر حضرت بهاءالله که لقب ورقهٔ علیا را به ایشان عطا فرمودند، شرایط مهیبی را که تبعیدی‌ها در طول ۸۰۰ روز در سربازخانهٔ عکّا متحمّل شدند، این چنین نقل فرمودند:

«زمانی که اوّلین بار ما را به سربازخانه آوردند، ما از ترتیبی که قرار بود زندگی ما با آن بگذرد، اطّلاعی نداشتیم. بیم داشتیم که جمال مبارک و برادرم و شاید دیگران را در سیاهچال انداخته و به زنجیر ببندند. تنها خبر این بود که قرار است حکم ما را روز جمعه بخوانند چون ورود ما اواسط هفته بود. این عدم اطمینان بر وحشت بیشتری می‌افزود. تا اینکه حکم خوانده شد و دریافتیم که در آن، ما متّهم به زندان سیاسی منکر هر چیز، قاتلین و سارقین بودیم که به هرجا برویم باعث فساد اخلاق مردم شده و ترتیب توطئه برای براندازی امپراطوری عثمانی داده‌ایم. پس نبایستی به ما ارفاق شود و نبایستی حکم حبس و بند ما تضعیف گردد.
به علّت این اتّهامات که بدون شک توسّط کسانی که آرزوی هلاکت ما را داشتند به دولت عثمانی داده شده بود، قرار بود که ما در تحت رفتار سخت‌گیرانه‌ای قرار

میرزا مهدی، غصن اطهر

بگیریم و هیچ نوع تساهل و یا کمکی به ما نشود، ولی زندانبانان به تدریج با ما مهربان و دوست گشتند. درجهٔ حرارت در فصل تابستان سال ۱۸۶۸ میلادی در نهایت گرما بود و همراهان ما با هوای خفه‌کننده در زیرزمین مرطوب سربازخانه به هم پیچیده شده بودند. ما همگی با کمبود آب قابل شرب و آبی برای شستشوی بدن و حتّی شستن صورت مواجه بودیم. به زودی تیفوئید و اسهال در بین زندانیان شیوع یافت. در گروه خانوادهٔ ما به جز برادرم، مادرم و عمهام و دو نفر دیگر از دوستان، بقیّه به سختی مریض شدند. به ما اجازهٔ آوردن دکتر داده نمی‌شد و نمی‌توانستیم دارویی تهیّه کنیم. برادرم در کیفش مقداری کوئینین و بیسموت داشت. با این دو دارو و پرستاری خود، او همهٔ زندانیان را به جز چهار نفر که فوت کردند، معالجه نمود. دو ماه وضع بدین منوال و به این صورت بسیار بد و وحشتناک ادامه داشت که هیچ کلمه‌ای نمی‌تواند آن را متصوّر سازد. آیا می‌توانید تصوّر کنید که حدود هفتاد نفر مرد و زن و بچّه را در هوای گرم تابستان بدون غذای سالم با آب آلوده و بوی زنندهٔ مدفوع و در معرض بیماری‌های خطرناکی چون اسهال و تیفوئید در یک جا جمع کرده باشند؟

هیچکس به جز برادرم نیرو و انرژی خدمت به دیگری را نداشت. او بیماران را می‌شست، به آنها غذا می‌داد،

زندگانی در قشلهٔ عسکریه

از آنها پرستاری و مراقبت می‌نمود و فرصتی برای استراحت نداشت. پس از اینکه سلامتی همه را به جز چهار نفری که به علّت بحران بیماری فوت نمودند بازگرداند، خودش نهایتاً به علّت خستگی مفرط بیمار شد و همچنین مادرم و سه نفر دیگر که تا به حال در سلامت به سر می‌بردند مریض شدند. آنها زود شفا یافتند ولی برادرم حضرت عبدالبهاء دچار اسهال شدید شده و برای مدّتی شرایط بسیار سختی داشت. یکی از افسران که شاهد کوشش و تقلای برادرم بوده و برای او احترام قائل بود، به نزد حکمران رفته و تقاضای دکتر برای عبّاس‌افندی [حضرت عبدالبهاء] نمود و او موافقت کرده و با مراقبت این طبیب، برادرم شفا یافت.
پس از خروج ما از ادرنه برای مدّتی طولانی هیچیک از احبّاء و طرفداران جمال مبارک از محلّ جدید ما اطّلاع نداشتند. ما اجازه نداشتیم که نامه‌ای به خارج بفرستیم. کوشش بسیار برای یافتن ما به کار رفته بود و بالاخره دوستان ردّ پای ما را در عکّا یافتند ولی این شهر به تمامه و عملاً یک شهر زندان بود که غریبه‌ها را دقیقاً کنترل و محروم نموده و آنها نمی‌توانستند هیچگونه ارتباطی با ما داشته و یا حتّی از دروازه وارد شهر شوند.
در شهر یک نفر ایرانی از پیروان حضرت باب به نام عبدالاحد بود که مدّتی قبل به علّت شکست در کسب و کار خود به عکّا مهاجرت نموده بود. او جرأت

میرزا مهدی، غصن اطهر

نمی‌کرد که دیانت خود را فاش نماید و هیچکس هم به او مشکوک نبود. آن فردی که هر روز برای خرید به شهر می‌رفت یک بار که به بازار رفته بود اتّفاقاً به مغازهٔ آن مرد ایرانی می‌رود و با اینکه مجاز نبود با او صحبت کند ولی چون احساس می‌کند که او یکی از دوستان است از آن به بعد بیشترین خرید آذوقه را از مغازهٔ این مرد می‌کرد. بعضی از دوستان ایرانی که به عکّا می‌آمدند ولی نمی‌توانستند وارد شهر شوند، با او آشنا شده و ترتیب ارتباط را توسّط عبدالاحد داده و با او قرار می‌گذاشتند که یادداشتی برای جمال مبارک بفرستد. این مرد فروشنده با مخفی نمودن یادداشت در بین سبزیجات و تحویل آن به مرد خریدار و با نگاهی به او می‌فهماند که مواظب یادداشت باشد و بعد آن را پیدا کند. در این یادداشت‌ها اغلب زائرین تقاضا داشتند که جمال مبارک پیامی بفرستند که این هم غیرممکن بود.

طبیب [دکتر بطروس یا پیتر، یک دکتر یونانی] که برادرم را عیادت نمود، شرایط ما را که دید به قدری دلسوزی به حال ما داشت و به قدری تحت تأثیر شخصیّت برادرم قرار گرفته بود که تقاضا کرد که حاضر است کاری در این مورد برایش انجام دهد. برادرم از او خواست که پیام حضرت بهاءالله را برای دوستانی که منتظر دریافت آن بودند، ببرد. او متعهّد شد

که این کار را انجام دهد و لوحی را در آستر کلاه خود گذارده و به بیرون برد. این طبیب برای دو سال با این ترتیب پیام‌ها و الواح را رد و بدل می کرد.

پس از انتقال اوّلین پیام جمال قدم بسیاری از احبّاء از ایران به اینجا آمدند و به امید اینکه بتوانند ارتباطی برقرار سازند و یا لااقل نگاهی بر ایشان اندازند، در اطراف مسکن گزیدند. ما برخی از آنها را از دور می‌دیدیم و به برادرم آگاهی می‌دادیم. در این حال برادرم به جمال مبارک اطّلاع داده و در پی ایشان تا نزدیک پنجره می‌رفتند و جمال مبارک دستمالی را به جهت آن دوستان تکان می‌دادند.»[۱۹] (ترجمه)

تا اواخر پائیز گروه تبعیدی‌ها سازگاری بهتری با محیط خشن زندان یافته بودند ضمن اینکه محافظین هم رفتار ملایمتری نسبت به آنها اتّخاذ نموده بودند. به نظر آنها تبعیدی‌ها مردمانی بودند که پیوسته راجع به موضوعات روحانی صحبت می کردند، دین‌دار بودند و زندگی همراه با دعا داشتند و کوشش می کردند که خوشحال باشند، دعا و مناجات‌های خود را با لحنی خوش می‌خواندند، روش اخلاقی بالایی داشته و با یکدیگر و با محافظین با محبّت و شفقت رفتار می‌نمودند. نگهبانان و محافظین سربازخانه متحیّر بودند که چطور ممکن است این زندانیان توطئه بر علیه حکومت نموده و دشمن خداوند باشند؟ بطوریکه بهائیّه خانم تعریف کرده اند: «پس از شش ماه یا یکسال وقتی آنها دیدند که در این مدّت حتّی یک نفر سعی بر فرار ننموده است، به ما آزادی بیشتری

دادند و احبّاء می‌توانستند برای خرید مایحتاج به بازار بروند گاهی با یک سرباز و گاهی بدون آن.»[۲۰] (ترجمه)

همان گونه که قبلاً ذکر شد میرزا مهدی به چندین وظیفه مشغول بود، به خصوص به عنوان کاتب حضرت بهاءالله خدمت می کرد. در زبان لاتین لغت Amanuensis به معنای خوشنویسی و نوشتن آنچه که رئیس می گوید و همچنین تهیّه نسخه های دست نویس از آن نوشته‌ها [استنساخ] آن می‌باشد. پذیرفته شدن در گروه کاتبین حضرت بهاءالله تنها یک شغل نبود، بلکه افتخاری بود که به یک فرد اعطاء می‌شد و آن نشانهٔ این بود که آن فرد مورد اعتماد حضرت بهاءالله برای استنساخ دقیق کلمات ایشان بوده و ارتباط فیزیکی نزدیکی با ایشان داشته که دستورات مظهر ظهور الهی را مستقیماً دریافت و آخرین نفحات ظهور را با احبّاء در میان گذارده و قلوب آنها را سرشار از شعف سازد. مطمئناً میرزا مهدی از این انتخاب قدردانی نموده و نهایت کوشش خود را برای انجام امور خواسته شده در سطح عالی به کار می‌برد. بهائیّه خانم در خصوص دورانی که تبعیدی‌ها در سربازخانه گذراندند، چنین فرموده‌اند:

«جمال قدم اوقات خود را در اتاق مبارک می گذراندند، الواحی را نازل و خود مرقوم می‌داشتند و یا به برادر کوچکترم (میرزا مهدی) که یک تندنویس بود، دیکته می‌فرمودند. عباس افندی (حضرت عبدالبهاء) آنها را کپی نموده و توسّط دکتر بطرس به

خارج از زندان می‌فرستادند. معمول بود که این کار در غروب انجام شود.»[۲۱]

اگر چه ما از جزئیّات دقیق زندگی تبعیدی‌ها و اینکه چطور ایّام خود را می گذراندند اطّلاعی نداریم امّا به آسانی می‌توان تصوّر نمود که پس از اینکه از شدّت محدودیت‌ها کاسته و وضعیت بهتر شد، اتاق‌های خالی بیشتری در سربازخانه در اختیار تبعیدی‌ها قرار داده شد و آنها در اطراف حیاط سربازخانه حالت همسایگی یافتند. محلّی بود برای جنب و جوش بچّه‌ها و خانواده‌ها می‌توانستند با یکدیگر ملاقات و صحبت و همچنین در هوای آزاد گردش نموده و دور از اتاق های سیاه و غیرمسکونی خود قدری ورزش نمایند، البتّه دائماً در تحت مراقبت محافظین بودند.

حضرت عبدالبهاء در مسافرت به آمریکا در سال ۱۹۱۲ میلادی در مورد شرایط زندگی در سربازخانهٔ عکّا چنین فرمودند:

«...من دریافتم که حضورم در آن اتاق پرجمعیّت، اسباب زحمت برای همه آنهاست و این بدین سبب بود که والدین و بچّه‌ها خود را مقیّد و محدود می‌ساختند که در حضور من ساکت و مؤدّب باشند. بنابراین برای اینکه به آنها آزادی دهم غسّالخانه سربازخانه را قبول کردم زیرا آن تنها مکان موجود بود. من در آن مکان برای دو سال زندگی کردم.[۲۲] (ترجمه)

میرزا مهدی، غصن اطهر

در مدخل سربازخانه غسّالخانه قرار گرفته و مکان زشت و مخوفی بود. با این وجود من دو سال در آنجا زندگی کردم و بسیار خوشحال بودم. تا آن زمان وقت نداشتم که قرآن را از اوّل تا به آخر بخوانم امّا در آنجا وقت فراوانی یافتم و این کتاب مقدّس را با شور و اشتیاق خواندم. با مطالعهٔ حوادث و وقایع زندگانی پیامبران سابق و توجّه به اینکه تا چه حدّ زندگی آنها نظیر وضعیت ما بود، تسلّی و تشویق می‌یافتم. برای مثال آیهٔ ذیل را می‌خواندم:
"وَلَقَدِ اسْتُهْزِئَ بِرُسُلٍ مِّن قَبْلِكَ فَحَاقَ بِالَّذِينَ سَخِرُوا مِنْهُم مَّا كَانُوا بِهِ يَسْتَهْزِئُونَ" (قران، سوره الانعام، آیه ۱۰) و بعد آیهٔ ذیل را می‌خواندم: "وَإِنَّ جُندَنَا لَهُمُ الْغَالِبُونَ" (قران، سوره الصفات، آیه ۱۳۷)
من همیشه خوشحال بودم، زیرا فردی آزاد بودم، در آن اتاق از همهٔ دنیا جدا شده و روح من در یک فضای باعظمت و وسیع پرواز می‌کرد. علیرغم مکان روح هر نفسی باید مسرور باشد. هر کس باید به شرایط سعادت و صلح درونی و باطنی نائل شود، در این صورت عوامل خارجی نمی‌تواند آرامش و سرور روحانی او را تغییر دهد. هیچکس نمی‌تواند مکانی را بدتر از محیط سربازخانهٔ عکّا تصوّر نماید.»(۲۳) (ترجمه)

زندگانی در قشلهٔ عسکریه

حضرت عبدالبهاء در حالیکه تأکید به اهمیّت موسیقی در دیانت بهائی می فرمودند چنین بخاطر آوردند که:

«هنگامی که حضرت بهاءالله اوّلین بار به سربازخانهٔ عکّا وارد شدند این بیان را مکرّر فرمودند: "اگر در بین همراهان کسانی باشند که بتوانند سازهای موسیقی را بنوازند مانند فلوت یا چنگ، یا بتوانند آواز بخوانند همه را محظوظ و مجذوب خواهند ساخت".»(۲۴) (ترجمه)

ادیب طاهرزاده در کتاب خود «نفحات ظهور حضرت بهاءالله» راجع به بهبودی روحیه و رفتاری که تبعیدی ها در سربازخانهٔ عکّا از خود بروز دادند، چنین می‌نگارد:

«لوح مبارکی از حضرت بهاءالله موجود است که در روز نهم عید رضوان در قشلهٔ (سربازخانه) عکّا نازل گشته است. به نظر می‌رسد که این لوح در رضوان سال ۱۸۶۹ میلادی یعنی در نخستین عید رضوان از مجموع دو عید رضوانی که جمال مبارک در زندان برگزار فرمودند، نازل شده باشد. زیرا در آن به نام چند تن از مؤمنین اشاره شده که قصد ورود به عکّا را داشته بودند ولی مأمورین از ورودشان ممانعت کرده بودند.

حضرت بهاءالله در این لوح مبارک بیان می‌فرمایند که چگونه در آن روز به وسیله یکی از مؤمنین دعوت شده بودند که منزلش را به قدوم خود مزیّن و در مراسم برگزاری جشن عید رضوان شرکت فرمایند. اصحاب

در آن روز خجسته به راستی از رحیق لقای هیکل مبارک سرمست بودند. میزبان آن روز سعی کرده بود با بهترین خوراکی که می‌توانست فراهم کند از هیکل مبارک پذیرایی نماید. حضرت بهاءالله در این لوح به این واقعه اشاره و ضمناً اضافه می‌فرمایند که یاران دیگر نیز در ایّام عید از آن حضرت دعوت به عمل آورده بودند و هر یک به فراخور توانایی خود خوراکی تهیّه نموده و برخی هم که چیزی در بساط نداشتند، تنها با فنجانی چای از آن حضرت پذیرایی کرده بودند.» [۲۵]

ماریون فلپس دربارهٔ علائم و نشانه‌های روحانی در تحمّل امتحانات در سبیل الهی در کمال رضایت و سرور چنین خاطرنشان می‌سازد:

«با وجود فهرستی بی‌پایان از مشقات و محرومیت های فوق‌العاده ، این دسته از مردان و زنان قهرمان، بیشتر از بسیاری از شهداء تحمّل شدائد نمودند و نمی‌توان هیچگونه اثری از خشم و عصبانیت یا تلخی در میان آنها مشاهده نمود. هر کس تصوّر می‌نمود که آنها خوشبخت‌ترین انسان‌ها در بین سایر مردمان بودند که در واقع آنها هم خود را چنین می‌دیدند زیرا اجازه داشتند که در نزدیک محبوب خود زندگی کنند و بنابراین هر رنج و عذابی را هیچ می‌شمردند.» [۲۶]
(ترجمه)

این زندانیان که در آغاز از قدم نهادن به بیرون از آن زندان بی‌روح ممنوع بودند، تنها می‌توانستند از مسافتی دور سر و صدای مردمی که به امور روزانهٔ خود مشغول بودند بشنوند و یا به صدای برخورد امواج بی‌انتهای دریای مدیترانه به ساحل و صخره‌های نزدیک آنها گوش فرا دهند. این وضعیت یکنواخت روزانه تنها با طنین اذان که با صدای بلند از مسجدی در نزدیکی آنها مردم را به ادای نماز فرا می‌خواند، شکسته می‌شد. می‌توانیم مجسم کنیم که در یک چنین فضای محدود، مادران به پرستاری نوزادان پرداخته، اطفال با اسباب بازی‌های خیلی ابتدائی سرگرم بازی بودند؛ جوانان پیوسته به آیندهٔ خود اندیشیده و افراد مُسن در گفتگوهای دلگیر روزانه متحیّر بودند که برای آنها و خانواده‌شان چه اتّفاقی روی خواهد داد. حتّی می‌توانیم تصوّر کنیم که میرزا مهدی «عادت داشت که در حال دعا و مناجات در بالای بام قدم بزنند . . . در حالت مشی و خرام و شدّت عالم مناجات و توجه به ملکوت الهی چون به آن منفذ رسیدند روی مبارکشان به عالم بالا بود . . . »[۲۷] مجسّم کنیم که تبعیدی‌ها مانند بابی‌های قبل از خود که در زمان محبوس بودن هیکل مبارک حضرت بهاءالله در سیاهچال مهلک طهران با حرارت و شوق و با صدای بلند دعا می‌خواندند در گردهم‌آیی روزانه با شور و التهاب با کلمات مقدّسه آواز بخوانند و محبوب خود را ستایش نموده و اطاعت خود را نسبت به ارادهٔ او به هر صورت که باشد، اظهار نمایند.

در این گروه در حدود هفت مادر بودند که از بچّه‌هایشان نگهداری می‌نمودند و به کارهای خانگی هم مشغول بودند.

وظیفهٔ آشپزی توسّط مردان و زنان به طور مساوی انجام می‌شد و همهٔ تبعیدی‌ها برای صرف غذا در یک جا جمع می‌شدند. تهیّهٔ غذا برای کسانی که به علّت بیماری‌های مختلف محتاج غذای مخصوص بودند، برای آشپزها یک چالش به شمار می رفت. در میان آشپزها، جوانی به نام حسین، آشپزی باتجربه و قابل اعتماد بود. او از ایّام ادرنه عادت داشت که برای تعداد زیادی از تبعیدی‌ها غذا تهیّه کند. علاوه بر این، پختن غذا برای تعدادی در حدود ۷۰ نفر و دوبار در یک روز با اجاق چوب و هیزم و نداشتن ظروف به حدّ کافی باید کار بسیار سختی بوده باشد. ظاهراً آش و سوپ به حفظ سلامتی دوستان کمک می‌کرد و پختن سوپ یکی از مهارت‌هایی بود که حضرت عبدالبهاء در آن استاد بودند. حضرت عبدالبهاء در یکی از سخنرانی‌های خود با خنده فرمودند: «من عادت داشتم آبگوشت برای همه درست کنم و چون تمرین زیادی کرده بودم، آبگوشت خوشمزه‌ای می‌پختم.»[۲۸] (ترجمه)

رفت و روب و تمیز کردن اتاق‌ها از انبوه گرد و خاکی که در شهر کثیفی چون عکّا تولید می‌شد وظیفهٔ دشواری بوده است. احتمالاً جوانانی چون میرزا مهدی در وظایف خانگی کمک می‌کردند. مردان مسئول خرید مواد غذایی از بازار محلّی به طور روزانه بودند زیرا وسایل خنک‌کننده و یخچال مانند وسایل امروزی وجود نداشت. وظایف سنگین دیگر شامل نظافت دستشویی و توالت‌ها، حمل آب از خارج و بالا بردن آن از پله‌ها برای اتاق‌ها بود. «. . . در سجن [عظیم

زندگانی در قشلهٔ عسکریه

تفریشی] بخدمات در خانه تخصیص یافت و به آبیاری و سقّائی در داخل و خارج قیام نمود و درقشله زحمات بسیار میکشید ابداً روز و شب آرام نداشت و عظیم خلق عظیم داشت و بسیار حلیم و سلیم و برد بار بود و از هر آلودگی بیزار و در کنار و چون سقّای درخانه بود هر روز بشرف حضور فائز.»[۲۹]

چون آب سربازخانه قابل شرب نبود آب نوشیدنی را بایستی از چاهی که در فاصلهٔ ده دقیقه پیاده‌روی قرار داشت بیاورند. عظیم مشک‌های آب را بر دوش نهاده و روزانه مکرراً این خدمت را انجام می‌داد.

طوبی خانم [دختر حضرت عبدالبهاء] راجع به مادر بزرگش نوّاب [مادر میرزا مهدی] و شرایط سخت سربازخانه توضیح بیشتری می‌دهد:

«هنگام اقامت ما در سجن عکا چون مستخدمه‌ای جهت نظافت لباسها مجاز نبود که به آنجا بیاید آسیه خانم به کمک عمه عزیزم اکثر امور مربوط به نظافت لباسها و طباخی را انجام میدادند.

تنها مستخدمه ما خانمی سیاه پوست بود که نه فرصت و نه قوت انجام همه امور را داشت. لذا مادربزرگ [آسیه] و خانم [بهائیه] که در آن وقت بسیار جوان بود اغلب کارهای شاق را انجام میدادند تا این مستخدمه بیش از حد خسته نشود.

دوخت و تعمیر لباسهای عائله هم کار بسیار شاقی بود بعهده مادر بزرگ و عمّه ام بود.»[۳۰]

افراد مسن اوقات خود را در آموزش جوانان صرف می‌کردند. آموخته‌ها و دانستنی‌های خود را به آنها منتقل نموده و فنون هنری و خواندن و نوشتن، از بر نمودن و مطالعهٔ آثار الهی و ادبیات و شعر را به ایشان می‌آموختند و به خصوص هنر خوشنویسی را که در آن ایّام بسیار مورد توجّه و برای استنساخ و کتابت الواح مقدّسه مفید بود، تعلیم می‌دادند. اگر چه ساختمان زندان عکّا از بقیهٔ عالم بهائی جدا و قطع بود امّا در آن ایّام با وجود و حضور و اقتدار جمال اقدس ابهی، تبدیل به مرکز روحانی و اداری امرالله شده بود. در کلّیهٔ امور فوق رهبری ذاتی حضرت عبدالبهاء چه در اقدام در مواضیع داخلی و چه در امور خارجی قطعی و مصمّم بود. بر طبق نوشتهٔ ادیب طاهرزاده: «زمانی حضرت عبدالبهاء از یک نفر مصری به نام حاجی علی مصری خواستند که به زندان بیاید و صنعت حصیربافی را به زندانیان بیاموزد.»[۳۱]

اقدام در مورد مکاتبات حضرت بهاءالله با ایران توسّط میرزا مهدی به عنوان کاتب ایشان بدین معنی بود که او با افراد برجسته‌ای چون شیخ سلمان بهائی که به عنوان نامه‌بر، هر ساله بین ایران و ارض اقدس در رفت و آمد بود، در تماس بوده است. حضرت عبدالبهاء درخصوص این شخص فرموده‌اند: «از بدایت تاریخ بشر الی یومنا هذا چنین پیک امینی و قاصد نور مبینی در عالم وجود موجود نگشت.»[۳۲] به طوری که حکایت شده در دوّمین سال زندانی شدن تبعیدی‌ها در عکّا مکاتبات مابین جمال مبارک و احبّای ایران به قدری فزونی

یافته بود که یک بار شیخ سلمان در حالی که ۳۰۰ عریضه و درخواست را به حضور حضرت بهاءالله حمل می کرد در حلب (سوریه) بازداشت شد.[۳۳] افسری که او را بازداشت نموده بود، بعدها بیان داشت که این عرایض با روش و اسلوب روحانی خاصّی نگارش یافته و حاوی درخواست و عجز و لابه مانند مورد ذیل بود:

«خداوندا مرا از شرّ خودپسندی و هوی و هوس محفوظ بدار و از هرچه بغیر خودت است محافظه کن، تائید بفرما تا موفق به خدمت جمیع نوع بشر گردیم، دست جلّاد را ببوسیم و دست افشان و پای کوبان بسوی چوبه دار رویم.»[۳۴]

اگر چه مدرک کتبی در این مورد وجود ندارد امّا بسیار محتمل است که تبعیدی‌ها برنامه گذران امور روزانه خود را برای بقا در سجن بنا نهاده و بقیه امور را به دست تقدیر الهی سپرده بودند. می‌توانیم مدرسهٔ کوچکی را تصوّر کنیم که در آن خواندن و نوشتن و مقدّمات حساب آموخته می‌شد. برای مثال می‌دانیم که نوّاب و میرزا موسی برای میرزا مهدی و همسالانش تدریس می کردند. حضرت بهاءالله در اغلب اوقات در سلول خود بودند و بنا بر روایتی ملاقات کنندگان را در اتاق دیگری می‌پذیرفتند ولی این ملاقات‌ها به ندرت اتّفاق می‌افتاد زیرا ایشان نمی‌خواستند این گمان به وجود بیاید که ایشان از حکم دولت در خصوص فرمان تبعید، اطاعت ننموده‌اند.

میرزا مهدی، غصن اطهر

در تحت آن شرایط کمرشکن و بهداشت غیرمطلوب، تنها افراد قوی باقی می‌ماندند. برطبق روایت حضرت عبدالبهاء هشت نفر از ده محافظ تبعیدی‌ها، بیمار شده و فوت کردند. در سال ۱۸۷۰ میلادی یک گروه مرکّب از ۸۶ نفر زندانی سیاسی بلغارستانی را به سربازخانهٔ عکّا آوردند، که به علّت شرایط سخت محیط یک سوّم آنها هلاک شدند. معهذا در طول آن روزها و شب‌های پایان‌ناپذیر که به نظر می‌رسید زمان متوقّف شده و راه به جایی نیست، تبعیدی‌های بهایی به ذکر حق مشغول و ارادهٔ الهی را می‌ستودند.

یکی از احبّاء که در سربازخانهٔ عکّا وفات نمود و توسّط حضرت بهاءالله تجدید حیات یافت، میرزا جعفر بود. حضرت عبدالبهاء داستان او را چنین توصیف کرده‌اند:

«در سرباز خانه زمان حبس (میرزا جعفر) بمرض شدید مبتلا گشت و اسیر بستر امراض متعدّده گردید عاقبت طبیب جواب داد و دیگر حاضر نشد. جناب آقا میرزا جعفر دم در کشید و نَفَس اخیر برآورد. میرزا آقا جان بساحت اقدس شتافت و خبر فوت میرزا جعفر را عرض کرد. و گذشته از نَفَس اخیر بعضی از اعضاء را قوّت ماسکه نمانده بود و بکلّی باز شده بود و متعلّقینش بگریه و زاری انباز. جمال مبارک فرمودند بروید مناجات یا شافی بخوانید میرزا جعفر زنده میشود، و بنهایت سرعت بحالت اوّل می آید. بر سر بالین او آمدیم در حالیکه سرد شده بود و جمیع آثار موت ظاهر و مشهود بود

زندگانی در قشلهٔ عسکریه

اندك اندك بحركت آمد و اعضاء بحالت اصلی عود نمود. یک ساعت نگذشت که میرزا جعفر برخاست و نشست و بنای ممازحه و مطایبه گذاشت.»(۳۵)

با وجود شرایط دردناکی که زندگی همراهان را احاطه نموده بود، جمال مبارك در الواح متعدّدی که در قشلهٔ عکّا نازل فرمودند، بیان داشتند که "محزون نباشید، این درها باز می‌شود و من شهر را ترک نموده و به روستا خواهم رفت." و "به زودی این درها باز می‌شود و خیمهٔ من در خارج از این دیوارها برافراشته خواهد شد."(۳۶)

حضرت عبدالبهاء در سفر تاریخی خود به امریکا در سال ۱۹۱۲ میلادی بیان می‌فرمودند که گاهی فضای زندان با گفتن داستان‌های تفریحی توسّط زندانیان بهائی که می‌خواستند رنج و محنت خود را آسانتر سازند تغییر می‌نمود. یك شاهد عینی آنچه را که سرکار آقا در این باره فرمودند، چنین به خاطر می‌آورد:

«انسان خوب است که بخندد. خنده راحتی روحانی میاورد.» ایشان فرمودند: «وقتی ما در زندان بودیم و تحت محرومیّت و شکنجه بی اندازه بسر میبردیم هریك در انتهای روز یکی از خوشترین حوادث را بیان میکرد و اکثر اوقات مسجونین بحدی می خندیدند که اشك در گونه ها فرو می ریخت. سعادت هرگز مربوط به اوضاع مادّی ظاهری نیست اگر چنین بود که سالیان دراز زندان خیلی به حزن و سختی میگذشت ولی چنین

میرزا مهدی، غصن اطهر

نبود بلکه در نهایت درجه سرور و روحانیت گذشت.»^(۳۷)

یکی دیگر از احبّاء چنین به یاد می‌آورد که حضرت عبدالبهاء می‌فرمودند: «در هنگام خطرناک‌ترین و سخت‌ترین اوقات زندان، جمال مبارک از هر یک از اعضاء خانواده می‌خواستند که جالب‌ترین رویداد آن روز را تعریف کند و یا داستانی را که تجربه نموده و در آن روز شنیده، نقل نماید. پس از اینکه داستان گفته می‌شد، همگی به صدای بلند می‌خندیدند.»^(۳۸) (ترجمه)

حضرت عبدالبهاء یک بار صحبت از زمانی فرمودند که ایشان را به دادگاه برای شنیدن فرمان زندانی شدن بردند و این واقعه نشان‌دهندۀ خرد و خوش طبعی ایشان در آن مرحلۀ بحرانی است. فرمودند:

«در اوایلی که به عکّا و قشله عسکریه وارد شدیم روزی حکومت خبر داد برای استماع حکم سلطان یک نفر از طرف بهاءالله حضور پیدا کند. جمال مبارک مرا به وکالت به دارالحکومه فرستادند. مرا در جای مقصّرین جای دادند. بعد خطیب پشت میز رفته حکم سلطان را که به زبان ترکی بود قرائت کرد. مفادّ حکم این بود، عائله بهاءالله تا ابد در شهر عکّا محبوس خواهند بود و حق ندارند از شهر خارج شوند. من بعد از استماع این حکم خندیدم. حضّار با کمال تعجّب گفتند چرا می خندید. گفتم این عبارت معنی ندارد. زیرا ما تا ابد

زنده نیستیم که از شهر خارج نشویم. از قضا این حکم لغو شد، زیرا حضرت بهاءالله از دروازه عکّا بیرون تشریف برده در همین بالای کوه کرمل آمدند. من هم از دروازه خارج شده به بیروت رفتم.»[۳۹]

در یک مناسبت دیگر حضرت عبدالبهاء فرمودند:

«حرّیت مقیّد به مکان نیست بلکه به شرایط مربوط میشود. در آن سجن اعظم و قشله ظلمانی، چون به خدمت امر مبارک جمال قدم قائم بودم قلباً مسرور بودم . . . در نظرم سجن حرّیت محض، شداید و بلایا سکون و راحت و موت حیات محسوب و ذلّت قمیصی برای عزّت ملاحظه می شد. لذا در جمیع آن ایّام مسرور بودم. هرگاه فردی از زندان نفس آزاد شود، به حرّیت واقعی واصل شده است. چرا که نفس انسان، اعظم سجن عالم بوده و هست . . . لذا هرگاه خلاصی از نفس واقع شد، آن فرد دیگر مسجون محسوب نیست . . . اما اگر فردی این تحول عظیم را با اجبار و اکراه و نه با رضای محض بپذیرد، به چنین حرّیتی فائز نخواهد شد.»[۴۰]

میرزا مهدی بسیار به حضرت عبدالبهاء نزدیک بود زیرا، علیرغم سایر دلائل، آنها از نظر سنّی در مقایسه با سایر افراد در سربازخانه به یکدیگر نزدیکتر بودند. قابل توجّه است که ارتباط خانواده حضرت بهاءالله با ایشان بر اساس حسّ احترام عمیقی بود که ایجاب می‌کرد فاصله بین مقام ارجمند مظهر

ظهور با پیروانش را بستگان نزدیک به او نیز رعایت نمایند. بهائیّه خانم برای حفظ این رویّه چنین خاطرنشان می‌سازد:

«بهتر است در اینجا چند کلمه ای راجع به ارتباط خانواده‌مان با جمال مبارک بگویم. بعد از اظهار امر شان، ما همگی ایشان را بمراتب بالاتر از خود شمرده و رفتارو سلوکمان به طور شایسته ای نمایانگر مقام والای ایشان بود. هرگز ایشان را برای ملاحظهٔ مسائل دنیوی و یا مشارکت در آنها فرا نخواندیم. ما به دلیل رابطهٔ خانوادگی مان انتظاری از ایشان بیش از سایر پیروانشان نداشتیم. زمانی که فقط دو اتاق برای همهٔ خانواده داشتیم، یک اتاق مخصوص ایشان بود. بهترین هر چیز را همیشه خدمت ایشان می‌بردیم ابتدا قبول و سپس آن را به ما عنایت فرموده و از آن صرف نظر مینمودند. جمال مبارک بعلت اینکه همراهانشان رختخواب نداشتند بر روی زمین می خوابیدند، گرچه اگر ایشان مایل بودند وسایل لازمهٔ استراحت شان تهیّه می گردید.»[۴۱] (ترجمه)

از زائران ایرانی در خارج از دیوارهای زندان هیچ اقدامی ساخته نبود جز آنکه نظاره نموده و مغموم از اینکه نمی توانستند کمکی نمایند برای تسکین اشتیاق خود قشله را با حالت دعا و مناجات طواف می نمودند، در همین حال جامعه بهائی ایران از مسافتی بسیار دور غمگینانه منتظر خبری بودند.

زندگانی در قشلهٔ عسکریه

تبعیدی‌های زندانی محدودیت و محبوس بودن خود را عامل تحقّق نوایا و اهداف اصلی حضرت بهاءالله می‌دانستند، چنان که جمال قدم در این باره می‌فرمایند:

« قد قیّد جمال القدم لاطلاق العالم و حبس فی الحصن الأعظم لعتق العالمین و اختار لنفسه الأحزان لسرور من فی الأکوان هذا من رحمة ربّک الرّحمن الرّحیم قد قبلنا الذّلّة لعزّکم و الشّداید لرخائکم یا ملأ الموحّدین انّ الّذی جآء لتعمیر العالم قد اسکنه المشرکون فی اخرب البلاد. » (۴۲)

خلاصه بیان مبارک فوق چنین است:

جمال قدم در بند و گرفتار احزان و شدائد بودن را بخاطر رهائی بشریت از قیود قبول فرمودند که شاید همهٔ عالم به آزادی واقعی برسند و مسرور و کامیاب گردند. با چنین نیتی برای ساختن عالمی جدید، مخالفین ایشان را ساکن ویران ترین شهر ها ساختند.

میرزا مهدی غصن اطهر افتخار شرکت در دوران حبس پدر بزرگوارش در قشلهٔ عسکریهٔ عکّا را داشت. چنین امتیاز روحانی به او یاری می‌داد که در مقابل سختی‌ها و مشقّات وارده بر او و خانواده‌اش تحمّل داشته باشد. از آنجا که میرزا مهدی مقام واقعی مظهر ظهور جمال اقدس ابهی را به خوبی درک می‌کرد، این ادراک را با محبّت و شفقت به دوستان منتقل می‌ساخت و دردها و بدبختی‌های آنها را به مدّت ۲۲ ماهی که در بین آنها زندگی کرد تسکین می‌داد. در واقع خدمت به محضر جمال مبارک همان خدمتی بود که او برای

میرزا مهدی، غصن اطهر

دوستان انجام می‌داد و این منبعی از لذّت و سرور برای خودش نیز بود.

میرزا مهدی حتّی قبل از اینکه در این قلعهٔ مخوف مسکن گیرد و مرگ او را برباید وجود گرانبهایش در یک قصر بهشتی ساکن بود. او در ظاهر زندگی یک زندانی را می‌گذراند ولی مقیم در بهشت بوده و ساکن ملاء اعلی و شایسته آن بود که یک روز تاج وهّاج شهادت را بر سر نهد.

۸ - اوّلین زائرین بهائی

به نظر می‌رسد که احبّای ایران در مورد وضعیت و شرایط جمال اقدس ابهی و خانوادهٔ مبارکشان در زندان بسیار نگران بودند. هنگامی که بهائیان در ایران و عراق خبر تبعید قریب الوقوع حضرت بهاءالله را از ادرنه به مقصدی نامعلوم و غیرمطمئن شنیدند عمیقاً مضطرب گشتند. حضرت‌شوقی افندی در این باره می‌نویسند:

«در اثر همین سختگیری‌ها و قطع ارتباط بین حضرت بهاءالله و مؤمنین آن حضرت بود که احبّای ایران از شهرتی که از طرف ازلی‌های اصفهان راجع به مستغرق ساختن وجود اقدس در دریا منتشر گردید سخت مضطرب و پریشان شده از تلگرافخانهٔ انگلیس در جلفا تقاضا کردند از طرف آنها چگونگی موضوع را تحقیق نموده و نتیجه را به استحضار آنان برساند.»[۱]

ازلی‌ها از پیروان میرزا یحیی (برادر ناتنی و بدنهاد حضرت بهاءالله و عموی میرزا مهدی) بودند. تعدادی از آنان

مشمول فرمان تبعید حضرت بهاءالله و همراهانشان شده و به عکّا فرستاده شدند. آنها تقاضا داشتند که در مکان دیگری جای گیرند و بدین جهت آنان را در اتاقی بالای دروازهٔ شهر و در زندان لیمان منزل دادند و آن محلّی بود سوق‌الجیشی [در جنگ‌های قدیم] که آنها از آنجا به راحتی می‌توانستند فاصلهٔ دروازه به شهر را مراقبه نموده و از ورود بهائیان که پس از سفری در حدود پنج ماه به عکّا وارد می‌شدند، مطّلع گردند. ازلی‌ها به مجرّدی که یک نفر بهائی را می‌شناختند، سریعاً مشخّصات او را به مقامات دولتی اطّلاع می‌دادند و به این ترتیب سبب دستگیری و اخراج او از شهر می گشتند.

زائرین بدون شک بسیار علاقمند بودند که از شرایط داخل زندان مطّلع گردند. آنها که قادر نبودند حتّی نیم نگاهی از پشت آن دیوارهای فرسوده و سرد و بی‌روح زندان به درون آن اندازند از ظاهر آن دیوارهای خارجی نتیجه می گرفتند که زندگی برای حضرت بهاءالله و تبعیدی‌ها به خصوص برای آنها که ضعیف‌البنیه بودند همچون میرزا مهدی، بایستی بسیار ملال آور باشد. با اینکه ظن آنها در مورد شرایط مادّی داخل زندان صحیح بود ولی آنهایی که این خوشبختی شامل حالشان می‌شد که قدم به درون سربازخانه گذارند، مواجه با جامعه‌ای سرزنده از افرادی می‌شدند که مانند فرشتگان به دور شاه شاهان می‌چرخیدند. تقدّس و ایمان الهام بخش این محیط بود و زیباترین وجه روحانی هر یک از مؤمنین را آشکار ساخته بود. تعجّب‌آور نیست که حضرت عبدالبهاء مرقوم داشته‌اند

که: « در مدّت اقامت در سجن قصوری ننمودند فتوری نیاوردند بلکه در کمال فرح و سرور بودند و از جام طهور سرمست.»(۲).... «زندان ایوان شد و نفس سجن باغ جنان گشت.»(۳)

برای مثال، در توصیف روحیهٔ عالی مؤمنین در زندان حضرت عبدالبهاء در مورد یکی از تبعیدی‌ها [میرزا جعفر] مرقوم فرموده‌اند: « زندان را گلستان میدید و تنگی سجن را فضای بوستان می یافت.»(۴) در حالی که فرد دیگری [مشهدی فتّاح] «همیشه در زاویه سجن منزوی و در گوشه صمت و سکوت معتکف بذکرالله مشغول در جمیع احوال در حالت تنبّه و تضرّع بود .»(۵)

برای یک فرد چه چیز ممکن است سرورآمیزتر از زندگی در نزدیکی و در چند متری مظهر ظهور الهی و نظارهٔ مکرّر بر سیمای مبارکش باشد؟ همان گونه که حضرت عبدالبهاء مرقوم داشته‌اند «بآن شرافت کبری فائز که مسجون در ظلّ جمال مبارک بود.»(۶) برای مثال یکی از احبّاء (جناب درویش صدق علی) قصیده‌ای زیبا در محامد مظلوم آفاق سرود که شاه بیت آن قصیده اینست:

هر تار ز گیسویت صد دل بکمند آورد
دل بر سر دل ریزد چون زلف برافشانی(۷)

حضرت عبدالبهاء چندین سال بعد در خصوص آنچه که بر ایشان و برادر کوچکترشان میرزا مهدی گذشته بود، چنین نقل فرمودند:

«وقتی که وارد عکا شدیم و در چنان مصیبتی که جمیع در زحمت و بلا بودیم لذت و سروری داشتیم که به گفتن نیاید. وقتی هشتاد نفر اصحاب در قلعه محبوس بودند، همه مبتلا به تب شدید شدند. به درجه ای که هیچکس قادر به حرکت نبود الاّ من و آقا رضا که مشغول پرستاری احباب و تهیّه دوا و غیره بودیم. اتفاقاً منزل من هم در اتاقی بود که فرش آن از سنگ بود و بسیار سرد بود و رطوبت داشت و آن اتاق را به جهت غسالخانه ساخته بودند. با آن حالت در ظلّ حضرت بهاءالله چنان مسرور بودیم که هر زحمتی را راحت میدانستیم.»[۸]

نیرویی که زائرین را به ارض اقدس جلب می‌کرد فقط شخصیّت جاذب حضرت بهاءالله و تجلی رهبری داهیانهٔ ایشان بر جامعهٔ بابی در دو دهه گذشته نبود بلکه نعمایی بود که توسّط حضرت باب برای کسانی که به حضور من‌یظهره‌الله می‌رسند وعده داده شده بود. حضرت باب در کتاب بیان می‌فرماید:

«و هیچ جنّتی اعظم تر از برای هیچ نفسی نیست که در حین ظهور الله ادراک نماید او را و آیات او را بشنود و ایمان آورد و به لقاء او که لقاء الله است فائز گردد و در رضای او که بحر محیط بر رضوان است سیر نماید و بآلاء جنّت فردانیّت متلذّذ گردد . . .»[۹]

به زودی زائرین ایرانی بیشتری به سوی عکّا روان شدند. بسیاری از آنها این مسافرت زمینی طولانی را با تحمّل سختی ها و مخاطرات فراوان انجام می‌دادند. بر طبق نوشتهٔ موژان مؤمن:

«در محیط ترس و سوءظنّی که بر زندگی اکثر بهائیان در ایران حکمفرما بود، برای کسانی که آرزوی رفتن به عکّا را داشتند این یک مسئله و مشکل بود که آنها به آشنایان و همسایگان خود چگونه علّت غیبت (معمولاً چندین ماه) خود را توضیح دهند. این مشکل با به کار بردن زیارت حجّ سالیانه به عنوان پوششی برای دیدار عکّا حل گردید. برای بهائیانی که در جنوب ایران زندگی می‌کردند، آسان‌ترین مسیر آن بود که از طریق دریا از بوشهر به جدّه رفته، به کاروان حج حجاز پیوسته، آداب و مراسم زیارت را به جا آورده سپس به کاروان حج دمشق ملحق شده حجاز را ترک نمایند. و این مسیر آنها را به نزدیکی عکّا می‌رساند. بهائیان شمال غربی ایران مسیر زمینی موصل و حلب را انتخاب می‌کردند.

مسیر بازگشت برای همهٔ مسافرین معمولاً از طریق بیروت، حلب و موصل انجام می‌شد.» [۱۰] (ترجمه)

زائرین عکّا برای رسیدن به زندان حضرت بهاءالله مواجه با ممانعت مأمورین می‌شدند لهذا مجبور بودند روی یکی از خاکریزهای دیوار بیرونی قشله برای ساعت‌ها بایستند تا هیکل

محبوب خود را از دور ببینند. در این مواقع حضرت عبدالبهاء به جمال مبارک حضور زائرین را اطّلاع می‌دادند سپس با هم به پنجرهٔ مخصوصی رفته و در آنجا هیکل مبارک دست خود را بلند کرده و دستمالی را به عنوان مهر و محبّت و تقدیر از کوشش حواریون تکان می‌دادند.(۱۱) این زائرین بعد از یک نظر به محبوب خود (که فقط بعضی این سعادت را داشتند) با قلبی آکنده از شوق این دیدار بازگشت می‌نمودند و آنچه گذشته بود با احبّای نگران مهد امرالله در ایران در میان می‌گذاردند. بعضی دیگر در آن منقطه سیر نموده و بر کوه کرمل یا سایر مکان‌ها منزل می‌کردند. بعضی باقیمانده و بی خبر از گذشته‌ها و بستگان در نقاط اطراف مسکن گرفته هر نوع کاری که قادر بودند انجام می‌دادند و سرانجام در ارض‌اقدس فوت و به خاک سپرده می‌شدند.

همانگونه که حضرت ربّ اعلی می‌فرماید: «یا اهل الارض فاعتصموا بحبل الله المنیع ذکرنا هذا الفتی العربی الذی قد کان فی نقطة الثلج علی بحر النار مستوراً.»(۱۲) جلال و جبروت حضرت بهاءالله چون خورشیدی نیروبخش زندگی را برای همهٔ کسانی که در اطرافش بودند قابل تحمّل می‌ساخت به حدّی که مشکلات زندان برای آنها تبدیل به دنیایی معجزه‌آسا از نور و موهبت می‌گشت. زائرین همین که قدم به نزدیکی زندان می‌گذاشتند احساس می‌کردند که نیرویی آنها را جذب و کاملاً تبدیل به وجودی دیگر می‌شدند که به کلّی از وابستگی‌های این دنیای خاکی آزاد بودند. این زائرین به آن مکان مقدّس تعلّق یافته

مشتاق بودند که یک بار دیگر بیایند، مانند اقمار به یک نیروی ثقل روحانی جذب شده و زندان را برای تسلّی و نیایش و با اکراه از اینکه به ایران بازگردند طواف می کردند.

هیچ درجه از فقر، هیچ علائق خانوادگی، خطر، بیماری یا وابستگی مادّی قادر نبود که آنها را از مظهر ظهور که مانند مولّدی عظیم از سلول کوچک ولی بهشتی خود به آنها نیرو می‌بخشید جدا سازد. مرکز عالم و دلیل زیستن برای آنها تغییر یافته بود. دنیای آنها دنیای دیگری بود و آنها هرگز فرد قبلی نبودند. آنها به مرتبهٔ دیگری از وجود دست یافته بودند. گرانبهاترین آرزوی زندگی آنها برآورده شده و در این مقصد آنها با عشق محبوب خود سرمست و از خود بیخود شده بودند. مآلاً پس از بازگشت به ایران زائرین جوامع محلّی بهائی را مشتعل ساخته و با تجربیات بی‌نظیر خود سهیم نموده و به طور خستگی‌ناپذیر به تبلیغ و نشر نفحات دیانت بهائی پرداخته و بعضی از آنها در این راه تاج بی‌نظیر شهادت بر سر نهادند.

اوّلین زائری که حضرت بهاءالله را در درون دیوارهای شهر زندان زیارت نمود ابوالحسن اردکانی بود که توانست ایشان را در یک حمام عمومی و با ترتیبی محتاطانه ببیند. به او گفته شده بود که هیچ نشانه‌ای از بهائی بودن خود بروز ندهد یا به حضرتشان نزدیک نشود.

نقل است که همین که چشم او بر جمال مبارک افتاد به علّت شدّت هیجان بیهوش شده بر زمین افتاد. جمال اقدس ابهی بعداً لوح مخصوصی به جهت او نازل فرمودند:

«انّک اوّل من زار الله فی سجنه الأعظم العظیم ایّاک ان تمحو من قلبک ما سمعت من لسان ربّک المقتدر القدیر ان اذکره فی کلّ الأیّام و ایّام الّتی دخلت فیها اخرب البلاد الی ان حضرت تلقآء وجه ربّک مالک یوم التّناد و فزت بما قدّر لک فی لوح حفیظ.»(۱۳)

مفهوم بیان مبارک چنین است:

در این لوح به ابوالحسن اردکانی فرمودند که او اولین زائری است که به زیارت شان در سجن اعظم نائل شده وآنچه را که از لسان مبارک شنیده فراموش ننماید. همواره ذکر پروردگار نماید و یاد آور ایامی باشد که به ویران‌ترین شهر داخل و به زیارت جمال مبارک که در لوح محفوظ برایش مقرّر شده بود فائز گردید.

بدیهی است که خطر برملا شدن وجود افراد بهائی در عکّا موجب دردسر بوده است. برای مثال: زوجی که می‌خواستند کشف کنند که آیا حضرت بهاءالله واقعاً در عکّا زندانی بودند از ایران به شهر زندان (عکّا) رفتند. در آنجا محتاطانه با عبدالاحد که قبلاً ذکرش شد و در عکّا دکّان کوچکی را اداره می‌کرد تماس گرفتند. برای اینکه هویت بهائی خود را مخفی سازند در بین جعبه‌های مغازه پنهان شده بودند تا کشف نشوند. باید گفت بعد از ورود تبعیدی‌ها به عکّا برای شش ماه نه حضرت بهاءالله، نه میرزا مهدی و نه حتّی حضرت عبدالبهاء تماس مستقیم با عبدالاحد نداشتند و برای او خطر بزرگی بود که معلوم شود بهائی است.

حضرت بهاءالله، بعد از زحمت بسیار، از حضور آن زوج بهائی مطلع شدند اما به آنها دستور فرمودند که به ایران بازگردند. قبل از عزیمت آنها فقط سه روز مهلت داشتند که در شهر عکا بمانند. اگر چه آنها از ندیدن سیمای مبارک مأیوس شده بودند ولی برای جامعهٔ بهائی این خبر خوش را در میان گذاردند.

فرد دیگر نبیل اعظم آن چوپان متواضع بود که سرانجام بزرگترین مورّخ دیانت بهائی گردید. او با پریشانی تن به قضا داده و با غم و اندوه و درماندگی می‌خواست به دیوار زندان نزدیک شود تا حضرت بهاءالله را از پنجرهٔ سلولشان ببیند.

به طوری که قبلاً ذکر گردید در بین تبعیدی‌هایی که به عکّا آمدند چند تن از ناقضین که پیرو میرزا یحیی بودند، وجود داشتند. اگر چه آنها در تحت همان فرمان مربوط به تبعیدی‌ها بودند ولی با گفتگوهای کینه‌توزانه در مورد بهائیان با مقامات محلّی، موفّق شده بودند که به شرطی که وجود بهائیان را فوراً به دولت اطّلاع دهند، آزاد باشند. این ناقضین در بالای دروازهٔ شهر یعنی تنها محلّی که انجام جاسوسی از آن میسّر بود منزل داده شده بودند و چون پیروان حضرت بهاءالله را می‌شناختند بدین جهت نبیل پس از ورود توسّط آنها شناخته شد.

ناقضین به مقامات دولتی گفتند: «که این شخص بخاری (شهری در ازبکستان) نیست ایرانیست محض جستجوی خبر از جمال مبارک باین دیار سفر نموده.» [۱۴] بدین ترتیب نبیل بازداشت و مورد بازجویی قرار گرفت. او توضیح داد که دلیل

توقّف او در شهر برای خرید بعضی اقلام است ولی توضیحاتش مورد قبول واقع نشده و از شهر اخراج گردید.

نبیل غوطه‌ور در غم و غصّه و سرگردان در نواحی جلیل، صفد، حَبْرُون ، ناصره و حیفا گردش میکرد تا اینکه در غاری در کوه کرمل در نزدیکی عکّا معتکف شد. در آنجا نبیل از هر چیز جدا شده و با خدای خود دعا و راز و نیاز می‌نمود و آرزو داشت که زمانی برسد که او محبوب خود را ملاقات نماید. روایت شده است که یک روز هنگامی که بر روی تپه های جنب قشله راه می‌رفت ناگهان مشاهده نمود که حضرت بهاءالله از پنجره زندان دست خود را تکان داده و محبّت خود را نسبت به او اظهار می‌دارند. در همان روز نبیل مفتخر به دریافت دعایی که منحصراً برای او نازل گردیده بود، شد. سرانجام نبیل به عکّا خوانده شد و مدّت ۸۱ روز از ۲۱ مارس تا ۹ ژوئن سال ۱۸۷۰ میلادی در داخل قشله ساکن بود. مطمئناً میرزا مهدی از مصاحبت با او لذّت می‌برد و از نبیل دانش وافر و وسیعی راجع به تاریخ دیانت بهائی آموخت.

در سال قبل از آن در اوایل ۱۸۶۹ میلادی، بدیع، جوانِ ۱۷ سالهٔ جاویدان در حالی که مشک‌های آب سقاها را به دوَش داشت بدون آنکه شناخته شود وارد شهر عکّا شده بود. چون کسی را نمی‌شناخت که سئوال کند و از طرفی ترس برملاشدن هویّت خود به عنوان یک بهائی را داشت در خیابان‌های پیچاپیچ عکّا سرگردان بود و به دنبال اثر و نشانی می گشت که راهنمای او به تبعیدی‌های بهائی شود. او برای دعا و تسکین

اوّلین زائرین بهائی

قلب خود به مسجد رفت که ناگهان در غروب چشمش به حضرت عبدالبهاء و گروهی از بهائیان افتاد. بدیع آنها را شناخت و بدون آنکه کسی متوجّه شود تکّه کاغذی را به حضرت عبدالبهاء داد که در روی آن با دو خط شعر، خود را به عنوان یک بهائی معرّفی نمود. در همان شب با کوشش حضرت عبدالبهاء، بدیع که لباس سقاها را پوشیده و وسائل حرفۀ خود را همراه داشت به سربازخانه آمد و به حضور حضرت بهاءالله مشرّف شد.

بدیع سعادت بی‌نظیر دو بار مصاحبه با مظهر ظهور را داشت. در طول این دو بار گفتگوی خصوصی بود که حضرت بهاءالله به این جوان ۱۷ ساله نام بدیع را عطا فرمودند که به معنای تازه، نو و در زبان عربی به معنی شگفت‌آور یا عجیب می‌باشد. جمال اقدس ابهی فرموده‌اند که به دست قدرت و اقتدار از بدیع خلق جدیدی ساختند. می‌فرمایند: «که مشتی از خاک برداشتند و آن را به آب قدرت و اقتدار آمیختند و روح تازه‌ای در آن دمیدند و آن را به طراز نام بدیع در عالم خلق مزیّن ساختند.»(۱۵)

در یکی از ملاقات‌ها که چند نفر از مؤمنین نیز حضور داشتند حضرت بهاءالله لوحی را که برای سلطان ایران نازل فرموده بودند در دست گرفته، فرمودند: «چه کسی حاضر است که این لوح را به شاه ایران برساند؟» بدیع بی‌اختیار از جای خود جست، به سوی مظهر الهی تعظیم نمود و گفت: «من این لوح را می‌رسانم.» جمال مبارک مجدّداً سئوال را تکرار کردند و آن زائر جوان خواهش کرد که این افتخار شامل او شود.

برای سوّمین بار همان سئوال تکرار شد و بدیع درخواست نمود که این مأموریّت خطرناک که به احتمال قوی موجب شهادتش می‌شد به او داده شود.(۱۶)

حضرت بهاءالله درخواست بدیع را قبول فرمودند و چون ایمنی بدیع در خطر بود که آن لوح را با خود به خارج از عکّا ببرد به بدیع فرمودند که او به حیفا رفته و در آنجا منتظر بماند. در آنجا یکی از مؤمنین لوح را به او داده و او بلافاصله به سوی طهران به راه افتاد. بعد از چهار ماه بدیع به طهران وارد شد و در جستجو بود که لوح را به دست شاه دهد. او لوح را به شاه داد، بازداشت، شکنجه و بالاخره شهید گشت. شهادت او در ماه ژوئن سال ۱۸۶۹ میلادی به وقوع پیوست.(۱۷)

میرزا مهدی فقط چهار سال بزرگتر از بدیع بود ممکن است حتّی برای مدّتی کوتاه رابطهٔ مخصوصی بین این دو جوان تابناک بهائی به وجود آمده باشد، که یکی «غصن اطهر» نامیده شده و دیگری «فخرالشهدا»!

***

حضرت بهاءالله مظهر ظهور کلّی الهی از سلول کوچک خود در سجن اعظم الواح تاریخی خود را خطاب به نخست وزیر ترکیه، تزار الکساندر دوم امپراطور روسیه، پاپ پی نهم، ویکتوریا ملکه انگلستان و برای بار دوّم به ناپلئون سوّم پادشاه فرانسه نازل فرمودند. این لوح دوّم در خارج از زندان نازل و تحویل قیصر کتفاکو پسر کنسول فرانسه در عکّا گردید و او آن را به زبان فرانسه ترجمه و رسماً برای پادشاه فرانسه فرستاد.

اوّلین زائرین بهائی

قیصر کتفاکو با دانستن آنکه سقوط ناپلئون سوّم در آن لوح توسّط حضرت بهاءالله پیش‌بینی شده بود، به دیانت بهائی ایمان آورد. همان گونه که الواح حضرت بهاءالله بر روی قیصر کتفاکو و دکتر بطروس طبیب محلّی اثر نموده و باعث ایمان آنها گردید. همچنین رفتار تبعیدی‌ها هنگامی که با محافظین برای خرید مایحتاج به بازار می‌رفتند و شروع به معاشرت و ایجاد ارتباط خصوصی با گسترۀ جامعه نمودند باعث گردید که سرانجام توانستند محبّت و احترام مردم و ضمناً شهرت نیکویی به دست آورند که نهایتاً به گوش حکمران نیز رسید. در کتاب «نکات برجسته‌ای از زندگی حضرت عبدالبهاء» داستان ذیل را می‌خوانیم:

«در همان روزهای اوّلیّۀ ورود حضرت عبدالبهاء به زندان سربازخانۀ عکّا خبر خرد و دانش ایشان توسّط یک قصّاب در شهر پخش شد. حضرت عبدالبهاء و چند نفر از همراهان برای خرید مواد غذایی و سایر مایحتاج از سربازخانه خارج و به بازار رفتند. در دکّان قصّابی هنگامی که ایشان منتظر نوبت خود بودند یک فرد مسلمان و یک نفر مسیحی راجع به امتیاز و شایستگی دیانت خود بحث می‌کردند. مرد مسیحی در این بحث تفوق یافته بود در این موقع حضرت عبدالبهاء وارد گفتگو شده و به سادگی و فصاحت اعتبار دیانت اسلام را به صورتی که مرد مسیحی نیز راضی بود ثابت کردند. خبر این واقعه

پخش گردید و قلوب بسیاری از مردم عکّا را به جانب حضرت عبدالبهاء معطوف ساخت و این شروع شهرت عالی ایشان در بین ساکنین شهر عکّا بود.»[۱۸] (ترجمه)

مشهودات مستقیم محافظین زندان از کیفیات روحانی و خلوص تبعیدی‌ها موجب ملایم شدن و دلسوزی آنها نسبت به این گروه گردید. سرانجام فرماندهٔ سربازخانه سرهنگ احمد جرّاح و همچنین برادرش مؤمن شدند. عثمان افندی که یک مأمور دولتی برای خرید خوار و بار سربازخانه بود به دیانت بهائی ایمان آورد و بنا بر وعده ای که حضرت بهاءالله به او فرموده بودند، پیشرفت نموده و تاجر ثروتمندی گردید.

تاریخ همچنین شیخ محمود یک پیشوای مذهبی را در عکّا به خاطر می‌آورد که خصومت عمیقی نسبت به بهائیان داشت. او در افکار خودش نمی‌توانست تحمّل کند که به اصطلاح (خدای عجم‌ها) حضرت بهاءالله در شهر او قدم نهاده است. یک روز شیخ محمود با خشم بسیار جلوی حضرت عبدالبهاء را گرفت و سرزنش نمود و پرسید «تو پسر خدا هستی؟»[۱۹]

حضرت عبدالبهاء با لحن ملیحی که خاص ایشان بود، جواب دادند که این چیزی است که شما می‌گویید نه عبدالبهاء. شیخ محمود در آن زمان از این که حضرت بهاءالله مدّعی مظهر ظهور کلّی الهی بودند به قدری عصبانی بود که تصمیم گرفت شخصاً با یک سلاح پنهان در زیر عبایش به سربازخانه رفته و پیامبر خدا را به قتل برساند و چون او از اشخاص برجستهٔ آن شهر بود نگهبان به او اجازه داد که وارد

زندان بشود. همین که به حضرت بهاءالله اطّلاع دادند که شیخ محمود درخواست ملاقات دارد، به نگهبان فرمودند «به او بگویید سلاح را کنار گذارد و سپس برای ملاقات بیاید.»[۲۰] شیخ محمود از بصیرت حضرت بهاءالله بسیار مشوّش و از این حادثه دچار شگفتی فراوان شد و یکسر به خانه رفت.

چندی بعد او تصمیم گرفت بدون سلاح به سربازخانه برود ولی مصمّم بود که حضرت بهاءالله را با دست‌هایش به قتل برساند. هنگامی که از نگهبان خواست که با حضرت بهاءالله ملاقات نماید، این پیام را از ایشان دریافت کرد «به او بگویید اوّل قلبش را پاک کند وبعد می‌تواند به حضور بیاید.»[۲۱]

شیخ محمود مواجه با این درایت و خرد الهی و مشوّش و شکست خورده از دو بار سوء قصد به جان حضرت بهاءالله به خانه بازگشت و تصمیم گرفت به این فکر خاتمه دهد. علاوه بر این حیرانی و اغتشاش فکری یک شب رؤیایی داشت از پدرش ویک شیخ پیر از زمانیکه که او بچّهٔ ای خردسال بود که با او از آمدن «موعود کل» به عکّا صحبت کرده بودند. پس او به نزد حضرت عبدالبهاء رفت و محترمانه استدعای دیدار با حضرت بهاءالله نمود. با این دیدار موافقت شد.

شیخ محمود با نهایت تواضع به حضور حضرت بهاءالله رسیده خود را به پای ایشان انداخت. او عظمت روحانی حضرت بهاءالله را شناخته بود و یک مؤمن ثابت قدم شده بود. شیخ محمود به علّت نفوذی که در مردم و در دولت داشت توانست ورود زائرین را به عکّا تسهیل نماید.

شخص دیگری که در سربازخانه با حضرت بهاءالله ملاقات نمود شیخ علی میری مفتی عکّا بود. در تاریخ وقایع حسین آشچی چنین نوشته شده است:

«او مرد متعصّبی بود ولی در اثر معاشرت با حضرت عبدالبهاء به تدریج تعصّبش کم شد یعنی مشاهده نمود که علم و فضلِ او مثل قطره نزد دریا است و ذرّه در مقابل آفتاب. دیگر ملتفت این گردید که جلوه‌ای ندارد. از آن عنوان پایین آمد و از حسد دست برداشت تا این که روزی در محضر مبارک طلب تشرّف به ساحت اقدس را معروض داشت به عنوان اینکه سئوالی دارم می‌خواهم معروض دارم و به جواب فائز گردم.

در آن اوقات جمال قدم ابداً اذن تشرّف نداده و معاشرت را قبول نمی‌فرمودند زیرا امر دولتی بود که جمال مبارک با کسی ابداً معاشرت نفرمایند. لذا مصاحبه و ملاقات نمی‌فرمودند و هرگز اراده و مشیّت الهی نبود که به حسب ظاهر مخالفت با امر دولتی صورت گیرد. بدین جهت ابتدا قبول نفرمودند ولی به التجای حضرت عبدالبهاء اجازهٔ تشرّف شرف صدور یافت. احضار فرمودند، به حضور مبارک در قشله حاضر گردید، امر فرمودند بنشین و سرکار آقا روح ماسواه فدا در نزدیک در ایستاده بودند و ننشستند و چون محلّ آشپزخانه مقابل اتاق مبارک بود حقیر به

رأی‌العین می‌دیدم و بیانات مبارک را می‌شنیدم. مفتی سئوالاتی معروض می‌داشت و بیاناتی از لسان احدیت نازل می‌گشت. در بین بیان مبارک مفتی خواست حرف بزند و تکلّمی بنماید، حقیر ملاحظه نمودم که سرکار آقا متغیّرانه به مفتی اشاره فرمودند که ساکت باش و به اصطلاح عموم مانند آنکه فرد کوچکی در نزد بزرگتری فی‌المثل اظهار وجود می‌نماید که در خور نزاکت نیست، دست مبارکشان را بر لب نهادند. در آن وقت مفتی به اشارات تنبّه مخاطب شد و ساکت شده صحبتی ننمود و جمال قدم جل شأنه بیان را تکمیل فرمودند تا آنکه مرخّص شد و از حضور مبارک با سرکار آقا پایین آمد ولی چون حضرت مولی الوری به او تغیّر فرمودند مفتی افندی متأثّر شد و خیلی بر او گران آمد زیرا اهل شهر در بازارها خیلی احترام او را نگه می‌داشتند و دست او را می‌بوسیدند. این تغیّر به مفتی سخت دشوار آمد چون از حقیقت امر مطّلع نبود ولی بعد که به تدریج در حضور مبارک سرکار آقا مداومت و معاشرت می‌نمود و از علوم و فنون بهره می‌یافت، ملتفت شد که در حضور مبارک معدوم صرف است منقاد و مطیع و مانند غلام حلقه به گوش شد و در بازار و شارع‌ها در حضور مبارک سرکار آقا همیشه در عقب راه می‌رفت و ابداً تقدّم نمی‌نمود و روز و شب متداوماً در بیرونی در حضور بود و هر خدمتی که به او رجوع می‌فرمودند، فوراً تنفیذ می‌نمود

و همیشه سرکار آقا می‌فرمودند که مفتی قسم می‌خورد که هر وقت در نماز می‌ایستد مشاهده می‌کند که جمال قدم جلّ کبریائه در مقابل او ایستاده‌اند و حضرت‌مولی الوری خیلی به او عنایت می‌فرمودند. به علّت خصلت و احترامی که داشت شرایط احبّاء ازدرجهٔ پایین به افتخار و عزّت و احترام تبدیل شد. »
(۲۲)

نبیل قائن زائر باوفای دیگری بود که با دو پسرش به عکّا آمد. به علّت شناخته شدن و اخراج از شهر زندان در ناصره اقامت گزید و مشغول به فروش سوزن و سنجاق در مقابل دریافت تخم مرغ گردید که از فروش آن درآمد کمی به دست می‌آورد. به تدریج ترتیبی داده شد که به قشله آمده و به زیارت مظهر ظهور الهی نائل گردید. حضرت عبدالبهاء نقل فرموده‌اند «... بحالتی وارد سجن گشت که خارج از تحریر و تقریر است و بشرف لقا فائز گردید و چون به ساحت اقدس رسید و بصرش روی جمال مبارک دید بلرزید و بیفتاد و بیهوش شد بعد از اظهار عنایت برخاست و ایّامی چند خفیّاً در قشله بود بعد مراجعت بناصره کرد.»(۲۳)

این زائرین بهائی اوّلیّه از هر موقعیت و راه‌های مختلف استفاده نموده و گاهی خود را به خطر انداخته و بعضی با موفّقیّتی بیش از سایرین سعی می‌کردند که موانع و محدودیت‌ها را از میان بردارند تا حضور محبوب را بیابند. حتّی یک نفر به لباس یک عرب درآمده و شتری را کرایه نموده بود و بدین

اوّلین زائرین بهائی

وسیله قدم در عکّا نهاد. همینطور سرگذشت استاد اسمعیل پیرمرد جالب است که حضرت شوقی افندی ولی امر دیانت بهائی آن را چنین توصیف می‌فرمایند:

«...زائر دیگر استاد اسمعیل کاشانی بود که از موصل به قصد تشرّف به آستان مولای محبوب خویش عزیمت نمود تا به سجن اعظم واصل شد. در کنار خندق ساعاتی چند در غایت انجذاب و اشتیاق مقابل پنجره‌ای که در آن هیکل قدم نمایان بود، بایستاد شاید به یک نظاره کام جان از وجه ملیحش شیرین نماید و دیده از روی منیرش روشن کند ولی آن عاشق دلداده به علّت ضعف بصر موفّق به مشاهدۀ آن منظر اکبر نگردید و به کمال حسرت و اسف به اقامتگاه خویش که در مغاره‌ای در جبل کرمل بود معاودت کرد و این معنی سبب حزن شدید و تکسّر خاطر عائلۀ مقدّسه که از دور شاهد آن منظرۀ محزونه بودند، گردید.»(۲۴)

استاد اسمعیل که در زمان خودش یک معمار موفّق در دستگاه دولت بود و حال یک زائر محروم شده بود، برایش کلمۀ نعمت بیش از هر چیزی به معنی نزدیک بودن به حضرت بهاءالله بود. حضرت عبدالبهاء می‌فرمایند:

«... باری این مرغ بال و پر شکسته به این آهنگ بدیع مشغول، آهنگ کوی مقصود نمود خفیاً به قشله وارد گشت ولی خسته و ناتوان. ایّامی چند به شرف لقا فائز بود بعد مأمور به سکنی در حیفا شد و خود را به حیفا

رسانید. نه منزلی نه مأوایی، نه لانه‌ای و نه کاشانه‌ای و نه آبی و نه دانه‌ای. در مغاره‌ای خارج شهر منزل نمود و سینی کوچکی تهیّه و تدارک کرد. چند انگشتر خزف و انگشتانه و سنجاق و غیره در آن گذاشت و از صبح تا ظهر می گشت یک روز بیست پاره، یک روز سی پاره، روز پر مداخلش چهل پاره بود رجوع به مغاره می کرد و به لقمه نانی قناعت می‌نمود و به تسبیح و تقدیس ربّ ودود می‌پرداخت، هر دم شکرانه بر زبان می‌راند که الحمدلله به این موهبت عظمی فائز شدم و از دوست و آشنا، بیگانه گشتم و در این مغاره لانه و آشیانه نمودم و از خریداران یوسف الهی شمرده شدم. چه نعمتی است اعظم از این. باری در این حالت صعود نمود و از لسان مبارک به کرّات و مرّات در حق او رضایت مسموع گشت که مشمول الطاف بود و منظور نظر کبریا.»(۲۵)

فرد دیگر از این زائرین آقا علی قزوینی بودکه حضرت عبدالبهاء زیارت او را چنین توصیف نموده‌اند:

«... تا آنکه آهنگ سجن اعظم کرد و با خانواده به قلعهٔ عکّا وارد شد. در راه زحمت و مشقّت بسیار کشید ولی از شوق لقا هر بلائی گوارا بود. راه می‌پیمود تا در جوار عنایت حق مسکن و مأوی نمود.

در بدایت اسباب معیشت مهیّا بود و به خوشی و راحت زندگانی می‌نمود ولی بعد نهایت عسرت رخ گشود و

مشقّت غریبی داشت. اکثر اوقات جز نان طعمه‌ای نبود و به جای چای آب روان صرف می‌نمود ولی در نهایت قناعت و سرور و شادمانی زندگانی می کرد. شرف حضور او را سرور و حبور بود و لقای محبوب نعمت موفور. غذایش مشاهدهٔ جمال مبارک بود و شرابش بادهٔ وصال. همیشه بشوش بود و خاموش ولی دل و جان در نهایت جوش و خروش.»(۲۶)

میرزا اسدالله کاشانی مسافرت حماسی خود از عراق به عکّا را چنین شرح می‌دهد:

«. . . به محض اینکه از اقامت نفوس محبوب خویش در عکا مطلع شدیم، من با یک بهائی ایرانی که از دهجی فرار نموده بود و به خیل افراد سرگونی موصل ملحق شده بود عازم عکا شدیم. روز شش، هفت ساعت پیاده راه می پیمودیم و وقتی به آلپو رسیدیم استراحت نمودیم و بعد از آن پیاده عازم دمشق شدیم. در طی طریق، چقدر مسرور بودیم! هر قدمی ما را به محضر جمال مبارک سرکار آقا نزدیک تر می ساخت. گاهی شب هنگام در خیمه یک بادیه نشین که با محبتی بیدریغ پذیرای ما بود اقامت می کردیم. بار دیگر در ظل ستارگان می آرمیدیم و سنگها را بالش خویش میساختیم و بعلت مقصد خود قلوبمان همواره به نواهای سرور متغنم بود. از آنجائیکه در سفر بغداد تا موصل روحمان مشغول بود تمام سختی ها در نظرمان

میرزا مهدی، غصن اطهر

بی اهمیّت جلوه مینمود و آن را فراموش می کردیم. عاقبت ما به دمشق رسیدیم. در آنجا یکی از همشهریهای خود را که مسگر هم بود پیدا کردم و با او ده روز در آنجا ماندیم. سپس مجدداً عازم کوه های پر برف و زیبای لبنان شدیم، محلی که بادیه نشینان مهمان نواز دوستان دائمی ما بودند و سپس به بیروت رسیدیم و آنجا یک هفته استراحت کردیم. در قسمت آخر زیارت خویش از بیروت تا عکا خود را بصورت درویشی در آوردم و سئوال از مقصد را اغلب عاری از حکمت می پنداشتم لذا اغلب از مسیر خود منحرف میشدیم.

فرح و سرور ما تزاید می یافت. زیبائی سرزمینی که آن را می پیمودیم و رائحهٔ نارنجستان ها و زیبائی گلهای رنگارنگ که دشت را فرا گرفته بود عجیب بود.

یک شب در شهر صیدا که محاط درختان انبوه و مطبوع بود اقامت نمودیم و سپس شبی را در قنیطره (طایر) گذراندیم در حالیکه از (نردبان قنیطره) عبور می نمودیم از فاصله ای درخشش عکا را زیر نور خورشید مشاهده نمودیم و در آن مکان نفوس محبوب ما اقامت داشتند.

احتیاط زیادی لازم بود. ما یکی یکی وارد شدیم. تغییر قیافه بمن اجازه داد که بدون سئوال و جوابی وارد شهر شوم. من مسیرم را گم کردم زیرا جرأت نداشتم

اوّلین زائرین بهائی

محل اقامت آن نفوس مقدس را سئوال نمایم. خستگی بر من غلبه یافت عاقبت به مسجد رفتم و در آنجا شیخی را یافتم که در آن حوالی زندگی می کرد. فهمیدم که او بهائی است. الله ابهی گفتم، وقتی که از سفرم و مقصدم مطلع شد گفت: در اینجا اقامت کن. سرکار آقا هنگام عصر تشریف می آورند.

من در حالیکه از نفس افتاده بودم منتظر تحقق پیشگوئی شیخ ماندم.

سپس سرکار آقای محبوب ما به مسجد تشریف آوردند. آن حضرت جوان و بسیار زیبا بودند.

"احوال شما؟ مرحبا مرحبا، خیلی خوش آمدید."

محبت عاشقانۀ آن حضرت در من روحی جدید دمید. حاضر بودم که جانم را فدا کنم تا یکبار دیگر مرحبای ایشان را استماع نمایم.

"شما باید بعد از این سفر بسیار سخت و طولانی خسته باشید؟"

"من یکی از دوستان را هنگام صبح خدمت شما میفرستم."

چون به مقصود قلبی ام فائز شده بودم با آرامش استراحت نمودم.

آقا فرج هنگام صبح تشریف آورد و مرا به کاروانسرا که چهار، پنج نفر از دوستان در آن ساکن بودند هدایت نمود.

میرزا مهدی، غصن اطهر

البته این امر بسیار محرمانه و با حکمت انجام گرفت زیرا در آن وقت هر کس که در مظان بهائی بودن قرار داشت خطر بزرگی او را تهدید مینمود.

من با آرامش در کاروانسرا استراحت نمودم و از خستگیهای جسمانی سفر رهائی یافتم بعد از پانزده روز به من امر شد که مادر و برادر کوچکترم را که در انتظار دستور بودند از آلپو (حلب) بیاورم. آنان موصل تا آلپو را باری با کشتی بخار و گاهی با قاطر پیموده بودند.

چقدر مسرور بودم که عزیزان من هم قرار بود به محضر جمال مبارک و سرکار آقا مشرف شوند. من با سرور عازم انجام این امر گردیدم پیاده به حیفا رفتم و سپس با قایق عازم اسکندریه و سپس آلپو شدم و با عائله خویش از همان مسیر مراجعت نمودیم و به حیفا وارد شدیم. در آنجا شنیدم که بعلت ذوق و شوق بی حد مادرم عائله مبارکه او را به حضور پذیرفته اند.

به هر حال قرار شد من و برادرم در حیفا بمانیم و اجازه ورود به عکا به ما داده نشد لذا در حیفا اقامت نموده و به شغل مسگری مشغول شدیم.

مغازه کوچکی تدارک دیدیم. به اطراف شهر میرفتیم و محصولات خود را می فروختیم. من و برادرم در کارمان ترقی نمودیم.

ما مرتباً پیاده از کنار دریا و از راه رود کیشون به عکا می رفتیم.

در محل خاصی که دیوار زندان وجود نداشت می ایستادیم و به نظاره پنجره مخصوص می پرداختیم. گاهی افتخار مشاهده دست حضرت بهاءالله که به علامت خوش آمدگوئی آن را حرکت میدادند نصیب ما میشد و ما را قرین سرور میساخت سپس پیاده به حیفا مراجعت نموده و از دریافت پاداش خود بسیار مسرور بودیم.» [۲۷]

بسیاری دیگر از زائرین آرزو داشتند که مانند میرزا اسدالله کاشانی، استاد اسمعیل، نبیل اعظم، نبیل قائن، بدیع، ابوالحسن اردکانی و آقا علی قزوینی و بسیاری دیگر به محضر جمال مبارک مشرّف شوند ولی قبل از اینکه پنهانی وارد سربازخانه بشوند مجبور بودند مدّتی منتظر بمانند تا سختگیری زندان کمتر شود. بعضی برای مدّتی طولانی در آن منطقه سرگردان بودند. وجود این مشقّت برای عائلهٔ مبارکه که با اضطراب از پنجره‌های زندان شاهد آن بودند، موجب غم و اندوه فراوان بود.

داستان یک زائر دیگر ایرانی به نام عبدالرحیم که توسّط ادیب طاهرزاده نقل شده است، فشار روحی برخاسته از محدودیت سخت‌گیرانه نسبت به حضرت بهاءالله و همراهان ایشان و استقامت بهائیان را برای اینکه با هر وسیلهٔ ممکن به محبوب خود برسند، خاطرنشان می‌سازد:

میرزا مهدی، غصن اطهر

«عبدالرحیم پس از شش ماه سفر با پای پیاده سرانجام به سرای محبوب یعنی مدینه محصّنه عکّا رسید. ورود او به عکّا با ایّام اوّلیّهٔ زندانی شدن حضرت بهاءالله در قلعهٔ عکّا مصادف بود. در آن روزها هیچ تازه واردی که به بهائی بودن مظنون بود، اجازهٔ ورود به سجن حتّی نزدیک شدن به آن را نداشت. در همین روزها بود که نبیل اعظم هم به شهر وارد شده و به اشتیاق لقای مولای خود سعی و کوشش بیهوده میکرد. نبیل غم و ملال قلبی خود از عدم موفّقیّت به زیارت محبوبش را با عبدالرحیم در میان گذاشت ولی عبدالرحیم به کمال جرأت و بدون ترس و وحشت تصمیم به طواف سجن گرفت. وی پیش از اقدام به این رسالت مقدّس تصمیم گرفت لباس‌های خود را که در طول سفر آلوده شده بود، بشوید. آنها را در آب دریا شست و در گوشه‌ای پهن کرد تا خشک شود. وقتی پس از خشک شدن آنها را پوشید قیافهٔ بسیار عجیب و نامناسبی یافت چه که لباس‌ها آب رفته، چین و چروک شده و از هم وا رفته بود.

عبدالرحیم با کمال خلوص و با قلبی مملوّ از عشق جمال قدم به سوی زندان پیش رفت و به طواف آن پرداخت. در همان حال طواف و با کمال تعجّب ملاحظه کرد که دستی از پنجرهٔ سجن مبارک او را به درون زندان دعوت می‌کند. عبدالرحیم دانست که این

اوّلین زائرین بهائی

دست مبارک حضرت بهاءالله بود که او را به حضور می‌خواند، لذا بی‌درنگ به سوی در زندان که به وسیلهٔ سربازان محافظت می‌شد، شتافت و سربازان را موجوداتی بی‌حرکت و بی‌جان یافت. آنها مثل اینکه اصلاً او را ندیدند زیرا وقتی از در زندان وارد می‌شد حتّی پلک برهم نزدند.

عبدالرحیم به زودی خود را در محضر مولای خویش یافت در حالی که غرق اشتیاق و هیجان به عوالم روح راه یافته و با ذات مبارکی که مقصود و منظر تحسین و ستایشش بود راز و نیاز می‌نمود. حضرت بهاءالله به او فرمودند که به ید قدرت و اقتدار چشمان سربازان را به مدّت کوتاهی کور کردند تا وی به فضل هیکل مبارک بتواند به تشرّف فائز شود.

معلوم نیست که عبدالرحیم چند روز در زندان ماند ولی حضرت بهاءالله در ایّام اقامت او در سجن، لوحی برای او نازل فرمودند. در این لوح هیکل مبارک تصریح می‌فرمایند که چشمان سربازان را بسته بودند تا عبدالرحیم بتواند به حضور مشرّف شود و عظمت و جلال منظر آن حضرت را مشاهده نماید. حضرت بهاءالله در این لوح مبارک او را به نام جدید رحیم می‌نامند و مورد عنایت فراوان قرار می‌دهند و از او می‌خواهند که در بازگشت به وطن داستان زیارتش را به احبّاء بازگو نماید.» (۲۸)

یک چنین ورطهٔ هولناکی از غم و غصّه و اضطراب که توسّط سلطان عثمانی به وجود آمده و موجب جدایی بهائیان از محبوب خود گشته بود در کلمات ذیل که نمایندهٔ درد و رنج حضرت بهاءالله است احساس می‌شود: «بعد ما باین زندان که دست احبا از دامان ما کوتاه بود وارد شدیم. رفتار او با ما چنین بود.»(۲۹)

فدا شدن میرزا مهدی وسیله‌ای شد که درهای زندان باز شود و بهائیان سرانجام بتوانند به حضور جمال اقدس ابهی مشرّف شوند.

محل دخول به سربازخانه، سجن اعظم

از درب سمت چپ به سلول حضرت بهاءالله وارد میشویم.

سلول حضرت بهاءالله در قشله

سلول حضرت بهاءالله که در سال ۲۰۰۴ میلادی نوسازی شد.

دو پنجرهٔ قرار گرفته در منتهی الیه سمت راست طبقه بالا، پنجره‌های سلول حضرت بهاءالله هستند.

پنجرهٔ سلول حضرت بهاءالله.

از این پنجره برای زائرینی که اذن دخول به سربازخانه را نمی‌یافتند، دست تکان داده و مورد عنایت قرار می‌دادند.

ابوالحسن اردکانی
(حاجی امین) اوّلین
زائری که توانست
حضرت بهاءالله را در
درون شهر عکّا
زیارت نماید.

بدیع که با لباس سقاها با
تمام وسایلش به درون
سربازخانه رفت و به
حضور حضرت بهاءالله
مشرّف شد.

پشت بام زندان، جایی که میرزا مهدی بر روی آن قدم میزد.

عکسی از قسمت شمالی شهر عکا در ۱۹۷۵

(۱) سلول حضرت بهاءالله، (۲) قسمت غربی جائیکه عائله مبارکه ساکن بودند، (۳) محل تقریبی حفره نورگیر، (۴) قسمتهای زندان سربازخانه، (۵) ارگ، (۶) میدان سربازخانه که قبلاً کاروانسرا بوده است، (۷) ساختمان پیشین حکمرانی، (۸) سالن دادگاه، (۹) مسجد الجزار، (۱۰) مدرسه مذهبی وابسته به مسجد، (۱۱) دادگاه شرع منطقه عکا، (۱۲) سوق عمر و سلیمان، (۱۳) خندق داخلی، (۱۴) حمام عمومی الجزار که اکنون موزه شهرداری عکا می باشد.

پنجرهٔ نورگیر، نوسازی شده، که میرزا مهدی از آن به درون و بر روی یک صندوق چوبی افتاد.

در هنگام نوسازی زندان تصمیم گرفته شد که کف زمین را به همان صورتی که میرزا مهدی بر آن افتاد باقی گذارند. پلکان به پشت‌بام در عکس دیده می‌شود.

گورستان نبی صالح در حومه شهر عکّا مکانی که اوّلین بار عرش مطهّر میرزا مهدی در آنجا دفن گردید. سنگ مدفن او در سمت راست است.

گورستان نبی صالح در ۲۰۱۷ - محلی را که ابتدا مدفن میرزا مهدی بر آن قرار داشت.

سنگ آرامگاه اولیه میرزا مهدی در گورستان نبی صالح

بیت عبود. یکی از منازلی که حضرت بهاءالله و عائله مبارکه بعد از ترک قشله در آن زیستند. نوّاب در این منزل صعود نمود.

۹ - گنجینهٔ نفیس حق در ارض اقدس

اگر از فراز عکّا به محیط آن بنگریم قلعهٔ چهارگوش بزرگ زندان جایی که عائلهٔ مبارکه در آن زندانی بودند و در تاریخ به عنوان جایگاه مهیب اسارت و ظلم در خاطر مانده است به چشم می خورد. این قلعه به صورت ساختمانی بلند و رفیع ساخته شده و دیوارهایش شامل پنجره‌های بسیاری در هر طرف بود که مانند چشم‌هایی مواظب دریا و سطح افق و تأسیسات نظامی مجاور و خیابان‌های شهر عکّا بود.

زندگی در عکّا هر روز قبل از آنکه خورشید زمین را روشن سازد، آغاز می‌گردید. دعوت به ادای نماز با لحن مخصوص اذان، ساکنین شهر را چه از نظر روحانی و چه از جهت جسمانی بیدار می‌ساخت. صدای پچ‌پچ زنانی که لباس های شسته شده را بر بالای نرده بالکونی‌ها آویزان می کردند، شنیده می‌شد. بوی غذاهای دست پخت سنّتی که دستورالعمل تهیّه آن برای نسل‌ها از مادران به دختران تعلیم داده شده بود، حتّی در دورترین و ویران‌ترین کوچه‌ها و راهروها استشمام می‌شد. تنها عامل زیبایی در عکّا طلوع آفتابش بود که بسیار

میرزا مهدی، غصن اطهر

درخشنده و امیدبخش بود و آن نه تنها آغاز روز جدید را نوید می‌داد بلکه گوشزد می‌ساخت که زندگی علیرغم هر گونه محدودیت های زمانی و مکانی یا مشکلات ادامه می‌یابد.

در مورد شب های عکّا نیز حالات عجیب و غریبی وجود داشت. در مدت چند ساعت ستارگان جایگزین مردم شده و تمام شلوغی و سر و صدا یکباره از این شهر منزوی رخت بربسته و یک خلاء روحانی ایجاد وخواسته‌ها و آرزوهای عامه تا روز بعد متوقف می‌شد. امواج دریا، سکوت مطلق انسانی و سر و صدا و فریاد جغدها به سراغ زندانیان آمده و رمز و افسون این مکان سحرآمیز هزارساله را یادآوری می‌نمود. «عکا یکی از قدیمی‌ترین شهرهای همیشه مسکون دنیا بشمار میرود که بر سر آن جنگ‌های فراوانی رخ داده است.»[1] روی هم رفته این یک شهر افسانه‌ای بوده است که شخصیّت‌های برجسته‌ای چون اسکندر کبیر، ژولیو سزار، سنت پل، مارکوپولو و موسی بن میمون بر خیابان‌های آن گام نهاده‌اند و احتیاج به ذکر نیست که ناپلئون تجاوزکارانه به آن حمله نموده و به مدّت طولانی و عدم قدرت در پشت دیوارهای آن متوقّف شده بود. این سربازخانه بر روی یک دژ ویران صلیبیون بنا شده و به حالت مرموز آن رمز و رازی افزوده است. و این شهری بود که تاریکی شب در آن می‌توانست به همان اندازهٔ عدم وجود معنویت دلتنگی‌آور باشد. گرچه سرزمین موعود بود ولی محلّ ردّ و انکار نیز بود که بایستی به زودی در آن وقایع مهمّی یکی بعد از دیگری آشکار گردد.

ساکنین محلی بی‌خبر از برتری و تفوّق روحانی شخص برجسته‌ای که اخیراً وارد شده و در زندان انفرادی به سر می‌برد سرگرم انجام کارهای روزانۀ خود طبق معمول بودند. عکّا با آن دیوارهای سنگی بلند از این پیامبر گرانقدر محافظت می‌نمود ولی مردمش از وجود او که موعود کلّیه کتب مقدّسه گذشته بود، بی‌اطّلاع بودند. دیوارهای این زندان با آن پیشگوئی‌ها و نبوّات قبلی ندا می کردند که موعود کلّی الهی در بین آنها است ولی از طرف دیگر مردم محلّی غرق در خواب عقاید روحانی خود بوده و قادر نبودند که این ندایی را که قرن‌ها منتظرشنیدنش بودند اکنون بشنوند.

امّا برای آنها که درون سربازخانه زندگی می‌کردند حیات از همان اوّلین صبح روزی که وارد شده بودند متفاوت بود، آنها در اتاق‌های کوچک دربستۀ زندان از خواب بیدار شدند. معهذا برای تبعیدی‌ها بودن در معیّت مظهر ظهور کلّی الهی یک نعمت و همچنین یک تأیید بود. یک نعمت بود زیرا آنها احساس می‌کردند که رهنمودهای الهی با آنها است و هر روز، پیوسته و بلاانقطاع زندگی آنها را احاطه نموده است. همچنین یک تأیید بود از آن جهت که شمس حقیقت با آنها بود، به حیات آنها پرتو و فیض می‌افکند همان‌گونه که همتای او از بالا نور و گرما می‌بخشید.

میرزا مهدی در هنگام اقامت در قشله اغلب در بعدازظهرها در محضر جمال مبارک حضور می‌یافت و در آنجا باقی می‌ماند تا وظایف خود را به پایان رساند. عادت او بر این بود

که بعد از انجام وظایف به بام می‌رفت و بقیّه وقت را به دعا و نیایش می‌پرداخت. هر فرد بر روی بام می توانست هوای بهتری فارغ از آلودگی و رطوبت طبقه تحتانی زندان را تنفس نماید و به چشم انداز زیبائی از دریا نظاره نموده و همچنین به صدای حرکت امواج بسوی خلیج که لحظه ای از آرامش و صفای روحانی را بوجود می آورند گوش فرا دهد.

در بعدازظهر یک روز گرم، میرزا مهدی در روی بام مشغول نیایش بود و بعد از آن طبق معمول به اتاق حضرت بهاءالله برای انجام وظایف معمول کتابت الواح رفت ولی چون حالش خوب نبود به او پیشنهاد شد که به بام برگردد. چند نفر دیگر از بهائیان زندانی نیز مریض بودند. به نظر می آید که حضرت بهاءالله به میرزا مهدی فرمودند که: «آنروز احتیاجی به رفتن به حضور مبارک برای نوشتن الواح نبود ودر عوض وی میتواند طبق عادت معمول به پشت بام رود و به دعا و مناجات مشغول شود.»[۲]

میرزا مهدی از پلّه‌های باریک به بام رفت و شروع به نیایش نمود. او در حالی که در روی بام قدم می‌زد مستغرق در دعا و مناجات و تضرّع به درگاه الهی بوده سر خود را به بالا و پایین می‌برد. او می‌دانست که باید چند قدم بردارد که به درون حفرهٔ نورگیر بدون محافظ که تهویه و نور به طبقهٔ ده متر پایین‌تر می‌داد نیفتد.

نزدیک شامگاه بود و آسمان رو به تاریکی می‌رفت و هنگامی بود که مردم محلّی به خانه‌های خود باز می گشتند. در

آن روز غروب آفتاب در ساعت هفت و دوازده دقیقه بود. از شلوغی و سر و صدای روزانه کاسته شده و چراغ‌های خانه‌ها به تدریج روشن می‌شد. برای ساکنین این شهر که از آن درام روحانی که در همسایگی آنها در زندان رخ داد، بی‌اطّلاع بودند، آن حادثهٔ غم‌انگیز در آن شب هیچ معنایی نداشت. چه کسی می‌توانست تصوّر کند که مصیبتی بزرگ‌تر از آنچه تبعیدی‌ها قبلاً با آن دست به گریبان بودند، به وقوع پیوندد؟ ویرانی زندان و محیط نفرت‌انگیز آن، محرومیت تبعیدی‌ها از خانواده و بستگان خود و ترک دوستان، بی‌تفاوتی مردم محلّی، سختی‌ها و شدائد بی‌شمار، بی‌عدالتی آشکار و انزوای محض آن قدر برای تبعیدی‌ها مشکل بود که بتوانند راجع به حادثهٔ ترسناک دیگری فکر کنند.

ولی تقدیر الهی را نبایستی هیچگاه با درجه‌ای پایین حدس زد. حضرت ربّ اعلی می‌فرماید: «خدا باید بندگان خود را امتحان کند بندگانرا روا نیست که با موازین مجعولهٔ خود خدا را آزمایش کنند.»[۳] از زمان‌های قدیم آموخته‌ایم که ارده الهی را نبایستی مورد سئوال قرار داد. به طوری که جمال اقدس ابهی می‌فرمایند:

> «لعمری ما قدّر من قلم التقدیر لاحبّائه الا ما هو خیرٌ لهم، بر این گفتار خداوند مقتدر عزیز و محبوب شاهد و گواه»
> (ترجمه)[۴]

در شفق هنگامی که تاریکی، افق مدیترانه را فرا گرفت میرزا مهدی هنوز در روی بام به دعا مشغول بود. او ابیات

قصیدهٔ ورقائیه را که یکی از مهیج‌ترین قصائد نازل از قلم اعلی در هنگام اقامت در کوه‌های سلیمانیه و شامل ۱۲۷ بند راجع به آلام و شدائد خود سروده‌اند تلاوت می‌نمود. قسمتی از این کلمات عالیات که از قلب پرالتهاب ملیک اسماء نازل شده چنین است:

فطوفان نوح عند نوحی کادمعی

و ایقاد نیران الخلیل کلوعتی

و حزنـــی ما یعقـــوب بثّ اقله

و کل بلاء ایوب بعض بلیتی(۵)

میرزا مهدی مفتون لحن غم عمیق کلمات پدر شده بود و در حالی که غرق تضرّع و هیجان بود بدون آنکه متوجّه باشد لغزید و تعادل خود را از دست داده و از پنجرهٔ نورگیر بر روی صندوق چوبی که در طبقهٔ پایین قرار داشت برخورد نمود. او در محیطی افتاد که اتاق نشیمن و نزدیک آشپزخانه بود. در آن موقع هیچکس در آنجا نبود.

صدای برخورد و نالهٔ غصن اطهر فوراً توجّه کسانی را که نزدیک بودند جلب کرد و آنها با شتاب آمدند که ببینند چه اتّفاقی افتاده است. از دیدن آن صحنه همه دچار هول و هراس شدند و آنچه را که می‌دیدند به سختی باور می‌کردند. چرا تقدیر الهی بایستی یک چنین تراژدی را بر مصائب آنها بیفزاید؟ و چه حکمتی در ورای این بدبختی جدید وجود دارد؟

ما در ذهن خود می‌توانیم تصوّر کنیم که آنها چه دیدند. از دهان میرزا مهدی خون زیادی بیرون می‌ریخت. صندوق چوبی شکسته شده بود و تکّه‌ها و خرده‌های چوب در دنده‌ها و ران او فرو رفته بود به حدّی که بیرون آوردن لباسش غیرممکن بود و مجبور شدند لباس را پاره کنند.

نوّاب (آسیه خانم) مادر میرزا مهدی با ضعف و گریان به بالین پسر خود که در زیر پنجرهٔ نورگیر بر زمین افتاده بود، رفت. با دیدن پسرش غرقه در خون، در هول و نگرانی غوطه ور شده و بیهوش گشت.(۶) در این حال میرزا مهدی با وجود جراحت شدید او را دلداری می‌داد.

حضرت بهاءالله هم به بالین میرزا مهدی آمدند. بهائیّه خانم چنین نقل می‌کند:

«جمال مبارک با شنیدن صدای اضطراب و آشوب درِ اتاق خود را باز نموده و به بیرون نظر افکندند. هنگامی که به بالین میرزا مهدی رسیدند فرمودند «مهدی رفته است!» و بازگشته و به اتاق خود مراجعت نمودند.»(۷)

(ترجمه)

حسین آشچی آشپز عائلهٔ مبارکه و یکی از مؤمنین باوفا در قسمتی از شرح واقعهٔ اسفناک سقوط و درگذشت میرزا مهدی چنین بیان می‌کند:

«از هیبت صدا و ناله جمیع از اتاق‌ها خارج گشتند و دست تحسّر از قضا و تقدیرات الهی بر سر زدیم. در آن حین جمال قدم جلّ کبریائه از اتاق بیرون تشریف

آوردند و ملاحظه فرموده و فرمودند که آقا چه کردی، چه شد افتادی. معروض داشتند که من همیشه در بالای بام به قدم شمرده بودم و ملتفت بودم که به آن منفذ می‌رسم ولی امشب قضا و قدر چنین شد که از خاطرم رفت. »[۸]

چندین سال بعد اِفی بیکر خانم استرالیایی که برای زیارت به ارض اقدس رفته بُود، برای بهائیان استرالیا نوشت:

«حضرت بهاءالله و مادر میرزا مهدی صدایی شنیدند و جمال مبارک فرمودند "این مهدی من است، او قربانی شد." آنها به طرف حادثه رفتند و او بر روی زمین افتاده و استخوان‌هایش شکسته بود. او را به یک اتاق برده و بر روی تختخوابی قرار دادند. »[۹] (ترجمه)

سال‌ها بعد "پیراهنی را که حضرت بهاءالله به تن داشتند و با حضور در کنار میرزا مهدی که در حال صعود بود به خون وی آغشته شده بود" توسّط حضرت شوقی افندی به محفل روحانی ملّی بهائیان عراق اهدا گردید.[۱۰]

میرزا مهدی را که هنوز به هوش بود با احتیاط کامل به اتاقش بردند.[۱۱] همه با حالت نومیدی به دور بستر او جمع شده بودند.

یک دکتر ایتالیایی را فرا خواندند ولی جراحات میرزا مهدی به قدری وخیم بود که او نتوانست کاری از پیش ببرد و بیمارستانی هم در عکّا وجود نداشت. نجابت و اصالت

میرزا مهدی بر همه کس آشکار بود از جمله آنکه در هنگام درد فوق‌العاده از همهٔ کسانی که به دیدنش آمده بودند، معذرت خواست.

یکی از شهود به خاطر آورد که "علیرغم درد و عذاب شدید، او با همهٔ کسانی که به بسترش آمده بودند با وجود ضعف به گرمی برخورد کرده لطف و محبّت بسیار بخشید و از همه پوزش طلبیده گفت که خجل است که در مکانی که همه نشسته‌اند او در حضورشان خوابیده است."(۱۲)

حضرت عبدالبهاء که غرق پریشانی و غم و اندوه بودند با چشمانی اشکبار به حضور جمال قدم مشرّف شده و در مقابل پاهای مبارک زانو زده و ملتمسانه رجای شفای برادر جوان شان را نمودند. جمال مبارک فرمودند:

«یا غصن الاعظم دعه بربّه.»(۱۳) لفظاً یعنی ای غصن اعظم او را به خدایش واگذار.

نبیل مورّخ بهایی می‌گوید که نوّاب ستمدیده نیز به حضور جمال مبارک رفته زانو زد و استدعا نموده گفت:

«ای سرور من درخواست می‌نمایم که این فدیه را از جانب من بپذیرید. جمال اقدس ابهی التفات و بخشش خود را بر او عطا نموده و فرمودند: صبور باشید. آسیه خانم جواب داد، آنچه که موجب مسرّت شما است در حقیقت آرزوی قلبی من است و راضیم به رضای شما.»(۱۴)

جمال مبارک به اتاق میرزا مهدی تشریف برده و مدّت طولانی با فرزند دلبندشان خلوت نمودند. نمی‌دانیم بین حبیب و محبوب چه گذشته است. پدر و پسر محتویات صحبت را به عوالم الهی بردند. این آخرین ملاقات خصوصی میرزا مهدی در آن اتاق تنها با مظهر ظهور کلّی الهی در روی زمین بود و در همین حال احبّای مضطرب در خارج از اتاق در حال زاری و دعا بودند. با توجّه به جراحات شدید و عذاب میرزا مهدی که این ملاقات و صحبت را غیرممکن می‌ساخت، حضرت بهاءالله با قدرت الهی خود چه پیشنهادی به پسرشان برای از بین بردن عذاب و مرگ غیرقابل اجتناب او نمودند؟ آیا جمال مبارک شگفتی‌ها و عوالم الهی را به او نشان دادند؟ آیا منظور نظر آن بود که با این قربانی احبّاء آزاد گردند؟ شاید هدف، اتّحاد بشریّت بود که حیات میرزا مهدی برای آن فدا گشت. آیا کلام ادا شده کلماتی از دلداری بود که یک پدر در چنین وضعیّت به پسر خود می گوید؟ می‌دانیم که مظهر ظهور کلّی الهی آن قدرت را داشت که افراد را به حیات مجدّد باز گرداند. (همانطور که در داستان میرزا جعفر در فصل هفتم دیده‌ایم) و همینطور می‌دانیم که هنگامی که میرزا مهدی هنوز به هوش و در بستر مرگ بود جمال مبارک از او سؤال فرمودند که آیا مایل است ایشان حیات او را نجات دهند.

جمال مبارک سؤال فرمودند:

"آرزوی شما چیست؟ آیا مایلی که زنده بمانی یا موت را ترجیح می‌دهی؟ میل و آرزویت را به من باز گوی. "

غصن اطهر با علوّ طبع جواب داد: "من اهمیّتی به زنده ماندن نمی‌دهم، تنها یک آرزو دارم. می‌خواهم که به احبّاء اجازه داده شود که به شرف لقای محبوب خود فائز شوند. آیا این قول را به من می‌دهید؟ این تنها چیزی است که می‌خواهم."

حضرت بهاءالله این درخواست فداکارانهٔ پسر خود را قبول و وعدهٔ اجرای آن را دادند.(۱۵)

جمال اقدس ابهی با محترم شمردن آرزوی میرزا مهدی و امتناع خود از نجات جان فرزند بایستی دلشکسته باشند، در حقیقت تجلّی ظهور خداوند واقعیاتی را ملاحظه می کند که مردم عادّی نمی‌توانند تصورّش را نمایند. حضرت بهاءالله چندی بعد چنین مرقوم داشتند: «انا لو نذکر اسرار صعودک لینتبهنّ اهل الرّقود و یشتعلنّ الوجود بنار ذکر اسمی العزیز الودود.»(۱۶)

در پی آن شب سهمگین برای میرزا مهدی و عائلهٔ مبارکه، او روز بعد خواهش نمود که با احبّاء ملاقات نماید و آنها را با نهایت عشق و محبّت پذیرفت ولیکن جراحاتش آنقدر شدید بود که در شب آن روز، مرگ او را در ربود. عذاب و درد غصن اطهر ۲۲ ساعت طول کشید. میرزا مهدی در روز پنجشنبه ۲۳ ژوئن سال ۱۸۷۰ میلادی هنگامی که ۲۲ ساله بود، آنچنان ناگهانی و غم‌انگیز به ملاء اعلی صعود نمود.

غیرممکن است که عمق و میزان بهت و حیرتی که عموم را در آن زمان فرا گرفته بود، شرح داد. جمال مبارک پدر و مولای عزیزش با این فقدان ناگهانی و بی‌موقع شدیداً محزون

بودند و شنیده شد که با تاسف می فرمودند: «مهدی، ای مهدی!»(۱۷)

برای نوّاب این پنجمین بار بود که او پسری را در طول عمرش از دست می‌داد. سه بار در ایران، یک بار در بغداد و اکنون میرزا مهدی را در یک سربازخانهٔ نظامی. بدون شک این یک مصیبت و یک آزمایش بسیار سنگین برای تحمّل یک مادر و یک فرد مؤمن بود. او که با غم خود دل‌شکسته و تسلّی‌ناپذیر بود، تنها هنگامی استقامت یافت که جمال مبارک به او فرمودند که پسرشان را به جهت آن از دست دادند که احبّاء بتوانند مولای محبوب خود را آزادانه زیارت نمایند و این در حقیقت در نزد خداوند منّان عملی شایسته بود. بر طبق گفتهٔ بهائیّه خانم:

> «والدهٔ معظمه غصن اطهر پس از در گذشت غم انگیز فرزند دلبند خود اسیر ماتم و حرمان شدید شد و آنی از گریه و زاری فراغت نداشت وقتیکه جمال مبارک او را مطمئن ساختند که خداوند فرزندش را بعنوان فدیه قبول نموده تا زائرین بتوانند به لقای محبوبشان نائل شوند و تمام اهل عالم به روح تازه مبعوث گردند آن والدهٔ شریفه اضطرابش به سکون تبدیل شد و گریه و زاری پایان یافت.»(۱۸)

سرکار آقا حضرت عبدالبهاء نیز که مصاحب و همدم نزدیک میرزا مهدی در ایّام تبعید بود در آن اشک‌ریزی و ماتم همگانی بسیار محزون بود، همچنین بهائیّه خانم خواهر بزرگتر

و نازنین میرزا مهدی. دریایی از حزن و غم همه کس را در برگرفته بود.

بهائیّه خانم از آن لحظات مصیبت‌انگیز چنین نقل کرده‌اند:

«بعد از آن همه عذاب صبورانه روح لطیف برادرم به پرواز درآمد. چون ما نمی‌توانستیم سربازخانه را ترک کنیم به همین علّت نمی‌توانستیم او را دفن نمائیم و همچنین نمی‌توانستیم توسّط سایرین یک خاکسپاری مناسب و محترمانه برایش برپا سازیم زیرا هیچ نوع اسبابی که حتّی برایش تابوتی تهیّه کنیم نداشتیم. بعد از چندین بار ملاحظه و مشورت در بین خودمان که چیزی هم برای فروش و خریدن کفن و تابوت وجود نداشت به مولایمان مراجعه و وضعیّت را بیان نمودیم. ایشان فرمودند قالیچه‌ای در اتاق است که می توانید آن را به فروش رسانید. ابتدا ما شبهه داشتیم که قالیچه یعنی تنها وسیلهٔ استراحت ایشان را برداریم ولی ایشان اصرار فرمودند و ما آن قالیچه را فروختیم و تابوت و کفنی تهیّه نمودیم و جسد برادرم را در آن نهادیم. سپس آن تابوت توسّط زندانبانان به خارج حمل شد و ما نمی‌دانستیم آن را به کجا بردند.»[۱۹]

یک شاهد عینی آماده نمودن برای خاکسپاری را چنین توصیف نموده است:

«...شیخ محمود مذکور حضور حضرت مولی الوری روح ماسوی فدا عرض نمود که آقا من نمی‌خواهم که

اهل عکّا این هیکل لطیف نازنین الهی را غسل دهند. من می‌خواهم به دست خودم این خدمت را انجام دهم و این شرافت را حاصل نمایم. قبول فرمودند. بعد در وسط قشله چادری زده شد و در وسط چادر آن هیکل مظلوم را بر روی تخت تازه گذاردیم و شیخ محمود مشغول به غسل شد. و احبّای الهی مانند پروانه، طائف حول آن سراج الهی به تضرّع و ابتهال و ناله و حنین که وصف نتوان نمود. و حقیر مشغول به آوردن آب و امور غسل گاهی بالا و گاهی پایین ملاحظه می‌شد که حضرت مولی الوری روحی لاحزانه الفداء در خارج چادر مشی می‌فرمودند. در نهایت اضطراب و عجله و در وجهۀ مبارک به قسمی آثار حزن نمودار بود که از وصف خارج است. اشک چشم از شدّت تأثّر خشک شده بود.

بعد از اتمام غسل و کفن، آن طیر الهی را در جوف تابوت تازه‌ای نهادیم. باری اهل سرادق ابهی و احبّای الهی در آن حالت چه نمودند و چون به دوش گرفتند صیحه و ناله به عنان آسمان رسید و قیامتی برپا شد و با حالت توجّه و توسّل و با عزّت و سکون در خارج قلعۀ عکا در نبی‌صالح آن وجود مقدس استقرار یافت.»[۲۰]

خانم بهاریه روحانی معانی چنین گفته است:

«بدن غصن اطهر در سربازخانه در پیش دیدگان حضرت بهاءالله شسته شد. محدودیّت‌های سنّتی برای

زنان آسیه خانم را ناگزیر ساخت که در طبقۀ بالای سربازخانه در جایی که خانواده زندگی می کردند، دور از محلّ شستشوی فرزند باقی مانده و گریه و ندبه نماید.»[۲۱] (ترجمه)

به احبّاء اجازه ندادند که تابوت را تا محلّ دفن همراهی نمایند و گزارش شده است که محلّ دفن تا دو سال برای آنها نامعلوم بود.[۲۲] نقل شده است که بزرگان عکّا در مراسم تدفین شرکت کردند.[۲۳] معهذا احبّاء توانستند از دور جمعیّت کوچکی را ببینند که یار تبعیدی آنها یعنی فردی که حضرت شوقی افندی او را «ساذج وفا و غصن دوحۀ بقا»[۲۴] نامیده اند حمل می کردند و از دروازه زمینی که او هیچوقت از آن خارج نگردیده بود، به خارج بردند. رمس مطهّرش در گورستان نبی‌صالح در خارج از قشلۀ عکّا به خاک سپرده شد.
بعد از رجوع نگهبانان به زندان زلزلۀ شدیدی در شعاع وسیعی از آن سرزمین رخ داد. این زلزله که در ناصره هم احساس گردید به مدّت سه دقیقه ادامه داشت و مردم را به ترس و وحشت انداخت. حضرت بهاءالله در لوح مبارکی که به مناسبت شهادت فرزند خود نازل فرمودند وقوع زلزله را این چنین تأیید می‌فرمایند:

«باستقرارک علی الارض تزلزلت فی نفسها شوقاً للقائک کذلک قضی الامر ولکن النّاس لایفقهون.»[۲۵]

بعد از فدا شدن میرزا مهدی به زودی شدائد زندان تخفیف یافت. در نوامبر سال ۱۸۷۰ میلادی در اواسط پاییز یعنی در

حدود چهار ماه پس از آن تراژدی، آرزوی او واقع شده و خداوند به خواستهٔ او پاسخ عنایت فرمود و این حادثه‌ای بود که حضرت بهاءالله با این کلمات خطاب به آن غصن شهید پیش‌بینی فرموده بودند: «انک انت ودیعةالله و کنزه فی هذه الدّیار سوف یظهرالله بک ما اراد انّه لهو الحق علّام الغیوب.»[۲۶]

میرزا مهدی جان خود را فدا نمود تا بهائیان بتوانند به محضر جمال مبارک دسترسی یافته و مسرور شوند.

دولت ترکیه به علّت کشمکش با کشور روسیه مجبور گردید که ارتش خود را از نو سازماندهی نموده و بار دیگر سربازخانهٔ عکا را برای تسهیلات ارتش به کار برد. به این ترتیب چند هفته بعد از شهادت میرزا مهدی سربازخانهٔ عکّا مملوّ از سربازان و وسایلشان شده بود. دیوید روح چنین روایت می کند:

«حضرت بهاءالله به شلوغی و مشکلاتی که سربازان به وجود می‌آوردند، اعتراض نمودند، بدین جهت در نوامبر سال ۱۸۷۰ میلادی حکمران اجازه داد که مسجون اعظم و پیروانشان سربازخانه را ترک نموده و در شهر در تحت حصر و نظارت زندگی کنند.»[۲۷] (ترجمه)

بهائیه خانم این چنین به خاطر می‌آورند:

«چندی پس از صعود میرزا مهدی، جمال مبارک که هیچگاه با مقامات دولتی برای امور جاری دیدار و

گفتگو نمی‌کردند (چون این امور کلاً به عهدهٔ حضرت عبدالبهاء واگذار شده بود) اظهار تمایل فرمودند تا با حکمران ملاقات نمایند. ضمناً باید گفت درخواست برادرم در هنگام مرگ که احبّاء اجازه یابند که به زیارت محبوب خود نائل شوند توسّط یکی از نگهبانان که در آنجا حاضر و شنیده بود به گوش حکمران رسید و احتمالاً در وی اثر نموده و موافقت او را برای ملاقات با حضرت بهاءالله جلب نمود. در هر حال با این درخواست موافقت شد و حضرت بهاءالله در محلّ انجمن شهر با حکمران و افسرانش ملاقات نمودند. ایشان راجع به جدائی از همراهان و اندوه و ناراحتی آنان و همچنین راجع به درخواست فرزند فقیدشان در بستر مرگ آنچنان با فصاحت و قدرت صحبت فرمودند که حکمران متأثّر شده و با درخواست موافقت نمود.

در نتیجه ما سربازخانه را ترک نمودیم. خانهٔ راحتی با سه اتاق و حیاط به ما داده شد. سایرین نیز در شهر منزل گرفتند و هر کس مایل بود، می‌توانست بیاید و مشرّف شود ولی از پدرم خواسته شده بود که در منزل باشند.»[۲۸] (ترجمه)

از جزئیات می‌گذریم، به هر صورت پس از صعود غصن اطهر درهای زندان باز شد و زائرین به مظهر ظهور الهی دسترسی یافتند. به این ترتیب همهٔ تبعیدی‌ها در حالی که

خاطرهٔ چهار نفری را که نتوانسته بودند از سربازخانه خارج شوند، با خود به همراه داشتند، سربازخانه را ترک نمودند. و آنها عبارت بودند از محمّد اسمعیل، محمّد باقر، ابوالقاسم و میرزا مهدی.

با این آزادی شکوهمند زائرین بهایی بالاخره توانستند به حضور مولای خود و مظهر ظهور کلّی خداوند نائل شوند. همان‌گونه که در لوحی فرموده‌اند:

«فی الحقیقه امروز روز مشاهده و اصغاء است. هم ندای الهی مرتفع است و هم انوار وجه از افق ظهور مشرق و لائح. باید جمیع آنچه شنیده شده محو نمود و به عدل و انصاف در آیات و بیّنات و ظهورات ناظر شد.»(۲۹)

۱۰- فداکاری عظیم و رهایی‌بخش غصن اطهر

حضرت بهاءالله در یوم شهادت میرزا مهدی لوحی خطاب به احبّای قزوین نازل فرمودند که در آن غم و اندوه خویش را بیان و به مقام شامخ آن «غصن الله الاطهر»[۱] و «ودیعة الله و کنزه فی هذه الدّیار» که «من خلق من نورالبهاء»[۲] است گواهی داده‌اند:

«الاقدس الابهی

هذا حین فیه یغسلون الابن امام الوجه بعد الذی فدیناه فی السجن الاعظم بذلک ارتفع نحیب البکاء من اهل سرادق الابهی و نوح الّذین حبسوا مع الغلام فی سبیل‌الله مالک یوم المیعاد فی مثل هذه الحالة مامنع القلم عن ذکر ربّه مالک الامم یدع الناس الی الله العزیز الوهّاب. هذا یوم فیه استشهد من خلق من نورالبهاء اذکان مسجوناً بایدی الاعداء علیک یا غصن‌الله ذکرالله و ثنائه و ثناء من فی جبروت البقاء و ثناء من فی ملکوت الاسماء طوبی لک بما وفیت میثاق الله و عهده الی ان فدیت نفسک امام وجه ربّک العزیز المختار انت المظلوم و جمال القیوم قد حملت فی اوّل

میرزا مهدی، غصن اطهر

ایّامک فی سبیل الله ما ناحت به الاشیاء و تزلزلت الارکان طوبی لمن یذکرک و یتقرّب بک الی الله فالق الاصباح...»^(۳)

نظریه حضرت شوقی افندی در مورد معنای عمیق قربانی شدن میرزا مهدی بر آنست که آن فدا شدن، قوای روحانی لازم برای وحدت بشر را آزاد ساخت: «در مناجاتی که از قلم اعلی در وصف آن غصن دوحهٔ بقا نازل، شهادت آن نفس مقدّس را به مثابه قربانی فرزند حضرت خلیل در سبیل ربّ جلیل و جانبازی حضرت روح بر صلیب و شهادت حضرت سیّد الشهداء در ارض طفّ که در ادوار سابقه و ظهورات ماضیه موجب تطهیر و نجات احزاب و ملل مختلفه بوده در این عصر اعظم علّت حیات عالم و حصول وحدت اصلیّه در انجمن بنی آدم شمرده‌اند.»^(۴)

ادیب طاهرزاده مورّخ بهایی در جلد سوّم از کتاب نفحات ظهور حضرت بهاءالله دربارهٔ اهمیّت شهادت میرزا مهدی در ردیف سلسله ظهورات مستمر الهی می‌نویسد:

حضرت ولی امرالله در مقام دیگر می‌فرمایند: «در کور بیان حضرت ربّ اعلی روحی لرشحات دمهم الاطهر فدا حاضر و مهیّای فدا جهت تطهیر و استخلاص اهل عالم گشتند و به قربانگاه فدا شتافتند و در این کور بدیع حضرت غصن الله الاطهر به فرمودهٔ جمال قدم و اسم اعظم جام شهادت را بنوشید تا باب لقاء بر وجه اهل بهاء مفتوح گردد و عالم و عالمیان حیاتی جدید یابند و وحدت اصلیه در جامعهٔ بشریه تحقّق پذیرد و وحدت

عالم انسانی اعلان گردد و عالم ادنی آئینهٔ ملکوت ابهی شود.»[۵]

و سرانجام مناسب است که مصائب دوران عمر این وجود بی‌نظیر را در کلمات حضرت بهاءالله هنگامی که ایشان با خالق خود در مناجات‌های ذیل به راز و نیاز ناطق بودند به خاطر آوریم:

«سُبْحانَكَ اللَّهُمَّ يا إِلهِي تَرانِي اليَوْمَ فِي السِّجْنِ بَيْنَ أَيْدِى أَعْدائِكَ وَالابْنَ عَلَى التُّرابِ أَمامَ وَجْهِكَ، أَى رَبِّ هذا عَبْدُكَ الَّذِى نَسَبْتَهُ إِلى مَطْلَعِ ذاتِكَ وَمَشْرِقِ أَمْرِكَ إِذا وُلِدَ ابْتُلِيَ بِالفِراقِ بِما جَرَى عَلَيْهِ حُكْمُ قَضائِكَ، وإِذَا شَرِبَ رَحِيقَ الوِصالِ ابْتُلِيَ بِالسِّجْنِ بِما آمَنَ بِكَ وَبِآياتِكَ، وَكانَ يَخْدُمُ جَمالَكَ إِلى أَنْ وَرَدَ فِى هذا السِّجْنِ الأَعْظَمِ، إِذاً يا إِلهِي فَدَيْناهُ فِي سَبِيلِكَ، وَتَرَى ما وَرَدَ عَلَى أَحِبَّائِكَ فِي هذِهِ المُصِيبَةِ الَّتِي فِيها ناحَتِ القَبائِلُ وَمِنْ وَرائِها أَهْلُ الْمَلأِ الأَعْلى...»[۶]

و باز می‌فرمایند:

«سبحانک اللّهم یا الهی ترانی بین ایادی الاعداء و الابن محمّراً بدمه امام وجهک، یا من بیده ملکوت الاسماء ای ربّ فدیت ما اعطیتنی لحیوة العباد و اتّحاد من فی البلاد.»[۷]

و ایضاً می‌فرمایند:

«طوبی لک و لمن یتوجه الیک و یزور تربتک و یتقرّب بک الی الله رب ماکان و مایکون... اشهد انک رجعت مظلوماً الی مقرک، طوبی لک و للّذین تمسکوا بذیلک الممدود.»[۸]

بیت العدل اعظم الهی در سال ۱۹۷۰ میلادی بمناسبت صدمین سال شهادت غصن اطهر که فداکاریش به عنوان "فدیه ای" برای "احیاء عالم و اتحاد امم" مورد قبول حضرت بهاءالله قرار گرفت از قاطبه یاران الهی در سراسر عالم دعوت فرمودند که در اقامه دعا و مناجات همدم و همقدم گردند.[۹]

در ذیل گزارشی از جلسه یادبودی برجسته و محترمانه در مرکز جهانی بهائی ملاحظه می‌شود:

«در صبح روز ۲۳ ژوئن سال ۱۹۷۰ میلادی در یکصدمین سالروز فوت غم‌انگیز میرزا مهدی غصن اطهر، ایادی امرالله جناب پل هنی به اتّفاق اعضاء بیت العدل اعظم الهی در سربازخانه (محل زندان) عکّا مجتمع شدند که در سلولی که جمال اقدس ابهی پس از ورود به عکّا در سال ۱۸۶۸ میلادی به مدّت دو سال و دو ماه و پنج روز در آن ساکن و زندانی بودند، دعا و نیایش نمایند. پس از آن از صحنهٔ شهادت غصن اطهر نیز بازدید و در آن محل مناجاتی تلاوت گردید.

این گروه بلافاصله به بهجی عزیمت و با سایر بهائیانی که در ارض اقدس مشغول خدمت هستند و به علاوه با حدود هشتاد نفر زائرینی که از کشورهای مختلف آمده بودند، پیوستند. همگی حرم اقدس را طواف کرده و سپس در مرقد حضرت بهاءالله زیارت نامه تلاوت نمودند. هنگام غروب این دسته از یاران در کوه کرمل در جوار دو مرقد غصن اطهر و والدهٔ مقدّسش نوّاب

(آسیه خانم) مجتمع و با قرائت آیات و تلاوت ادعیه و مناجات‌ها برنامهٔ یکصدمین سال شهادت غصن اطهر را به پایان رساندند.

به این ترتیب، در مرکز روحانی عالم بهائی یادبود یک جوان مقدّس که حیاتش برای احیای روح خادمان حضرت بهاءالله و تسریع وحدت و رهائی بشریت فدا گردیده است، گرامی داشته شد.»[۱۰] (ترجمه)

۱۱- زندگانی بدون میرزا مهدی

گورستانی که در ابتدا میرزا مهدی را در آن به خاک سپردند در سمت دیوار شرقی شهر عکّا و ۶۰۰ متر دور از سربازخانه و نزدیک دروازهٔ زمینی عکّا قرار دارد. مرقد او مجاور مقبره مردی روحانی به نام نبی صالح که مکان مقدّس شهر شمرده می‌شد، قرار داشت. به خاک سپردن میرزا مهدی در آن محل بسیار غیرمعمول بود، نه دوستی، نه اعضاء خانواده و بدین جهت نه اشکی و نه گُلی... در آن روز گرم تابستان سربازان صندوق قهوه‌ای رنگ را در گوشه‌ای از گورستان نزدیک به مقبرهٔ نبی صالح بر زمین نهادند. گویا این عمل توجّه بعضی از افراد را جلب نمود زیرا گزارش شده است که بعضی از افراد برجستهٔ شهر در جریان این خاکسپاری قرار گرفتند و بدین جهت آنها یک نوع مراسم مذهبی را در محل دفن برگزار کردند.

احتمالاً این آرامگاه اوّلیّه توسّط زائرینی که به ورود به سجن اعظم و به شرف لقای حضرت بهاءالله نائل نمی‌شدند، زیارت و در آنجا مناجاتی تلاوت می‌گردید. و این بیان

زندگانی بدون میرزا مهدی

مبارک جمال اقدس ابهی برآورده می‌شد که فرموده‌اند: «...طوبی لک و لمن یتوجه الیک و یزور تربتک و یتقرّب بک الی الله...»[1] آنها باید با نهایت غم و اندوه و همچنین با تکریم به آرامگاه انفرادی که در جوار زیارتگاه قرار داشت نزدیک شده باشند. این تنها مکان مقدّس در ارض اقدس بود. با گذشت زمان و به خاک سپردن ۱۳ نفر دیگر از احبّاء که در عکّا در طول ۱۲ سال درگذشتند و همجوار با غصن اطهر دفن شدند بر تعداد آرامگاه‌های گورستان نبی صالح افزوده گردید.

خاطرهٔ میرزا مهدی پیوسته در افکار احبّاء در سال‌های پس از فوت و به خاک سپاریش زنده بود و با تأثّر ادامه می‌یافت. یکی از بهائیانی که خاطره‌ای قوی از غصن اطهر داشت نبیل قائن ساکن ناصره بود. او چند سال قبل حضرت بهاءالله را در سربازخانه زیارت نموده بود (به فصل هشتم رجوع شود) و در ناصره که در فاصلهٔ ۳۲ کیلومتری عکّا قرار داشت شاهد وقوع زلزلهٔ شدید در هنگام خاک سپاری غصن اطهر بود. (به فصل نهم رجوع شود.) احبّاء میرزا مهدی را با احترام «مهدی افندی» و یا «حضرت غصن اطهر» می‌نامیدند.

روزی نبیل قائن در بازار عکّا راه میرفت که مواجه با تعدادی از احبّاء و همچنین گورکن محلی به نام حاجی احمد شد. نبیل اصرار ورزید که آنها همراه او به گورستان نبی صالح بروند. در آنجا او به آنها گفت: «من از تو (حاجی احمد) خواهشی دارم و آن اینست چون از این عالم به جهان دیگر انتقال نمایم قبر من را در اینجا بکن یعنی در جوار حضرت غصن اطهر.»[2] نبیل قائن صبح روز بعد فوت کرد و

آرزوی او برآورده شد.

میرزا مهدی با فوت خود خلائی باقی گذارده بود که پُر ساختن آن مشکل بود. او که مورد مهر و محبّت عمیق والدین، برادر، خواهر و همهٔ تبعیدی‌ها بود، پیکر و سیمای آشنایش از محیط زندان ناپدید گشته بود. تجمّعات روحانی که او در آنها الواح جدید نازله را با دوستان در میان می گذارد دیگر تشکیل نمی‌شد. محیط دلتنگ کنندهٔ سربازخانه از غم و غصّه ایّام بغداد تا ادرنه و زندان پُر شده بود. او اینک غایب بود و قادر نبود که همراهان را در اوقاتی که بدبختی‌های تبعید و زندان بر آنها چیره می گشت، دلداری دهد. آن فرصت‌هایی که آنها با خنده و امید گذرانده و با هم غذا می‌خوردند حال ناگهان تبدیل به دوره‌ای از اندوه عمیق و ماتم و سوگواری شده بود. این زندانی‌ها سرانجام توانستند یک نوع آرامش را با تفکّر اینکه میرزا مهدی مانند یک فرشتهٔ محافظ از بالا از آنها مواظبت می کند، بپذیرند. تهی بودن آنها با احساس حضور او در هر لحظه و در هر گوشه از زندان مبدّل به اطمینان می‌شد. به تدریج افکار تبعیدی‌ها مانند عنقا که پس از سوختن از خاکستر برمی‌خیزد بر وعدهٔ الهی تمرکز یافت که با تشکّر از میرزا مهدی بایستی از این اسارت ناعادلانه آزاد شوند و در اثر این تفکّر احساس آرامش می‌نمودند. پس از آن دیگر دلیلی برای مغموم بودن نبود زیرا میرزا مهدی خود مرگ را انتخاب نموده بود تا آنها بتوانند مسرور باشند.

به طوری که در صفحات قبل اشاره شد، فوت میرزا مهدی

به سختی در زندگی مادرش آسیه خانم با لقب نوّاب اثر گذارد. بر طبق روایت یکی از اعضاء فامیل:

«هنگامی که غصن اطهر... از بام به پایین افتاد و فوت کرد بهائیان اجازه نیافتند که او را به خاک سپارند، پس چهار نفر سرباز آمدند و پیکر او را به بیرون بردند و عائلهٔ مبارکه برای دو سال نمی‌دانستند که آیا او را به دریا انداخته‌اند و یا اینکه سربازان با او چه کرده‌اند. آسیه خانم طبیعتاً از مرگ او بسیار محزون و غمگین بود و یک چنین شرایط به قدری او را بیمار ساخت که دچار عارضهٔ قلبی شد به طوری که برای مدّت طولانی نمی‌توانست راه برود و مجبور بود که فقط در بسترش بنشیند.

ولی هنگامی که جمال مبارک به او فرمودند: « به خاطر من این واقعه بر او حادث گشته است و او متحمل غم و اندوهی شده است که بر من وارد می گشت.» از آن روز دیگر کسی گریهٔ مادر را ندید و او کاملاً مسرور و امیدوار بود و این صرفاً به علّت ایمان و قدرت روحی او بود.»[۳] (ترجمه)

همان گونه که قبلاً ذکر گردید چند ماه پس از حادثهٔ میرزا مهدی، عائلهٔ مبارکه و کلیّهٔ بهائیان زندانی قشله را ترک نمودند. عائلهٔ مبارکه مرتّباً از یک منزل اجاره‌ای به منزل دیگر در شهر زندان نقل مکان می‌یافتند تا سرانجام توانستند خانهٔ عودی خمّار را در سپتامبر سال ۱۸۷۱ میلادی در عکّا اجاره

میرزا مهدی، غصن اطهر

کنند. خانه به قدری کوچک بود که ۱۳ نفر مرد و زن مجبور بودند در یک اتاق زندگی کنند ولی به هر صورت برای خانواده یک منزل معیّن برای حدود دو سال بود.

والدین میرزا مهدی همان درد و رنجی را متحمّل شدند که هر پدر و مادر دیگری در هنگام خاک‌سپاری فرزند خود احساس می‌کنند. زندگانی بدون او در سال‌های آینده با وجود خلاصی از زندان اندوه‌آور بود و فقط با به یاد آوردن حیات شریف او می‌توانست بهبود یابد. آنچه که برای آنها باقی‌مانده بود، پیراهن خون‌آلود غصن اطهر بود که مجبور بودند آن را پاره کنند تا بتوانند از بدن او خارج نمایند، یک کاسۀ کوچک محتوی پنج ریگ صاف که در جیب او یافتند و یک عصای کوچک ظریف. اینها تنها دارایی مادّی او بود که توسّط عائلۀ مبارکه نگهداری شده و اکنون در ساختمان آرشیو بین‌المللی در کوه کرمل در معرض تماشای زائرین است که توسّط آن می‌توانند تا اندازه‌ای از مصائب و آلامی که میرزا مهدی در زندان تحمّل نمود، مطّلع شوند. همچنین الواحی که دستخطّ او می‌باشد در مرکز عالم بهائی نگهداری می‌شود.

برای نوّاب مانند هر مادر دیگر فقدان جوان‌ترین و شاداب‌ترین فرزند موجب رنج و اندوه فراوان بود و او ۱۶ سال آخر عمر را با این مصیبت غم‌انگیز تحمّل نمود. مطمئنّاً این مناجات حضرت بهاءالله درمانی بود که غم و غصّۀ او را تسکین می‌بخشید:

«ایربّ اسئلک به و غربته و سجنه بان تنزل علی احبائه ما تسکن

به قلوبهم و تصلح به امورهم، انک انت المقتدر علی ماتشاء لا اله الا انت المقتدر القدیر.»[۴]

مظهر ظهور الهی حضرت بهاءالله و همسر نوّاب به طور کامل از اعماق درد ایشان به عنوان یک مادر و اینکه او چگونه سعی نموده بود با وجود داغدیدگی و فقدان فرزند، فرمان خداوند را قبول نماید مطّلع بودند. جمال مبارک برای مادر دیگری که فرزندش را از دست داده بود، لوحی نازل فرمودند که مملوّ از شفقت و دلسوزی بوده و برای او حقیقت روحانی زندگی را بیان می‌فرمایند:

«یا ثمرتی و یا ورقتی علیک بهائی و رحمتی محزون مباش از آنچه وارد شده اگر در دفتر عالم نظر نمائی مشاهده کنی آنچه را که همّ و غم را رفع نماید.
یا ثمرتی دو امر از آمر حقیقی ظاهر و این در مقامات قضا و قدر است اطاعتش لازم و تسلیم واجب، اجلیست محتوم و همچنین اجلیست بقول خلق معلّق امّا اوّل باید به آن تسلیم نمود چه که حتم است ولکن حق قادر بر تغییر و تبدیل آن بوده و هست ولکن ضرّش اعظم است از قبل لذا تفویض و توکّل محبوب.
و امّا اجل معلّق به مسئلت و دعا رفع شده و می‌شود. انشاءالله آن ثمره و من معها از آن محفوظند.
قولی الهی الهی اودعت عندی امانة من عندک و اخذتها بارادتک لیس لأمتک هذه ان تقول لم و بم لأنّک محمود فی فعلک و مطاع فی امرک ای ربّ انّ امتک هذه متوجّهة الی فضلک و عطائک

قدّر لها ما یقرّبها الیک و ینفعها فی کلّ عالم من عوالمک انّک انت الغفور الکریم لا اله الّا انت الآمر القدیم صلّ اللّهمّ یا الهی علی الّذین شربوا رحیق حبّک امام الوجوه رغماً لأعدائک و اقرّوا و اعترفوا بوحدانیّتک و فردانیّتک و بما ارتعدت به فرائص جبابرة خلقک و فراعنة بلادک اشهد انّ سلطانک لا یفنی و ارادتک لا تتغیّر قدّر للّذین اقبلوا الیک و لامائک اللآئی تمسّکن بحبلک ما ینبغی لبحر کرمک و سمآء فضلک انت الّذی یا الهی وصفت نفسک بالغنآء و عبادک بالفقر بقولک یا ایّها الّذین آمنوا انتم الفقرآء الی الله و الله هو الغنیّ الحمید فلمّا اعترفت بفقری و غنائک ینبغی ان لا تجعلنی محروماً عنه انّک انت المهیمن العلیم الحکیم.»(۵)

اندوه عمیق نوّاب سه سال بعد در سال ۱۸۷۳ میلادی با ازدواج تنها پسرش حضرت عبدالبهاء و زمانی که او یک مادربزرگ محبوب بود و با نوه‌هایش احاطه شده بود، تا اندازه‌ای تسکین یافت. افسوس که اوّلین نوهٔ پسری او که نامش نیز مهدی بود به علّت شرایط سخت عکّا درگذشت. حضرت بهاءالله و نوّاب دارای هشت نوه بودند ولی به علّت شرایط غیربهداشتی عکّا و بروز انواع بیماری‌ها فقط چهار نوهٔ دختری از حضرت عبدالبهاء باقیمانده و به سنّ بلوغ رسیدند.

حضرت ورقهٔ علیا (بهائیّه خانم) ازدواج ننمودند. تقاضای ایشان از پدر محبوبش که اجازه دهند زندگی ایشان وقف خدمت امرالله و مواظبت از والدین و برادر باشد، پذیرفته شد. او یک همراه و شریک نزدیک برای مادرش بود که به او در

ادارهٔ منزل کمک می‌نمود. همچنین به زائرینی که مرتّباً از ایران می‌آمدند یاری می‌رساند و برای مادرش در سرکشی به خانم‌ها و بچّه‌هایی که مشکل سلامتی داشتند یک مددکار واقعی بود. بهائیّه خانم در سال ۱۹۳۲ میلادی درگذشت.

آخرین سال‌های زندگی نوّاب مختص خدمت به امرالله بود. نوهٔ او طوبی خانم چنین روایت کرده است:

«اتاق آن حضرت ساده و خلوت بود. تختخواب سفید باریکی که در هنگام روز بعنوان نیمکت استفاده می‌شد و میز کوچکی که کتاب مناجات و سایر کتب مقدسه و قلمدان ایشان و اوراق کاغذ برای نگارش و نیز روسری آن حضرت و گاهی گلی در گلدان و بالاخره جامه دان آن حضرت که صندوقی منقّش بود روی آن قرار داشت.

حضرت بهاءالله فقط دو ردا از جنس پارچه پشمی ایران (برک) داشتند و انطور که بیاد می آورم اغلب اوقات مادربزرگم صرف وصله و رفو کردن لباسها و جوراب‌های مبارک میشد.

آن حضرت را در لباس آبی و نقاب سفیدی که بر سر داشتند و دمپائی ظریف مشکی رنگی که بر پاهای ظریفشان بود همواره بیاد می آورم.

صورت متبسم و شیرین و لحن زیبا و پر معنایش را هنگام تلاوت مناجات بخاطر می آورم.

میرزا مهدی، غصن اطهر

روزی غم انگیز هنگام مراجعت از درس و مدرسه مشاهده نمودم که همه با حالتی نگران مجتمع شده اند. از آنان سئوال کردم "چه خبر است؟"

"مادر بزرگت خیلی مریض است."

حضرت بهاءالله را مشاهده نمودم که به اتاق ایشان تشریف بردند و بعد از مدتی از اتاق خارج شدند. آن حضرت از ثقل حیات پردرد و غم و اندوه خویش از عالم ملک نجات یافتند. چقدر گریستیم. وجود زیبایش را از دست دادیم، محبت عاشقانه دائمی و خضوع و خشوع بی حدش او را برای همه ما محبوب و عزیز داشته بود.

ایشان دوست داشتنی و عزیز و پاک و منزّه، بسیار باهوش و از نظر روحانی بسیار قوی بودند. و بذله گوئی یکی از سجایای ایشان بود.

مشقات و نگرانیهای حیات، صحت و سلامت ایشان را مختل نموده بود و با وجودی که از نظر جسمانی ضعیف بودند تمام کوشش خویش را در انجام امور مبذول میداشتند.»(۶)

بنیه نوّاب با گذشت زمان تحلیل رفته بود. نوّاب در سال ۱۸۸۶ میلادی به علّت سقوط از یک بلندی در منزلش

درگذشت در حالی که همسر و فرزندانش بر بالینش بودند. اگر میرزا مهدی در قید حیات بود، ۳۸ سال داشت.

حضرت عبدالبهاء در توصیف نوّاب مرقوم داشته‌اند:

«...او در سبیل حق دچار مصائب و آلام شده و همه را با صبر و شکرگزاری به درگاه او تحمّل و خداوند را ستایش می‌نمود که او را قادر ساخته که صدمات را به خاطر بهاء بپذیرد.»(۷) (ترجمه)

حضرت شوقی افندی دربارهٔ مقام بی‌نظیر نوّاب با توجّه به آنچه در این مورد در کتاب مقدّس آمده چنین مرقوم فرموده اند:

«...سرانجام "قلم مرکز میثاق نیّر آفاق در لوحی از الواح در جواب سئوال یکی از یاران راجع به تفسیر اصحاح پنجاه و چهارم کتاب اشعیا صریحاً شهادت داده که این اصحاح راجع به ورقه علیا امّ عبدالبهاست و در این کتاب این آیات واضحات بیّنات مدوّن:

ذریّت تو امتها را تصرف خواهند نمود ... مترس زیرا خجل نخواهی شد و مشوّش مشو زیرا که رسوا نخواهی گردید . . . زیرا که آفریننده تو که اسمش رب الجنود است شوهر تو است و قدوس اسرائیل که بخدای تمام جهان مسمّی است ولیّ تو میباشد."

برای اثبات آن نوشته شده ". . . زیرا پسران زن بی کس از پسران زن منکوحه زیاده اند." حال در مورد بیان

میرزا مهدی، غصن اطهر

فوق و جملهٔ ذیل تفکر کنید: "و ذریت تو امّت‌ها را تصرّف خواهند نمود و شهرهای ویران را مسکون خواهند ساخت."

در واقع تحقیر و مصائبی که آسیه خانم (نوّاب) در راه حق تحمّل نمود، حقیقتی است که هیچکس نمی‌تواند آن را تکذیب کند زیرا مصیبت‌ها و مشقّاتی که در کلّ اصحاح اشعیا ذکر شده همان محنت‌هایی است که ورقهٔ علیا (مادر حضرت عبدالبهاء) متحمّل شد و همهٔ آنها را با صبر و شکیبایی و شکر به درگاه خداوند که او را قادر ساخت که صدمات را به خاطر بهاء بپذیرد تحمّل نمود. در تمام این مدّت مردان و زنان (ناقضین) او را با روشی ستمگرانه تحت اذیّت و آزار قرار دادند در حالی که او صبور و با ترس از خدا، آرام، متواضع و راضی به رضای حق و موهبت خالق خود بود."(۸)

در مراسم خاک‌سپاری او بسیاری از افراد برجستهٔ عکّا، رهبران مذهبی مسیحی و مسلمان شرکت داشتند و دانش آموزان مدارس با صدای بلند اشعاری را که مبتنی بر بیان غم و ماتم در فقدان این خانم مشهور بود، خواندند. او را در گورستان محلّی مسلمانان به خاک سپردند. زائرین و بازدیدکنندگان می‌توانند در ساختمان آرشیو بین‌المللی (در مرکز جهانی بهائی) در حیفا آثار باقیمانده از نوّاب مانند آینه، مو، دستمال، عینک و نامه‌هایش را مشاهده نمایند.

حضرت بهاءالله پس از فوت نوّاب الواح متعدّدی به افتخار

او نازل فرمودند. این الواح که توسّط حضرت شوقی افندی جمع‌آوری شده نشان می‌دهد که جمال مبارک به عنوان یک همسر و پیغمبر صفات برجستهٔ او را در طی سال‌های طولانی و سخت در تبعید و زندان توصیف و مواهب محبّت‌آمیز خود را نثار او می‌نمایند:

«اوّل روح به ظهرت الارواح و اوّل نور به اشرقت الانوار علیک یا ورقة العلیا المذکورة فی الصحیفة الحمراء انت التی خلقک الله للقیام علی خدمة نفسه و مظهر امره و مشرق وحیه و مطلع آیاته و مصدر احکامه و ایّدک علی شأن اقبلت بکُلک الیه اذ اعرض عنه العباد و الاماء.»

و همچنین می‌فرماید:

«طوبی لک یا امتی و یا ورقتی و المذکورة فی کتابی و المسطورة من قلمی الاعلی فی زبری و الواحی... افرحی فی هذا الحین فی المقام الاعلی و الجنة العلیا و الافق الابهی بما ذکرک مولی الاسماء نشهد انّک فزت بکل الخیر و رفعک الله الی مقام طاف حولک کلّ عز و کل مقام رفیع.»

در لوح دیگری خطاب به او میفرماید:
«یا نواب یا ایّتها الورقة المنبتة من سدرتی و المؤانسة معی علیک بهائی و عنایتی و رحمتی الّتی سبقت الوجود. انا نبشرک بما تقربه عینک و تطمئن به نفسک و یفرح قلبک انّ ربّک هو المشفق الکریم. قد رضی الله عنک من قبل و من بعد و اختصک لنفسه و اصطفاک بین الاماء لخدمته و جعلک معاشرة هیکله فی

میرزا مهدی، غصن اطهر

اللیالی و الایام. اسمعی مرة اخری رضی الله عنک فضلاً من عنده و رحمة من لدنه و جعلک صاحبة له فی کل عالم من عوالمه و رزقک لقائه و وصاله بدوام اسمه و ذکره و ملکوته و جبروته. طوبی لامة ذکرتک و ارادت رضائک و خضعت عندک و تمسّکت بحبل حبّک و ویل لمن انکر مقامک الاعلی و ما قدّر لک من لدی الله مالک الاسماء و اعرض عنک و جاحد شأنک عندالله ربّ العرش العظیم.»

و نیز می‌فرماید:

«یا اهل الوفاء اذا حضرتم لدی رمس الورقة العلیا التی صعدت الی الرّفیق الاعلی قفوا و قولوا السلام و التکبیر و البهاء علیک یا ایّتها الورقة المبارکة المنبتة من السّدرة اشهد انّک آمنت بالله و آیاته و اجبت ندائه و اقبلت الیه و تمسکت بحبله و تشبّثت بذیل فضله و هاجرت فی سبیله و اتخذت لنفسک مقاما فی الغربة حبّاً للقائه و شوقاً لخدمته رحم الله من تقرب الیک و ذکرک بما نطق القلم فی هذا المقام الاعظم نسئل الله بان یغفرنا و یغفرالذین توجّهوا الیک و یقضی لهم حوائجهم و یعطیهم من بدائع فضله ما ارادوا انّه هو الجواد الکریم الحمدلله اذ هو مقصود العالمین و محبوب العارفین.»(۹)

پیکر فانی آن دو نفس مقدّس یعنی مادر و پسر برای چند دهه در دو گورستان متروکه باقی بود تا آنکه بنا بر ارادهٔ حضرت شوقی افندی ولی عزیز امرالله آرامگاه دائمی آنها در حیفا قرار گرفت.

۱۲- مرقد غصن اطهر

در دسامبر سال ۱۹۳۹ میلادی حضرت شوقی افندی نوهٔ برادر میرزا مهدی، رمسین اطهرین میرزا مهدی و همچنین مادرش آسیه خانم را از عکّا به محلّ مخصوصی در کوه کرمل و بسیار نزدیک به مرقد بهائیه خانم (حضرت ورقهٔ علیا) منتقل نمودند.[۱]

این بار، این ولی امر دیانت بهائی بود که صندوق تابوت میرزا مهدی را بر دوش گرفته و به آرامگاه ابدی او حمل نمودند نه سربازان عادی. مادر، پسر و دختر پس از ۷۰ سال جدایی جسمانی سرانجام متّحد گشتند و «آمال دیرینهٔ»[۲] حضرت ورقهٔ علیا برآورده شد. بعد از آن در ۵ دسامبر سال ۱۹۳۹ میلادی حضرت شوقی افندی تلگرافی به مضمون ذیل برای بهائیان انگلستان مخابره فرمودند:

> «رمسین اطهرین غصن اطهر و مادر حضرت عبدالبهاء در آرامگاه ابدی مجاور مقبرهٔ حضرت ورقهٔ علیا قرار گرفت. قلوب شادمان است.»[۳] (ترجمه)

در همان یوم تلگراف طولانی‌تری برای احبّای امریکا به مضمون ذیل مخابره گردید:

«رمسین اطهرین غصن اطهر و مادر حضرت عبدالبهآء بامکنه مقدّسه اطراف مقام اعلی در جبل کرمل انتقال یافت و بی‌احترامی متمادی نسبت به آنها خاتمه پذیرفت. دسایس ناقضین برای جلوگیری از این نقشه با شکست روبرو شد. آرزوی دیرین ورقه مبارکه علیا بانجام رسید. خواهر و برادر و مادر و همسر حضرت عبدالبهآء در محلّی که در نظر است مرکز مؤسّسات اداری امر جهانی بهائی شود جمع شدند. این خبر مسرّت‌آور را بتمام جامعه یاران امریکائی اطلاع دهید.»(۴)

در ۲۶ دسامبر، حضرت شوقی افندی بار دیگر این تلگراف را برای بهائیان امریکا مخابره فرمودند:

«در غروب کریسمس رمسین اطهرین غصن اطهر و مادر سرکار آقا در مجاورت مقام حضرت ربّ اعلی قرار گرفت و در چنین روزی در خاك مقدّس کرمل بودیعه نهاده شد. در مراسم احبّای حاضر از کشورهای شرق نزدیك عمیقاً تحت تأثیر قرار گرفتند. وقت آنست که با خاطرهٔ فراموش‌نشدنی این دو نفس مقدّس که در جوار روضهٔ دو تن از طلعات مقدّسه مبشّر اعظم و مثل اعلای دیانت و همجوار با حضرت ورقهٔ علیا قرار

گرفتند نقشهٔ مهمّ هفت سالهٔ امریکا نیز با اقداماتی تهوّرآمیز به پیش رانده شود. مسرور از این امتیاز باشید. یک هزار پوند تبرّع من برای صندوق بهائیّه خانم است. مطمئن شوید برای افتتاح مشرق الاذکار ویلمت خاتمهٔ کنترات برای اپریل آینده باشد که آخرین مرحلهٔ مشرق الاذکار پایان پذیرد. وقت می گذرد، فرصت گرانبها است. مطمئن باشید وعود الهی شکست‌ناپذیر است. شوقی ربّانی.»[۵] (ترجمه)

حضرت شوقی افندی بر روی قبور میرزا مهدی، نوّاب و ورقهٔ علیا بقعه‌های مرمرین زیبایی بنا نهادند زیرا این «سه روح مقدّس بیهمتا و سه هیکل مطهّر که بعد از هیاکل اصلیّهٔ ثلاثهٔ امر مبارک از جمیع افراد مؤمنین مقامشان ارفع و اعلی است و احدی از ابطال و حروف و شهدا و ایادی و مبلّغین و خدمتگزاران را تقرّبی به آستان قدس و مقایسه ای با وجود پر بهایشان نبوده و نخواهد بود.»[۶]

بقعهٔ میرزا مهدی و مادرش یکسان هستند. گنبد هر یک بر روی هفت ستون قرار گرفته است.

حضرت شوقی افندی کمی بعد از خاکسپاری مجدّد میرزا مهدی و مادرش در ۲۱ دسامبر سال ۱۹۳۹ میلادی نامهٔ مهمّی با عنوان «قدرت روحانی آن مکان مقدّس» به جامعهٔ بهایی عالم مرقوم داشتند که در آن اهمیّت روحانی این رویداد و این مکان مقدّس تشریح گردیده است:

«غصن اطهر، فرزند شهید، مصاحب، کاتب و منشی

میرزا مهدی، غصن اطهر

حضرت بهاءالله، آن جوان پرهیزکار و مقدّس که در تاریکترین ایّام سجن جمال مبارک در سربازخانهٔ عکّا در بستر مرگ ملتمسانه از اب بزرگوارش درخواست نمود که او را به عنوان فدیه برای احبّائی که مشتاق دیدار ایشان بودند ولی نمی‌توانستند به حضور برسند قبول فرماید، و مادر حضرت عبدالبهاء با لقب نوّاب، و اوّلین دریافت کنندهٔ لقب پرافتخار (ورقهٔ علیا)، که در حدود نیم قرن از یکدیگر جدا بودند، و هر یک تدفینی تحقیرآمیز در گورستانی بیگانه داشتند، سرانجام اکنون با حضرت ورقهٔ علیا (بهائیّه خانم) که با یکدیگر شدائد و محن دوران پراضطراب عهد رسولی دیانت بهائی را گذرانده بودند متّحد گشتند.

کینه‌جویی پایان گرفت و از آنها به طور شایسته‌ای تجلیل شد. آنها در قلب کرمل در جوار یکدیگر در بطن خاک مقدّس آن مستور گشته، در یک محل به خاک سپرده شده و در تحت سایهٔ دو روضهٔ مقدّسه و رو به خلیج و برابر زیبایی بی‌نظیر و دوست‌داشتنی شهر نقره‌فام عکّا که مرکز ستایش عالم بهائی و باب امید بشریت است آرام گرفته‌اند. قلم اعلی حضرت بهاءالله در لوح کرمل می‌فرمایند: « یا کرمل انزلی بما اقبل الیک وجه الله مالک ملکوت الأسمآء و فاطر السّمآء ... طوبی لک بما جعلک الله فی هذا الیوم مقرّ عرشه و مطلع آیاته و مشرق بیّناته...»

بایستی به روشنی درک نمود، و نمیتوان نمی‌توان بیش از این تأکید کرد، که پیوستگی و قرینه بودن آرامگاه حضرت ورقهٔ علیا با برادر و مادرشان به حدّ لانهایه قدرت روحانی آن محل خاص را که اجنحهٔ مزار حضرت ربّ اعلی برآن سایه گسترده و مشرف به محل مشرق‌الاذکار آینده است تقویت می‌نماید. در اطراف این مشرق الاذکار موسساتی اداری برپاخواهد شد که مقدر گردیده است به تکامل رسیده و مرکز کانونی آن موسساتی شوند که جهان را در برگرفته، به حرکت درآورده و هدایت نمایند، مؤسّساتی که به دستور حضرت بهاءالله و پیش‌بینی حضرت عبدالبهاء بایستی هم آهنگ با اصول حاکم بر دو مؤسّسهٔ توأمان ولایت امرالله و بیت العدل اعظم عمل نماید. در این صورت است که این پیش‌بینی مهم در آخرین عبارت لوح کرمل وقوع یافته و جامهٔ عمل می‌پوشد که می‌فرماید: «سوف تجری سفینةالله علیک و یظهر به اهل البهاء الذین ذکرهم فی کتاب الاسماء.»[۷] (ترجمه)

حضرت ولی عزیز امرالله سپس مرقوم فرمودند:

«استقرار این سه مرقد مطهّر در ظلّ مقام بهی الانوار حضرت ربّ اعلی در قلب کرمل در حدیقهٔ علیا مقابل مدینهٔ منوّرهٔ بیضاء قبلهٔ اهل بهاء بر وسعت و عظمت قوای روحانیه منبعث از آن بقعهٔ مقدّسه که از لسان قدم به مقرّ عرش و سریر ملکوت الهی موسوم و موصوف

گردیده بیفزود و با حصول این عطیّهٔ عظمی قدم اوّل در سبیل استقرار مرکز اداری جامعهٔ جهانی بهائی در سرزمینی که مورد تجلیل و احترام پیروان سه دیانت عظیمهٔ الهیّه است، برداشته شد.»[۸]

«کَرْم الهی از این شرف عظمی در اهتزاز است و کوم اللّه از این موهبت کبری بچنگ و ترانه دمساز.»[۹]

حضرت شوقی افندی در "مجمع اوّلین مشرق‌الاذکار غرب با خاطرهٔ ستایش‌آمیزی از غصن اطهر و مادر حضرت عبدالبهاء یاد نمودند". [۱۰] (ترجمه)

مادر و برادر حضرت عبدالبهاء در یک محل آرمیده‌اند و بهائیّه خانم چند متر آن طرف‌تر نزدیک منیره خانم حرم حضرت عبدالبهاء و مقبرهٔ حضرت عبدالبهاء در فاصلهٔ چندین قدم قرار گرفته است. در واقع عائلهٔ مقدّسه دوباره بیکدیگر پیوسته و در اطراف روضهٔ حضرت‌ربّ اعلی مجتمع و پیش گویی نازله در لوح کرمل در نیم قرن پیش اکنون به تحقق پیوسته است.

دورنمای این نقطه کاملاً در تضادّ با سجن اعظم می‌باشد. اکنون غصن اطهر و حضرت ورقهٔ علیا در درون یک باغ بیضی شکل زیبا آرمیده اند که درختان بلند و باریکی چون مستحفظین دائمی بهشتی در حضور، پرندگان با آواز خود در شب و روز هلهله سر داده و به سرزندگی این محیط افزوده فریاد برمی‌آورند که اینست موت و نیز حیات، بر سرشان تاج آسمان آبی وسیع قرار گرفته و نسیم ملایم که در بین دریا و

کوه در گردش است به نوازش مشغول می‌باشد. گل‌های رنگارنگ جانشین دیوارهای ناخوش آیند زندان شده، ستارگان و چراغ‌ها این حریم را منوّر ساخته وانهدام وضعیت تیره و مخوف سربازخانه را نشان می‌دهد و به جای آن چشم انداز پانورامیک وسیع شهر حیفا و سجن اعظم در طول خلیج قرار گرفته و به ما یادآوری می‌نماید که مانند نتیجه بهترین داستانها، سرانجام آزادی بر ظلم و ستم غلبه می‌نماید. همان گونه که خداوند در کتاب مقدّس به همسر رب الجنود وعده کرد، یعنی به نوّاب، "پسرانت را سلامتی عظیم خواهد بود"[۱۱]، پیش گوئی شده بود که «بنیاد تو را در یاقوت زرد خواهم نهاد و منارهای تو را از لعل و دروازهایت را از سنگهای بَهْرَمان و تمامی حدود ترا از سنگهای گران قیمت خواهم ساخت.» [۱۲]

در زمان میرزا مهدی هر از چند گاهی چند نفر از احبّای ایران و عراق می‌توانستند به ارض اقدس بروند ولی اکنون هر ساله تعدادی در حدود چهار هزار نفر از زائرین بهایی از تمام نقاط دنیا به زیارت روضهٔ مبارکهٔ حضرت ربّ اعلی و حضرت بهاءالله می‌شتابند. زائرین کنونی افتخار می‌یابند که مقبرهٔ میرزا مهدی و زندان او را در سربازخانه و همچنین محلّی که آن واقعهٔ ناگوار رخ داد، زیارت و حیات ارزشمند و خدمت او را به جمال مبارک به خاطر آورده و به یاد اجداد خود و اوّلین زائرین بهائی ایرانی باشند که با قربانی شدن غصن اطهر اجازه یافتند که به حضور حضرت بهاءالله مشرّف شوند.

مرقد حضرت ورقۀ علیا حدود سال ۱۹۳۲

مرقد حضرت ورقۀ علیا

مراقد میرزا مهدی و نوّاب

لوحهٔ برنزی بر روی مرقد میرزا مهدی

مراقد میرزا مهدی و نوّاب از نزدیک

اکنون، جوانان بهائی در سراسر عالم با الهام از خدمت و فداکاری غصن اطهر، تعالیم حضرت بهاءالله را آموخته، استعداد خود را پرورش داده و برای خدمات فداکارانه به جامعهٔ خود قیام مینمایند.

۱۳- قصیدهٔ عزّ ورقائیه

احتمالاً هیچگاه ما نمی‌توانیم بدانیم که چرا میرزا مهدی در هنگام مرگ پنج سنگریزهٔ صاف در جیب داشت که چهار عدد از آن بیضی شکل بوده، سه عدد آن سفید و یکی خاکستری و پنجمی به رنگ بژ و میخ مانند بود. این پنج سنگریزه در یک دست جا می‌گرفت.

آیا هیچگونه معنای روحانی بر آنها متصوّر بود؟ آیا آنگونه که کایزر بارنز [۱] در کتاب خود می‌گوید آنها همانند پنج سنگریزه‌ای بودند که داود کوچک از کنار جویباری برداشت و آنها را در فلاخن (تیر و کمان) خود نهاد تا با گولیات، غول، بجنگد - حادثه‌ای که در روایات کتاب مقدّس به عنوان پیروزی نیکی بر پلیدی نقل شده است؟ آیا آنها وسیله‌ای از بازی‌های تردستی بود که در بعضی نقاط برای رفع خستگی و برای سرگرمی انجام می‌دادند و یا اینکه آیا این سنگریزه‌ها مربوط به خاطرات برجسته‌ای از زندگی پرتلاش میرزا مهدی بود؟

چه کسی ممکن است این سنگ‌ها را برای او آورده و به

قصیدهٔ عزّ ورقائیه

چه منظور... آیا این سنگریزه‌ها توسّط یکی از زائرین از یک مکان مقدّس آورده شده؟ آیا ممکن است آنها هدیه‌ای از یک پسرعمو یا یک دوست یا مادربزرگ و یا عمه هنگامی که او طهران را برای پیوستن به والدین بعد از هفت سال جدایی ترک نمود، باشد؟ یا شاید هم صرفاً توسّط خودش برای تفریح در یک بازار محلّی با اندک پولی که داشته خریده است. آیا ممکن است آنها را مانند دانهٔ تسبیح مرتّباً برای آرامش خود در دست می‌چرخانده و یا به عنوان یک تسبیح برای شمارش یک دعا و یا یک آیه به کار می‌برده است؟ صرف‌نظر از اینکه میرزا مهدی خودش این سنگریزه‌ها را به دست آورده بود و یا به عنوان هدیه دریافت کرده بود، آنها از کجا به دست آمده بودند؟

شاید از یک مرتع یا یک جنگل از نور مازندران، شاید از خیابان‌های شلوغ طهران، شاید از یک محل در بغداد و یا از منطقه‌ای روستایی در ادرنه یا در جایی که او دوستان زیادی داشته است. آیا آنها از سواحل بحر خزر بودند یا از دریای سیاه یا از مرمره و یا از دریای مدیترانه که او با کشتی بخار و یا با شراعی از آبهایش گذشته، به دست آمده و امید آن داشته که به او آرامشی در اندیشه و تفکّر در آن بی‌سامانی‌ها بدهد؟ و یا آیا آنها از ساحل عکّا بودند که از سلول زندان دیده می‌شد ولی قابل دسترسی نبود و یادآور آن بود که زندگی در خارج از دیوارهای بی‌روح زندان و ماوراء دروازهٔ زمینی ادامه داشت ولی برای او دنیایی فراموش شده بود.

میرزا مهدی، غصن اطهر

محتمل است که ما هیچگاه نخواهیم توانست رمز و راز اهمیّت این پنج قطعه سنگ را بدانیم آنچه که می‌توانیم حدس بزنیم آن است که آن سنگ‌های صیقلی و صاف توسّط میرزا مهدی مانند جواهراتی گرانبها حفظ شده و این گنجینه در آخرین لحظات نیایش و وقوع مرگش همراه او بودند. جالب توجّه است که آرامگاه او با تعداد غیرقابل شمارش از سنگ‌های سفید گرد احاطه شده و گویا این قطعه زمین هزاران برابر گنجینهٔ او را به او بازگردانده است.

این آواز میرزا مهدی است که با خواندن قصیدهٔ عزّ ورقائیه در آخرین لحظات حیاتش بیشتر راجع به خود به ما سخن می‌گوید تا دربارهٔ دارائیش.

این قصیده ۱۲۷ بیتی مشهور هنگامی که میرزا مهدی هنوز در طهران بود، توسّط جمال قدم سروده شد و نشانهٔ غم و غصّهٔ ایشان دربارهٔ امرالله می‌باشد. و آن گفتگویی است بین حضرت بهاءالله و حوریهٔ بهشتی که نمایندهٔ روح خداوند است. قصیدهٔ ورقائیه در زمانی که حضرت بهاءالله به مدّت دو سال در کوه‌های کردستان در شمال بغداد عزلت اختیار فرمودند، نازل شد. حضرت شوقی افندی تاریخچهٔ این ابیات را که جمال مبارک در آن خود را به عنوان ورقا خطاب می‌نمایند، چنین تبیین فرموده‌اند:

«...باری چون علما و اعاظم کردستان بر مراتب فضل و علوّ درجات علم و حکمت جمال قدم جلّ ثنائه واقف گردیدند و به احاطهٔ ذاتیه آن طلعت عظمت پی بردند،

قصیدهٔ عزّ ورقائیه

در مقام آن برآمدند که از محضر مبارك امری را که در نظرشان اقوی دلیل بر سعهٔ معارف روحانیه آن منبع فضل و کرم شمرده می‌شد، خواستار شوند. این بود که به ساحت انور معروض داشتند که تاکنون هیچیک از اصحاب طریقت و ارباب علم و حکمت نتوانسته‌اند بر سبك و رویهٔ قصیده ابن فارض یعنی تائیه کبری منظومه ای انشاء نمایند. اینك رجای ما آن است که آن وجود مبارك عنایت فرموده به این امر اقدام و قصیده‌ای به همان سجع و ردیف تنظیم فرمایند. این استدعا مورد قبول مبارك واقع و جمال اقدس ابهی قریب دو هزار بیت به نحوی که درخواست نموده بودند به رشتهٔ نظم درآوردند و از بین اشعار مذکور صد و بیست و هفت بیت را اختیار و به حفظ آن اجازت فرمودند و بقیّه را ورای ادراك نفوس و ماعدای احتیاج زمان تشخیص دادند و همین صد و بیست و هفت بیت است که قصیدهٔ عزّ ورقائیه را که نزد دوستان و اصحاب عربی زبان مشهور و بین آنان دایر و معروف است، تشکیل می‌دهد.

اشعار مذکور که حکایت از مراتب عرفانیه و شئونات حکمتیه آن مظهر احدیه می‌نمود به درجه‌ای در قلوب و ارواح مؤثّر و نافذ واقع گردید که همه یك دل و یك زبان اعتراف نمودند که فرد فرد آن اشعار متضمّن قوت و اتقان و لطافت و جذابیتی است که نظیر آن در هیچیك از دو قصیدهٔ ابن فارض شاعر معروف مشاهده

۱۸۹

نمی‌شود.»[۲]

قصیدهٔ عزّ ورقائیه بدون شک یک متن جاذب است نه فقط به علّت موضوع رمزگونه و پوشیدهٔ آن بلکه به جهت هنر ادیبانه در زبان عربی آنست که با ریتم و وزن ملودی مخصوصی که در بر گرفته، هنگامی که با صوت قرائت شود روح را به اهتزاز درمی‌آورد. با اینکه عربی زبان اوّل میرزا مهدی نبود ولی بایستی او کاملاً با این زبان آشنا و سلیس صحبت کند که بتواند چنین متنی را که درک آن برای عرب زبان‌ها هم مشکل است، کاملاً بفهمد. ادیب طاهرزاده می‌گوید: "کلماتی که حضرت بهاءالله در این ابیات به کار برده‌اند دارای معانی بس عمیقند و هنگامی که با یکدیگر آمیخته و ترکیب شوند، موسیقی آسمانی موزونی از آهنگ های روحانی ایجاد می کنند."[۳] قصیدهٔ عزّ ورقائیه همان لوحی است که بدیع را به حرکت آورد. جوانی دردسرساز را که با قبول دیانت حضرت بهاءالله با اشتیاق فراوان مسافرتی طولانی را طی نمود تا جمال مبارک را زیارت نماید.

در این قصیده مظهر ظهور الهی شدائد و محن و تلاش‌های خود را برای پیشرفت امر الهی در مقابل آزمایشات و موانع متعدّده تشریح می‌نماید. همان‌گونه که در فوق ذکر شد قصیدهٔ عزّ ورقائیه شامل اشعار جانسوزی است که هر قلب حسّاسی را متأثّر می‌سازد:

قصیدهٔ عزّ ورقائیه

فطوفان نوح عند نوحی کادمعی

و ایقاد نیران الخلیل کلوعتی

و حزنی ما یعقوب بثّ اقلّه

و کل بلاء ایوب بعض بلیتی(۴)

تعجّب‌آور است که خواندن قصیدهٔ عزّ ورقائیه توسّط میرزا مهدی یک آماده‌سازی روحانی برای حادثه و جراحتی بود که بعد از ۲۲ ساعت باعث چنین مرگی عذاب‌آور شد. کلیه روایت‌کنندگان و وقایع‌نگاران در آن زمان بردباری و آرامش او را در تحمّل این جراحات که بایستی بسیار دردناک باشد ستوده‌اند. میرزا مهدی تا آخرین لحظهٔ مرگ نشان داد که او یک شاخه از شجر خداوند است نه تنها به واسطهٔ نسب و دودمانش بلکه به واسطهٔ آنچه که او را سزاوار عنوان غصن اطهر (پاک‌ترین شاخه) ساخته بود.

ما هرگز نمی‌دانیم که واقعاً چگونه میرزا مهدی به حفرهٔ نورگیر توجّه نکرد جز اینکه فکر کنیم او تمرکز خود را بر روی نیایش و دعا نهاده و این حادثه در شروع تاریکی اتّفاق افتاد.(۵) البتّه بام جایی بود که در آن بایستی مواظب اطراف بود. حفرهٔ نورگیر دیوارهٔ محافظ نداشت و همچنین بام فاقد حصار یا دیوار بود بجز حاشیه آجری که محیط آن را در بر داشت. در هر حال میرزا مهدی آن محیط را خوب می‌شناخت زیرا برای دو سال مرتباً به بام می‌رفت و از آن خطر آگاه بود. بر طبق نظر مورّخ بهائی حسن بالیوزی و بر طبق گفتهٔ شخص میرزا مهدی «همیشه قدم‌های خود را تا جلوی آن حفرهٔ نورگیر

می‌شمرده ولی آن غروب فراموش کرده که چنان کند. »[۶] ادیب طاهرزاده ذکر می کند که میرزا مهدی «در آن شامگاه پرقضا و بلا حین تلاوت ابیات قصیدهٔ ورقائیه غرق هیجان و اشتیاق شد و در حالی که با چشمان بسته و در حال تضرّع و ابتهال مشی می‌نمود از پنجره‌ای که در پشت بام بود به زیر افتاد... »[۷] حسین آشچی آشپز عائلهٔ مبارکه بیان می‌نماید: «در حالت مشی و خرام و شدّت عالم مناجات و توجّه به ملکوت الهی چون به آن منفذ رسیدند روی مبارکشان به عالم بالا بوده از وسط منفذ در حیاط خانه روی سنگ‌های صلب افتادند... »[۸] حضرت شوقی افندی راجع به آن شرایط اسف‌بار چنین مرقوم داشته‌اند: «هنگام غروب در حالی که بر فراز بام قشله مشی می‌فرمود و به روش معهود به توجّه و مناجات به ساحت حضرت معبود مألوف و در دریای اذکار مستغرق بود، از غایت جذب از خود بی‌خود و از ثقبه‌ای که جهت روشنایی حجرهٔ زیرین تعبیه شده بود، به زیر افتاد و هیکل اطهرش با صندوق چوبی که در همان حجرهٔ تحتانی قرار داشت تصادم نمود و اعضاء و اضلاع صدمهٔ شدید یافت...»[۹]

درد حاصل از برخورد بدن او با سطح سخت سنگی ده متر پایین‌تر از حفرهٔ نورگیر بایستی عذاب‌آور باشد.

پس از سقوط امپراطوری قدرتمند عثمانی، قوای انگلیس عکّا را در سال ۱۹۱۸ میلادی تصرّف نمود و سرانجام در دهه ۱۹۳۰ میلادی سربازخانه را تبدیل به زندان برای فعّالان یهودی

قصیدهٔ عزّ ورقائیه

نمود. در سال ۱۹۲۱ میلادی پس از یک سری جنگ‌های خونین جدایی و برخورد با همسایگان، قلمرو ترکیه تقلیل یافت و مبدّل به یک جمهوری کوچک گردید و اساس سلطنت برچیده شد.

پنجرهٔ نورگیر که باعث مرگ میرزا مهدی شد چند سال بعد هنگامی که مقامات انگلیسی بام زندان را برای حفاظت بیشتر تغییر دادند، ناپدید گردید. قابل توجّه است که داستان پنجرهٔ نورگیر در یادداشت‌های یکی از زائرین در سال ۱۹۱۹ میلادی ذکر نگردیده[۱۰] در حالی که یک زائر دیگر در سال ۱۹۲۵ میلادی از آن ذکر نموده است.[۱۱]

گروهی از زائرین در سال ۱۹۱۹ میلادی در بازدید از شهر زندان توسّط یکی از زندانیان بهائی راهنمایی می‌شدند که خود ناظر حادثهٔ میرزا مهدی بوده است. یک نفر از آن زائرین یادداشت‌هایی از آنچه دیده و آنچه از راهنما شنیده است به شرح ذیل مرقوم داشته است:

«حضرت بهاءالله در یک سلول کوچک سجن اعظم که در سقف، نوزده دستک و سه تیر متقاطع داشت و مشرف به دریا بود برای دو سال مسجون بودند. این یک سلول خالی بدون وسیلهٔ خواب و بدون صندلی بود و زمین سنگی سخت تنها محل استراحت ایشان بود... حضرت بهاءالله در پشت یک پنجرهٔ میله‌دار می‌ایستادند و خود را برای صدها نفر از زائرینی که در حدود یک مایل دور بودند، نمایان می‌ساختند. این

۱۹۳

پیروان مخلص و وفادار که خانه و خانواده را در ایران ترک نموده و از کویرهای شنی پای پیاده در زیر آفتاب سوزان با اندکی غذا گذشته بودند فقط برای یک نگاه و یک دست تکان دادن مبنی بر شناسایی از طرف من یظهره‌الله آمده و دلخوش بودند... ما راهمان را ادامه داده و به اتاق دیگری شبیه به آن سلول رسیدیم که در آن سیزده نفر از تبعیدی‌ها زندگی می‌کردند و مجاور آن اتاقکی بود که غصن اطهر برادر حضرت عبدالبهاء در آن به سر می‌برد و در آن اتاق درگذشت.»[۱۲]

همان گونه که در فوق ذکر شد در زمان دیدار این زائرین، عکّا دیگر قسمتی از امپراطوری عثمانی نبود. به خاطر آورید که همین که حضرت بهاءالله به عنوان یک زندانی به عکّا وارد شدند سقوط سلطان عثمانی و از دست دادن سرزمین‌های وسیعش را پیش‌بینی نمودند. پس از چندی سلطان معزول و زندانی و سپس فوت نمود و در واقع در ژوئن سال ۱۸۷۶ میلادی مقتول گردید. حضرت بهاءالله این واقعه را در سورهٔ رئیس در لوحی که به نخست‌وزیر عثمانی در هنگام تبعید از ادرنه به گالیپولی در مسیر عکّا فرستادند این چنین پیش‌بینی فرمودند:

«سوف تُبدّل ارض السّر و مادونها و تخرج من ید الملک و یظهر الزلزال و یرتفع العویل و یظهر الفساد فی الاقطار و تختلف الامور بماورد علی هؤلاء الاسراء من جنود الظّالمین.»[۱۳]

قصیدهٔ عزّ ورقائیه

دربارهٔ طریق غیرمعمولی که سرانجام باعث شد عکّا از تملّک عثمانی خارج و به دست انگلستان بیفتد چندین سال بعد ولزلی تیودور پل چنین تشریح نموده است:

«قبل از سقوط حیفا، روزی حضرت عبدالبهاء در جمع یارانش راجع به عملیات نظامی انگلستان صحبت می فرمودند. ایشان پیش بینی نمودند که بر خلاف تصور همگان، حیفا و عکا بدون خون ریزی تصرف میشوند که البته این پیش بینی به وقوع پیوست.

حضرت عبدالبها همچنین بیان فرمودند که قوای عثمانی عکا را که قشله ای تسخیر ناپذیر تلقی میشد، به دو سرباز غیر مسلح بریتانیا تسلیم می کنند. اما تا حدی که من موفق به کسب اطلاع شدم جریان از این قرار بود: پس از ورود سربازان انگلستان به حیفا، خط مقدم نبرد تا اواسط خلیج عکا پیشروی کرده و پیش قراولان سپاه بریتانیا مواضع خود را در سواحل خلیج در فاصله چهار مایلی شهر مستقر ساختند. عکا شهری محصّنه و نظامی بوده و در آن زمان تصور میشد مملو از سربازان عثمانی باشد. صبح زود یکی از روزها دو سرباز بریتانیائی که در طول شب مسیر خود را گم کرده بودند بغتتاً در برابر دروازه های شهر عکا قرار گرفته و گمان نمودند که شهر توسط قوای خودی فتح شده است. اما در واقع اینکونه نبود. بلکه هشت ساعت قبل آخرین سربازان و پس قراولان عثمانی مخفیانه شهر را ترک

نموده بودند. شهردار شهر با مشاهده سربازان انگلیسی که در برابر دروازه شهر ایستاده بودند، کلید دروازه را به نشانه تسلیم کامل شهر به آنها تحویل میدهد! اخبار موثق حکایت از این دارند دو سرباز مسلسلچی که مسلح نبودند، از شدت ترس و وحشت بلادرنگ بسوی خطوط خودی فرار کردند.» (۱۴)

در آن زمان جمعیّت شهری و وضع سکونت تغییر کرده و فلسطین با یهودیانی که از نقاط مختلف دنیا به آنجا آمدند به حدّ زیاد پرجمعیّت شده بود. در سال ۱۹۴۸ میلادی کشور اسرائیل به وجود آمد و قلمرو خود را تا عکّا ادامه داد.

در سال ۲۰۰۳ میلادی ملاحظه گردید که ساختمان قشله (سربازخانه) عکّا علیرغم معماری باارزش آن رو به ویرانی و در شرایط ناپایداری قرار گرفته بود. پس از تحقیق دقیق بر روی پرونده‌های باقیمانده از عثمانی‌ها و انگلیسی‌ها ساختمان قشله به طور کامل نوسازی شد و به شکل اوّلیّهٔ خود درآمد. این تحقیقات اطّلاعات مهمّی را در مورد جنبه‌های مختلف ساختمان قشله کشف نمود. برای مثال ملاحظه گردید که قبل از ورود حضرت بهاءالله این قشله یک مجموعهٔ سکونتی برای افسران ارشد ارتش عثمانی بوده است. سپس این ساختمان رها شده و تقریباً غیرقابل سکونت گردید تا زمانی که عائلهٔ مبارکه در سال ۱۸۶۸ میلادی وارد شدند.

شگفت‌آور اینکه در هنگام نوسازی ساختمان یک عکس هوایی که توسّط آلمانی‌ها در سال ۱۹۱۷ میلادی برداشته شده

قصیدهٔ عزّ ورقائیه

بود و محلّ دقیق پنجرهٔ نورگیر را نشان می‌داد، به دست آمد و این عکس نصب مجدّد حفرهٔ نورگیر را تسهیل نمود. به طوری که مشخّص گردیده این قشله یک قسمت خارجی داشته که شامل "ایوان (که در بالای آن پنجرهٔ نورگیر قرار داشته)، یک آشپزخانه، توالت، یک اندرونی و یک قسمت بیرونی" که شامل اتاقی بوده که حضرت بهاءالله در آن ملاقات‌کنندگان را می‌پذیرفتند. قسمت شرقی رو به حیاط و سه طاق‌نما داشته که به ستون‌هایی متّصل و تشکیل بالکونی را می‌داد. سایر بهائیان در قسمت‌های دیگر این سربازخانه زندگی می‌کردند.
(۱۵)

محل دقیق پنجرهٔ نورگیر که میرزا مهدی در آن افتاد و سنگ اصلی در کف زمین و محلّ برخورد کاملاً مشخّص و سپس به دور آن طناب کشیده شد تا برای زائرین محلّ معیّنی باشد که بتوانند خاطره‌اش را محترم داشته، دعایی برایش بخوانند و زندگی برجستهٔ او را در تاریخ بهایی به خاطر آورند.

هنگامی که آن محل نوسازی شد، پنجرهٔ نورگیر به همان شکل اوّلیّه و بدون حفاظ مانند یک پنجرهٔ باز به طرف آسمان در نظر گرفته شد. این پنجره نور خورشید را قادر می‌سازد که در روز به آن محل غم‌انگیز بتابد و در شب ستارگان مراقبت و احیای دائمی بر آن داشته باشند.

۱۴- بخش آخر

میرزا مهدی غصن اطهر بود نه فقط با لقب بلکه با صفات. او یک غصن یعنی شاخه‌ای از شجر حیات حضرت بهاءالله و دوّمین پسر ایشان بود که به سنّ بلوغ رسید و توجّه و احترام همه را جلب می‌نمود. طبیعت نیک‌اندیش و خیرخواه و ظریف او در دو عکسی که در ادرنه برداشته شده و به دست ما رسیده منعکس است. و آن سیمای مهربانی را نشان می‌دهد که با دستاری کوتاه، ساده و سپید و موی بلند، آراسته شده است و صورتش با یک فروتنی روحانی می‌درخشد. اگر اوبه سنین بالاتر می‌رسید بشریت سعادت وخیریت بسیار می‌یافت. ولی میرزا مهدی مخلوقی بی‌نظیر و یک هدیهٔ الهی بود که به طور اسرارآمیز و ناگهانی توسّط خالقش با هدایای گرانبهاتر چون وحدت نژاد بشر، سرور احبّاء و آزادی مولای محبوبشان معاوضه گردید.

حضرت بهاءالله در طول حیات خود خصیصه خالص بودن را فقط به دو تن از پیروان خود منسوب فرمودند، برای میرزا مهدی و برای طاهره برجسته ترین زن در عصر دیانت

بخشّ آخر

بابی، که لقب طاهره به معنی پاک و مطهر توسط حضرت رب اعلی به او عنایت شد. می‌دانیم که لقب میرزا مهدی غصن اطهر یا غصن‌الله الاطهر است. واژهٔ اطهر در زبان عربی در اصل به معنای تمیز می‌باشد و می‌توان به صورت دیگر آن را به معنای خالص، پاک و معصوم و در مورد طاهره پاک و عفیف ترجمه نمود. بدین ترتیب لقب میرزا مهدی مبیّن شخصیّتی بدون عیب می‌باشد که او نمونهٔ کامل یک بهائی بر طبق تعالیم حضرت بهاءالله بود.

علیرغم آنکه برای اغلب بهائیان آراسته شدن به صفات روحانی و توسعه بخشیدن و یافتن بلوغ حقیقی نیازمند به گذراندن یک دوره از زندگی میباشد، میرزا مهدی توانست با گذراندن یک دهه، صفات عالی وجود خود را به نمایش گذارده و طی ده سال خدمت خالصانه به اَب بزرگوارش به حدّ کمال رسد. وقایع نگاران بهائی در روایت‌های خود چندین صفت عالی میرزا مهدی را به طور مختصر مصوّر ساخته‌اند: در یک زمان او را می‌بینیم که با حضرت بهاءالله و حضرت عبدالبهاء با قایق از رود دجله عبور می‌کنند و به باغ رضوان می‌روند، در زمان دیگر او برای یک بهائی در زندان شیرینی می‌برد... دیده می‌شود که او در یک گفتگوی جمال مبارک با یکی از احبّاء شرکت دارد و در مورد دیگر محن و غم و غصّه‌های تبعیدی‌ها را دلداری و آرامش می‌دهد. میرزا مهدی در قسمتی از نقش و وظیفهٔ خود به عنوان کاتب وحی امتیاز فوق‌العاده‌ای در استماع دائمی و کتابت کلام اصل مظهر خداوند هنگامی که توسّط جمال اقدس ابهی نازل

می‌شد، داشت. میرزا مهدی به بلوغ روحانی خیلی سریع‌تر از بلوغ جسمانی نائل شد. او به علّت دودمان روحانی و صفاتش در بین احبّاء، یک غصن الهی بسیار دوست داشتنی بود. او نه فقط از نسل و شجره بلکه یک فرزند روحانی واقعی از طرف پدر بود و بیان حضرت عبدالبهاء «الوَلَدُ سِرِّ اَبیه»(۱) دربارهٔ او صدق می‌کرد.

داستان میرزا مهدی موجب تنویر افکار جوانان در سراسر عالم است. میرزا مهدی محروم از کلیهٔ وسایل آسایش و خوشی بود که جوانان دیگر در سن او دارند. گرچه او در خانواده‌ای متولّد شد که در زمان خود از طبقهٔ اشراف بودند، امّا او در راه حق متحمّل محرومیت، اذیّت و آزار شده و در محیطی رشد کرد که با تعصّبات مذهبی و تنفر احاطه شده بود. در سنّ چهارسالگی از والدین و خواهر و برادر جدا شده و در مدّت هفت سال مهم یعنی سال‌های رشد، از دوران بچّگی، خنده‌ها، همبازی‌ها و تفریح و سرگرمی محروم بود. به علّت تعلّق به خانواده‌ای که سرنوشتش با تبعید دائمی رقم خورده بود، میرزا مهدی هرگز نمی‌توانست در یک محل ساکن باشد. برای او و خانواده‌اش زندگی در بغداد، استانبول و ادرنه از نظر مادّی راحت نبود. مقصد بعدی پیوسته نامطمئن و غیرمعلوم بوده و آنها را مجبور کردند که از نقاطی که اکنون در سه کشور یعنی ایران، عراق و ترکیه است حرکت و بالاخره به مقصد کشور چهارم که اکنون اسرائیل میباشد تبعید شوند. با هر جا به جا شدن هر مسکن جدید بایستی به فوریت تبدیل به

بخش آخر

یک خانه شود حتّی زندان عکّا.

در عصری که اغلب پسران جوان همسن او ازدواج کرده و برای ادارهٔ خانواده مشغول کارآموزی در حرفه‌ای می‌شدند، میرزا مهدی فقط به خدمت برای پدر و به دیانت خود فکر می‌کرد. البتّه او جوانی بود که بیشتر اوقات به کلام الهی تفکّر می‌نمود. امروزه ما شاهد جوانانی هستیم که سرگرم با وسایل و بازیچه‌های تفنّنی پیچیده هستند در حالی که میرزا مهدی فقط پنج سنگریزه برای تفریح داشت.

اضافه بر محنت و سختی‌هایی که او از آنها در زندگی کوتاهش رنج می‌برد، حیات او در یک تصادف موحش در سن ۲۲ سالگی و در دوّمین سال زندانی بودن خاتمه یافت. حادثهٔ ناگوار هنگامی رخ داد که او در یک حالت نیایش و خلسه و دور از بسیاری از رویدادهای جدال‌آمیزی بود که جوانان امروزی با آنها مواجه هستند. تدفین او توسّط غریبه‌ها انجام و مرقدش با خاک بیگانه پوشیده شد.

ولی زندگی میرزا مهدی معنایی روحانی داشت. رنج و عذاب او سئوالاتی را برمی‌انگیزد که برایشان پاسخی وجود ندارد. ما فقط می‌توانیم دربارهٔ اسرارآمیز بودن فداکاری کسی تفکّر کنیم که از نظر روحانی و جسمانی بسیار نزدیک به مظهر ظهور الهی بود. کلمات مسیح ممکن است منظور از فدا شدن میرزا مهدی را بیان کند: «کسی محبّت بزرگتر از این ندارد که جان خود را بجهت دوستان خود بدهد.»[۲]

رمز فداکاری میرزا مهدی آنگاه که به او انتخاب حیات داده شد و او موت را پذیرفت در آن بود که به عنوان آخرین

درخواست تمنّا نمود که مرگش سرور احبّاء را به وجود آورد و این درخواست پذیرفته شد. در قدیم یک پادشاه اسیر با پرداخت فدیهٔ عظیم آزاد می‌شد، به همین نحو دنیایی که اسیر اختلاف و عدم اتّحاد است نیاز به یک فدیه دارد. بهاریه معانی اظهار می‌دارد: «میرزا مهدی داوطلب شایسته‌ای برای این منظور بود.»(۳) (ترجمه)

برحسب اصطلاح کتاب مقدّس ، «او برّه‌ای است که به وسیلهٔ ابراهیم به جای پسرش قربانی شد.»(۴) در تاریخ مذاهب، خداوند همیشه خواستار یک قربانی شخصی و جسمانی عظیم از پیامبرانش متناسب با درجهٔ عظمت آنها بوده است. حضرت مسیح و حضرت ربّ اعلی خود را فدا ساختند، در عصر حضرت محمّد نوه‌اش امام حسین و در دیانت بهائی فرزند پیامبر مانند داستان ابراهیم وسیلهٔ فدا و رهایی سایرین گشت. درخواست حضرت بهاءالله برای شهادت یک آرزوی برآورده نشدنی بود به طوری که در گفتگوی ایشان با خالق خود در ذیل می‌بینیم:

« وَإِنَّ دَمِي يُخاطِبُنِي فِي كُلِّ الأَحْيانِ وَيَقُولُ يا طَلْعَةَ الرَّحْمنِ إِلى مَتى حَبَسْتَنِي فِي حِصْنِ الأَكْوانِ وَسِجْنِ الإِمْكانِ بَعْدَ الَّذِي وَعَدْتَنِي بِأَنْ تَحْمَرَّ الأَرْضُ مِنِّي وَتُصْبَغَ وُجُوهُ أَهْلِ مَلإِ الفِرْدَوْسِ مِنْ رَشَحاتِي، وَأَنا أَقُولُ أَنِ اصْبِرْ ثُمَّ اسْكُنْ لأَنَّ ما تُرِيدُ يَظْهَرُ فِي ساعَةٍ، وَيَتِمُّ فِي ساعَةٍ أُخْرى، وَلكِنْ ما أَنا عَلَيْهِ فِي سَبِيلِ اللّهِ لأَشْرَبَ فِي كُلِّ حِينٍ كَأْسَ القَضاءِ وَلا أُرِيدُ أَنْ يَنْقَطِعَ القَضاءُ وَالبَلاءُ فِي سَبِيلِ رَبِّيَ العَلِيِّ الأَبْهى، وَإِنَّكَ أَرِدْ ما أُرِيدُ، وَلا تُرِدْ ما تُرِيدُ، ما حَبَسْتُكَ

لِحِفْظِي بَلْ لِقَضاءٍ بَعْدَ قَضَاءٍ وَبَلاءٍ بَعْدَ بَلاءٍ، قَدِ انْعَدَمَ حَبِيبٌ يُمَيِّزُ بَيْنَ الشَّهْدِ وَالسَّمِّ فِي حُبِّ مَحْبُوبِهِ، كُنْ راضِيًا بِما قَضَى اللَّهُ لَكَ، وَإِنَّهُ يَحْكُمُ عَلَيْكَ ما يُحِبُّ وَيَرْضى، لا إِلهَ إِلاَّ هُو العَلِيُّ الأَعْلى. »(۵)

میرزا مهدی فدیه خانواده‌ای بود که تا آن زمان در راه حق از همه چیز گذشته بود، ممکن است بپرسید چرا مشیت الهی عائلهٔ مبارکه را در "مصیبت درد ناک و ناگهانی دیگر"(۶) غوطه ور ساخت؟ چه رمزی در وراء این رزیه کبری مستور بود که می‌توانست غم و اندوه والدین را تسکین دهد؟

جی نگبورن در داستان سوگواری یک یتیم می گوید:

«یک زن چون شوهرش را از دست بدهد بیوه‌زن نامیده می‌شود. یک شوهر وقتی زنش را از دست می‌دهد بیوه مرد نامیده می‌شود. یک طفل که والدین را از دست بدهد یتیم نامیده می‌شود ولی در هیچ لغت‌نامه‌ای لغتی برای والدینی که فرزندشان را از دست می‌دهند، نیست.»(۷) (ترجمه)

چرا خداوند زندگی یک جوان را این چنین نابهنگام از او می گیرد؟ حضرت عبدالبهاء در تسکین والدینی در مرگ پسر جوان آنها و شاید در مقایسهٔ فقدان آن پسر با برادر خود برای دلداری چنین می‌فرمایند:

«. . . مثل آنست که باغبان مهربان نهالی تر و تازه را از محلّ تنگی بمکان وسیعی نقل کند این انتقال سبب پژمردگی و افسردگی و اضمحلال آن نهال نیست بلکه

سبب نشو و نما و حصول طراوت و لطافت و ظهور بار و برگ است ولی این سرّ مکنون در نزد باغبان معلوم امّا نفوسیکه از این موهبت خبر ندارند گمان چنین کنند که باغبان آن نهال را بقهر و غضب از محلّش ریشه‌کن نموده ولی نفوس آگاه را این سرّ مکتوم معلوم و این قضای محتوم موهبتی محسوب لهذا شما از صعود آن طیر وفا مأیوس و محزون مگردید بلکه در جمیع احوال طلب مغفرت و علوّ درجات از برای آن نوجوان بخواهید.»[۸]

حضرت بهاءالله خطاب بآن غصن شهید می فرمایند «انّک انت ودیعة الله و کنزه فی هذه الدیار.»[۹] امانت آن چیزی است که به شخصی سپرده می‌شود تا از آن مواظبت نماید. برای مثال «هر عضو از نژاد بشر به عنوان یک امانت از کل نژاد بشر بدین عالم می‌آید.»[۱۰] (ترجمه) بدین جهت چقدر جای خوشبختی است که ما بهائیان حارسان یک چنین امانت بی‌نظیر شده‌ایم و با چنین نسبتی ناگسستنی به صورت امانت‌داران روحانی درآمده ایم. لیکن این وظیفه حتمیه از مراقبت رمس مطهّر میرزا مهدی که اکنون در تحت توجّه مستقیم بیت العدل اعظم است نیز فراتر می‌رود و آن بدین معنی است که در زندگی روزمرهٔ خویش پیوسته خاطره و حکایت زندگیش را زنده نگه داریم. هر گاه به خاطر امرالله سختی و آلامی را متحمل می‌شویم، کسانی را بخاطر بیاوریم که اکنون شدائد و سختی ها را در کمال شادی می گذارنند.

بخش آخر

میرزا مهدی گنجینهٔ حق بود، در حقیقت او یک ثروت گرانبها برای خداوند و عالم بود. او یک گنجینه از صفات روحانی بود که به عنوان فدیه برای رهائی شاه شاهان پرداخته شد. او یک گنجینه بود زیرا دمّ مطهّر پیامبر در رگ‌های او جریان داشت، زیرا «المخلوق من نور البهاء»[11] بود. او یک هدیهٔ گرانبها، یک گنجینهٔ غیرقابل تخمین بود که پروردگار برای بشریت و برای یک زمان خیلی محدود و در تحت شرایطی استثنائی ظاهر ساخته بود. در دورنمای تاریخ زندگی میرزا مهدی روزنه‌ای بود که پروردگار گهگاه آن را می‌گشاید تا گنجینهٔ حق را با منتخبین خود سهیم سازد. به این ترتیب خداوند به ما یادآوری می‌نماید که اوست مالک کل و ثروت او را چه معنوی و چه مادّی نمی‌توان با موارد مادّی و ثروت‌هایی که بشر اغلب بدان دلبستگی دارد مقایسه نمود. میرزا مهدی دست‌پروردهٔ الهی و کسی بود که آنقدر مورد محبّت و عشق خداوند قرار داشت که سریعاً به سوی خالق خود بازگشت.

حضرت شوقی افندی در نامه‌ای مرقوم داشتند: «زمانی رسیده که یاران الهی ... دائماً در فکر آن باشند که مخدوم معظّم یعنی امر الهی را چگونه خدمت نمایند.»[12] میرزا مهدی در سن نوجوانی این اصل را به صورتی که در ساعات پس از حادثه نشان داد، شناخته بود. در اینجا جوانی بود که هنگامی که پدر قادر مطلق او سئوال نمود چه آرزویی دارد و به او احتمال معالجه بیان شد، بی‌درنگ به مهمترین نیاز امرالله که اجازه یافتن احبّاء برای زیارت مولایشان و آزادی

میرزا مهدی، غصن اطهر

جمال مبارک از زندان بود، اندیشید. (۱۳) پاسخ میرزا مهدی فوری و الزام‌آور بود گویی او از مدّت‌ها قبل راجع به آن فکر کرده بود. او نیاز امر را مقدّم شمرده و نتیجه هم سریع بود. ادیب طاهرزاده می‌نویسد: «اندکی پس از شهادت غصن اطهر بسیاری از محدودیت‌های موجود در زندان از میان رفت و چندین تن از زائرین که مشتاق زیارت جمال مبارک بودند، اجازهٔ تشرّف یافتند.»(۱۴) در حدود چند ماه پس از آن واقعهٔ هائله حضرت بهاءالله و همراهان، زندان قشله را ترک کردند و جمال مبارک و عائله در خانه‌ای در عکّا منزل گزیدند. چند سال بعد حضرت بهاءالله عکّا را ترک و با همه در حومهٔ شهر ساکن شدند. فدا شدن میرزا مهدی کلمات حضرت بهاءالله را در مورد کسانی که اعمال نیک و خالص انجام می‌دهند به یاد می‌آورد که می‌فرمایند:

«...بیانش آفاق را به نور اتّفاق منوّر فرماید ذکرش نار محبّت برافروزد و سبحات مانعه و حجبات حایله را بسوزد. یک عمل پاک را از افلاک بگذراند و بال بسته را بگشاید و قوّت رفته را باز آرد...»(۱۵)

حضرت بهاءالله مظهر ظهور دیانت بهائی از قشله (سربازخانه) احبّائی را که در آن زمان در ایران و امپراطوری عثمانی و روسیه و نقاط مجاور، جوامعی تشکیل داده بودند، رهبری و هدایت می‌فرمودند. امروزه بیان مبارک را در لوح کرمل به یاد می‌آوریم که وعده فرمودند: «سوف تجری سفینةالله علیک و یظهر به اهل البهاء الّذین ذکرهم فی کتاب الاسماء.»(۱۶)

بخش آخر

مرکز جهانی بهائی در حیفا در طول خلیج عکّا تأسیس یافته است که شامل تعداد زیادی ساختمان و ابنیه است و در واقع دیانت بهائی اکنون در هر کشور و هر سرزمین تابعه و ادارات وابسته در کشورهای دیگر مستقر شده است.[۱۷] و از این رو وظایف رهبری و ادارهٔ دیانت بهائی که اکنون به عهدهٔ بیت العدل اعظم واگذار شده چندین برابر گردیده و به آن نیز امور تعدادی از احبّاء و به خصوص جوانان که به صورت داوطلب در ارض اقدس خدمت می کنند اضافه گردیده است. این جوانان که از قارّات مختلف عالم می آیند، هر یک یادآور میرزا مهدی و چند جوان دیگری هستند که در قشلهٔ عکّا در خدمت مولای خود بودند. در حالی که تنها وظیفهٔ میرزا مهدی استماع و ضبط کلمات نازله بود. جوانانی که امروزه در ارض اقدس خدمت می کنند به وظایف گوناگونی چون کار در دفاتر، باغبانی، مأموریّت حفاظت و دربانی و سرایداری مشغولند. هنگامی که آنها از قشله و محلّی که میرزا مهدی سقوط کرد و باعث مرگش شد و یا از مرقد زیبای او در باغات دیدن می کنند و یا هنگامی که لوح شهادت و مقام رفیع او که به قلم حضرت بهاءالله نازل گردیده، قرائت می نمایند، میرزا مهدی را یک نمونهٔ الهام بخش از خدمت، فداکاری و شخصیّتی غبطه انگیز می یابند.

بیت العدل اعظم الهی در زمینهٔ توانائی ها و استعدادهای حیرت آوری که جوانان بهائی از آغاز دیانت بهائی به معرض نمایش درآورده اند خدمات برجستهٔ میرزا مهدی را نیز این چنین ممتاز گردانیده اند:

«. . . از آغاز این امر مبارک یعنی از دوران اولّیه تاریخ بهائی نسل جوان در ترویج و انتشار امرالله سهم بسزائی داشته و در این سبیل به خدمات فائقه نائل آمده است. حضرت باب روح الوجود له الفدا وقتی اظهار امر فرمودند از سن مبارکشان بیش از بیست و پنجسال نمیگذشت. جمعی از حروف حیّ و تلامیذ آن حضرت نیز در مراحل اولیه عمر مالک حیّ از نفس مظهر ظهور جوانتر بودند. حضرت مولی الوری در ایّام اقامت در خاک عراق و عثمانی در عنفوان جوانی مسئولیّتهای عظیم در خدمت اب بزرگوار بعهده گرفتند و حضرت غصن اطهر برادر والا گهر حضرت عبدالبهاء در سنّ بیست و دو سالگی در سجن اعظم جان خود را لأجل "حیات عباد و اتحّاد من فی البلاد" فدا نمود. حضرت شوقی ربّانی ولی محبوب امرالله موقعی برای استقرار براریکه ولایت امر دعوت شدند که در ریعان شباب بودند و در دانشگاه آکسفورد بتحصیل اشتغال داشتند و بهمین قرار عدهٔ کثیری از فارسان حضرت بهاءالله که در طیّ جهاد ده ساله به تنفیذ تعلیمات مبارک قیام نمودند و نام جاودانی در صفحات تاریخ باقی گذاشته اند جوان بودند. بنا بر آنچه ذکر شد نباید تصّور نمود که طبقهٔ جوان باید منتظر مرور زمان بوده تا پس از طیّ مراحل کمال بتوانند بآستان الهی خدمات لایق تقدیم نمایند.»[۱۸]

نفوس بی‌شماری در این جهان فانی هدف و آرزوی خود را بر جمع‌آوری ثروت نهادند و سپس ناپدید شدند. نه ثمری، نه اشاره‌ای، نه نشانه‌ای، نه اثری و نه حتّی خبری از هویّت آنها بر جای مانده. آنها فرصت خود را برای به کار بردن استعدادشان در به وجود آوردن تاریخ از دست دادند. ولی برای میرزا مهدی این گونه نبود چون او زندگی خود را متواضعانه به درگاه الهی تقدیم و مانند اشعهٔ نوری در افلاک بی‌پایان درخشید و شکوه خود را بر ادوار زمان بیافشاند. غصن اطهر در تاریخ دیانت بهایی یک ستارهٔ زودگذر است. این ستارگان به قدری درخشان و شفاف هستند که اگر چه خط سیر آنها کوتاه و سریع است، ولی با هر چشم بصیر قابل رؤیت می‌باشند. این ستارگان که از عمق فضا سر برمی‌آورند عناصر آسمانی هستند که با بخشندگی فوق‌العاده و با نور قوی و نیروی شهابی خود به ما روشنی، و قلب و مغز همه را جلب و عطش ما را برای کشف عظمت ناشناخته‌هایمان شدیدتر میکنند.

از زمان‌های قدیم مردمان به علل اسرارآمیزی فریفته این ستارگان زودگذر شده بودند و آنها را طلسم بخت و اقبال خوب می‌شمردند زیرا انوار درخشندهٔ آنها نشانه‌ای از آسمان بیکران و از شکوه و قدرت نامتناهی آنها می‌باشد. گویی این ستاره‌ها مانند الهامات غیبی ما را در مقابل بحران‌های شکست ناپذیر هدایت می‌نمایند. در لحظاتی که ما منتظریم که یک شب تاریک پایان یابد، راهنمایان ماوراء عالم خاکی به ما یادآوری می کنند که ما در جهان هستی تنها نیستیم و به طور

میرزا مهدی، غصن اطهر

مبهم راز نهان مرگ و زندگی را با استعاراتی هویدا می‌سازند و فسیل‌ها و آثار باقیمانده، گواهی بر سرزندگی این جهان علیرغم جهل عمیق مردمانش می‌دهند. زندگی میرزا مهدی نیز دارای اهمیّت و مقصود عمیق بود و به وجود ما معنی جدیدی بخشید بدین معنی که: زندگی می‌تواند کوتاه و زیبا باشد؛ که ممکن است در مواقع وحشتناک انعطاف پذیری سازنده‌ای را ظاهر سازد؛ که بحر متلاطم زندگی می‌تواند بهشت آرامشی در پی داشته باشد؛ و آنکه پوشش ترسناکی که اسرار مرگ را می‌پوشاند می‌تواند در هر لحظه برطرف و به صورت عشقی بی‌آلایش در خاطره باقی بماند. هنگامی که مرگ فرا می‌رسد ما بدون هیچگونه شک خود را در مکانی که برای چشم ظاهر ما مجهول است غوطه‌ور می‌بینیم، مانند ستارگان زودگذر که توسّط نیروهای فیزیکی گریزناپذیر به پیش رانده می‌شوند و در مرحله‌ای از زندگی خود در آسمان ناپدید می‌گردند. زندگی غصن اطهر ناگهان به انتها رسید و بی‌موقع و دور از انتظار به پروردگار خویش پیوست. در منظری فیلسوفانه داستان میرزا مهدی واقعاً نشان می‌دهد که علیرغم تنویر افکار، محرومیت از حقوق مدنی هنوز به طریقی ادامه دارد مانند زندانی نمودن، تعدّی، ویران‌سازی، ظلم، کینه جویی و فتنه و فریب. و اکنون این زندگی فوق‌العاده که از آن یک چنین نور خیره‌کننده صادر شده به ما آرامش و امید می‌دهد. امید آنکه نیروهای قدرتمندی از سرور، شفقت، سخاوت، عشق و خلوص در قلب بشریت جایگزین شود. و امّا

بخش آخر

در مورد ستارگان زودگذر، اهمیّت ما بستگی به طول مدّت وجود ما در این زندگی زمینی ندارد بلکه بستگی به مرحمت و التفاتی دارد که ما برای زندگی دیگران می‌آوریم. آنچه مهم است این است که ما چگونه در مدار روحانی خویش علیرغم همۀ آلام می‌درخشیم و هنگامی که زندگی به پایان رسد چه نام خوشی از خود به یادگار می‌گذاریم.

***

امروزه زائرین بهایی در ارض اقدس در هتل‌ها اقامت می‌کنند نه در غارها، آنها با هواپیما مسافرت می‌کنند و نه پای پیاده، مدّت مسافرتشان به جای پنج ماه سفر از ایران از طریق جادّه‌های خاکی و جادّۀ ابریشم که شاهراه قدیم بوده است فقط چند ساعت است. آنها میهمان بیت العدل اعظم بوده و با نهایت محبّت پذیرفته می‌شوند همان‌گونه که حضرت بهاءالله شخصاً به زائرین خوش‌آمد می‌گفتند. این زائرین نگرانی از جهت تسهیلات پزشکی ندارند زیرا سرزمین فلسطین که اکنون کشور اسرائیل در آن واقع شده، یک کشور مدرن پیشرفته است و برای زائرین و مسافرین سطح فوق‌العاده‌ای از مراقبت و آسایش مهیّا می‌باشد. دیگر محافظین زندان وجود ندارند بلکه راهنمایانی مؤدّب و آموزش یافته با لبخند برای بازدید توریست‌ها آماده‌اند. به عوض آن جمعیّت بیسواد و متخاصم، اکنون مردمی خوشرو می‌بینید که به توریست‌ها و زائرین خوش‌آمد می‌گویند. چراغ‌های الکتریک و آب لوله کشی در همه جا وجود دارد و ارتباط با سایر نقاط عالم از طریق اینترنت به فوریت انجام می‌پذیرد و آزادی‌های حقوق

میرزا مهدی، غصن اطهر

مدنی مانند آزادی مذهبی و منع کلی دربارهٔ زندانی نمودن اطفال و جوانان کاملاً رعایت می‌شود.

زائرینی که از سربازخانهٔ خالی بازدید می‌کنند صدای بازی اطفال و مناجات و دعاهایی که فقط بر روی دیوارهای سخت سنگی منعکس می‌شد را نمی‌شنوند. صدای گفتگوی زنان که با شکایت از سختی‌ها به صورت سرودی دسته‌جمعی و صحبت پیرترها که با دلتنگی از گذشتهٔ خود می‌گفتند شنیده نمی‌شود. امّا زائرین امروزی می‌توانند انعکاس مسرّت تبعیدی‌ها را وقتی یک بهائی با زحمت بسیار از دنیای دست‌نیافتنی خارج به سربازخانه وارد می‌شد و احتمالاً اخباری از وطن را با خود می‌آورد، احساس کنند. زائرین امروزی تا حدّ امکان فضای روحانی این مکان را درک و زندگانی اجداد روحانی خود را با حرمت و احترام بسیار به یاد می‌آورند و به سربازخانه به عنوان یک مکان مقدّس که مظهر ظهور الهی را برای مدّتی اسکان داده بود، نگاه می‌کنند.

حیاط و حوضچهٔ کثیف آن در دسترس باستان‌شناسان برای حفّاری قرار گرفته است در حالیکه ارگ و ساختمان سربازخانه به طور کلّی نوسازی و به استاندارد یک موزه درآمده است. جغدها، پشه‌ها و موش‌های صحرایی همراه با بوی نامطبوع شهر از بین رفته‌اند. سربازخانه یک مکان دیدنی نه فقط برای بهائیان بلکه برای توریست‌هایی از نقاط مختلف دنیا شده است که تاریخ اسرائیل برایشان جالب است.

بخش آخر

هنگامی که زائرین به قسمت قدیم سربازخانه وارد می‌شوند میتوانند سلول‌های آن را بازدید و فضای زیست حضرت بهاءالله و همراهان را در زمان زندانی بودن مجسم نمایند، و رنج و عذاب آنها را که برای مدّت بیش از دو سال در آنجا زندگی کردند به خاطر آورند و سعی نمایند که وضعیت و شرایط آن احبّائی را که صبورانه در هر روز در بدترین شرایط ثابت قدم بودند درک کنند. احبّای تبعیدی با همهٔ این احوال خوشحال و مسرور بودند زیرا با اینکه در پشت میله‌های زندان می‌زیستند ولی مظهر ظهور الهی با آنها بود و سعادت آن را داشتند که با خلق جدید او یعنی غصن اطهر هم بند باشند.

ضمیمه: استقرار رمسین اطهرین غصن اطهر و مادر بزرگوار حضرت عبدالبهاء در کوه کرمل

بقلم روحیه خانم ربّانی[1]

«"چادر سیاه شب بر کوه کرمل کشیده شد و پردهٔ سیاهی دیگر خلیج عکّا را فرا گرفته عدّه‌ای از رجال در مدخل این مقام به انتظار ایستاده‌اند، ناگهان حرکتی احساس گردید. باغبان دوید چراغ‌ها را روشن کرد و در انوار مصابیح عدّه‌ای را دیدم که در حرکتند. مردی در لباس سیاه، صندوقی را بر شانه دارد. حضرت ولیّ امرالله است که رمس اطهر فرزند دلبند حضرت بهاءالله را حامل بودند. آهسته آهسته همه در این ممرّ تنگ مشی می‌نمایند و با نهایت سکوت به سوی منزلی که در قرب جوار مرقد حضرت ورقهٔ علیا است، می‌روند. خادم باوفا با قالیچه و قندیل از مقام مقدّس اعلی به جلو می‌رود و اتاق را برای ورود مهیّا می‌سازد. رفته رفته چهرهٔ زیبای

حضرت ولیّ امرالله در روشنایی مدخل اتاق نمودار می گردد و هنوز آن ودیعهٔ ثمینه را بر دوش می کشند. بعد ازورود، صندوق را در آن اتاق محقّر موقّت و رو به قبلهٔ اهل بهاء بر زمین گذاردند. مجدّد همه به همراهی حضرت ولیّ امرالله به سوی مدخل حدائق می‌روند و برای بار دوّم صندوق دیگری را حضرت ولیّ امرالله حمل فرموده با خود می‌آورند. این بار صندوق مبارک حامل رمس اطهر والدهٔ حضرت عبدالبهاء است. "(۲)

به نظر می‌رسید که موجی از سرور از این مراسم ساده به وجود آمده، سرور بی‌اندازه‌ای که با شفقت و رقّت همراه است. مرقد مرمرین ورقهٔ مبارکهٔ علیا چون مروارید سفید در زیر اشعّهٔ نورافکن خود در دامنهٔ تاریک کوه می‌درخشد و بر آن رمسین اطهرین که به آرامگاه ابدی خود نزدیک می‌شوند نورافشانی می کند.

وقتی که برای ادای احترام در برابر آن دو یادگار محبوب و مکرّم وارد شدیم حضور آن‌ها در آن اتاق کاملاً محسوس بود. سرانجام پس از گذشت هفتاد سال آن مادر بزرگوار و فرزند دلبندش که به قلم حضرت بهاءالله "المخلوق من نور البهاء" نامیده گشته در جوار هم استقرار می‌یابند. اجساد مطهّره در حالی که بوی خوش عطر گل سرخ که حضرت ولیّ امرالله به آن‌ها پاشیده‌اند اتاق را فرا گرفته در کنار هم به سوی عکّا قرار گرفته‌اند و در بالای سر آن‌ها که با نور خفیف شمع‌ها روشن شده، عکس ورقهٔ مبارکهٔ علیا آویزان است و گویی چشمان زیبا و پرمحبّت و خلوص آن مظهر نیکی و صفا بر مادر و برادر

میرزا مهدی، غصن اطهر

خود ناظر است. چقدر مایهٔ شکرانه و سرور است.

آن جوان پراحساس که در میان محنت و پریشانی تولّد یافته، در دوران تبعید و سرگونی بارآمده، در زندان ظلمانی درگذشته و با شتاب و در گوشهٔ انزوا دفن گردیده بود، حال رمس مطهّرش به دست توانای ولیّ امر پدر بزرگوارش از گورستان دور افتاده و متروک اعراب که سال‌های مدید در آن مدفون بوده، بیرون آمده و در کنار خواهر والاگهر و مادر مهرپرورش قرار گرفته است، مادری که به نام بیوک خانم یا خانم بزرگ معروف بود، خانمی با اندام موزون با شخصیّتی باوقار با بشرهٔ سفید و چشمان آبی و گیسوان سیاه که هنگام زندانی شدن حضرت بهاءالله در سیاه چال طهران همهٔ یار و اغیار ترکش نمودند، کسی که ناچار شد با فروش دکمه‌های زرّین لباس‌هایش غذا برای فرزندانش تهیّه کند، کسی که ناگزیر شد در وقت همراهی با جمال مبارک در تبعید به عراق، همین فرزند چهارسالهٔ نحیف را پشت سر گذارد، کسی که دست‌های لطیفش که عادت به کار نداشت از شستن لباس‌های خانواده زخم شد ولکن با همهٔ این ابتلائات تا آخر حیات در کمال صبر و شکیبایی و آرامش و از خودگذشتگی روزگار گذرانید. حال رمس مطهّر این خانم بزرگوار که قبلاً در نزدیکی عکّا در گورستانی دور از رمس فرزندش دفن شده بود، در کنار وی قرار گرفته و برای همیشه در کنارش باقی و برقرار خواهد ماند. این دو تابوت زیبا با پارچهٔ خوش بافتی پوشانده شده و با گل‌های یاس که از آستانهٔ مقام حضرت باب

آورده شده بود، آراسته بود. ما هم چنان که در کنار این دو صندوق به دعا و مناجات مشغولیم حضور ارواح مقدّسهٔ آن طلعات مبارکه، و یا شاید خاطرهٔ آنان چون بوی خوشی که در گل پژمرده هنوز باقی است، محیط را فرا گرفته است. و در همین اتاق که اجساد مطهّره را به مدّت کوتاه در برداشته آرامش دلپذیری که در یک زیارتگاه می‌توان یافت، احساس می‌شود.

حضرت ولیّ امرالله نه تنها این رمسین اطهرین را در مراقدی استقرار دادند که در خور شأن و مقامشان بود و نه فقط آن‌ها را در مکانی گذاشتند که همهٔ جهانیان می‌توانند عظمت و شکوهشان را به چشم ظاهر ببینند بلکه به نحو اسرارآمیزی خاطرهٔ آنان را در ما زنده کردند. موقعیّت و مقام این طلعات مقدّسه که دیرزمانی پیش در گذشته و اجسادشان در دوران مظلومیّت و اضطراب چنان بی‌سر و صدا در خاک گذاشته شده بود، برای ما احبّای غربی تنها بر اوراق تاریخ دیانت‌مان جای داشت. ولی حال، مکان آن‌ها در قلوب ما جای دارد. پردهٔ زمان و گمنامی که ما را از این هیاکل مقدّسه جدا می‌نمود دریده شده و ما اکنون در کمال شگفتی و سرور این دو هیکل مقدّس و نورانی را باز یافته‌ایم که به ما نزدیک شده، جزیی از زندگی ما گشته و آماده‌اند که ما را در راهی که به سوی مولایشان و مولای ما جمال اقدس ابهی می‌رود، مدد و یاری نمایند.

جمال مبارک از فرزند دلبندشان که در بستر مرگ آرمیده بود، پرسیدند که آیا می‌خواهد زنده بماند؟ وی جواب داد که

میرزا مهدی، غصن اطهر

تنها آرزویش این است که درهای زندان گشوده شود تا زائرین بتوانند به زیارت مولای خود فائز شوند. حضرت بهاءالله این آرزوی غصن اطهر جوان را برآورده ساختند. در کنار او نشستند در حالی که همراهان به آماده کردن وسایل کفن و دفن پرداختند. در همین شرایط اسفناک بود که این آیات عالیات از قلم حضرت بهاءالله نازل شد:

"هذا حین فیه یغسلون الابن امام الوجه بعد الّذی فدیناه فی السّجن الاعظم" (۳) "سبحانک اللّهمّ یا الهی ترانی بین ایادی الاعداء و الابن محمرا بدمه امام وجهک."(۴)

جمال مبارک در حینی که بر فرزند دلبندش خیره شده بود احساساتی این چنین در قلب مبارکش در جریان بود ولی ناگهان این آیات عالیات رعدآسا از لسان مبارک جاری شد:

"ای ربّ فدیت ما اعطیتنی لحیوة العباد و اتّحاد من فی البلاد."(۵)

اهمّیّت و عظمت این بیانات مبارکه را نمی‌توان نادیده گرفت. حضرت بهاءالله نقش خون دادن را به فرزند خویش عنایت نمود تا اتّحاد اهل عالم که اعلان فرموده بود، تحقّق پذیرد در حقیقت با این جانبازی قربانی اسحق به دست ابراهیم به حقیقت پیوست.

پس از آن که جسد مطّهر غصن اطهر در تنگدستی و خفا و در حالت شتاب به خاک سپرده شد، مادر مهربان که همواره قرین محنت و محرومیّت بوده، دچار غم و اندوه گشت و بی‌وقفه می گریست. جمال مبارک وقتی از این امر باخبر شدند نزد ایشان رفتند به تسلّی پرداختند و فرمودند که نباید محزون باشد زیرا خداوند این فرزند پرگهر را به عنوان فدیهٔ آن حضرت قبول نموده تا نه تنها مؤمنین را به لقای مولایشان فائز کند بلکه تمام فرزندان انسان را به وحدت و یگانگی رساند. آن خانم محترمه پس از استماع این بیانات اطمینان‌بخش تسلّی خاطر عظیم یافت و گریه و ناله در این ضایعهٔ وارده را به کناری نهاد.

و امّا این چنین مادر که بود؟ وی زنی بود که نه تنها به تقدّس و ایمان آراسته و به نثار آنچه داشت در سبیل الهی آماده بود بلکه همان زنی بود که اشعیاء در فصل ۵۴ از کتاب خود درباره‌اش چنین گفته است "زیرا که آفرینندهٔ تو که اسمش ربّ الجنود است شوهر تو است و قدّوس اسرائیل که به خدای تمام جهان مسمّی است ولّی تو می‌باشد."، "هر آینه کوه‌ها زایل خواهد شد و تل‌ها متحرّک خواهد گردید لیکن احسان من از تو زایل نخواهد شد و عهد سلامتی من متحرّک نخواهد گردید. خداوند که بر تو رحمت می کند این را می گوید." (۶)
حضرت بهاءالله نیز خطاب به وی چنین فرموده‌اند:

"اسمعی مرّة اخری رضی الله عنک ... و جعلک صاحبة له فی کلّ عالم من عوالمه و رزقک لقائه و وصاله بدوام اسمه و ذکره و ملکوته و جبروته." (۷)

میرزا مهدی، غصن اطهر

روزهایی که این مادر و فرزند در کنار هم در آن اتاق کوچک آرمیده‌اند چقدر زودگذر و گرانبها است. افتخار نزدیک بودن به این طلعات مقدّسه چیزی است که هرگز فراموش نمی‌شود و در این نزدیکی غریب و رقّت‌انگیز، انسان تابوتی را به خاطر می‌آورد که در آن تمام آنچه که از آن عزیزان پس از صعود ارواحشان باقی مانده آرمیده است و این یادآوری و نشانی از فنا و بقای خود ما است. هزاران نفر این الواح و مناجات‌های حضرت بهاءالله و حضرت عبدالبهاء را تلاوت خواهند کرد که آنها را جاودانی خواهد نمود. این نفوس از آن ارواح منوّره خواهند خواست که از طرف آنان شفاعت کنند و به کمال خضوع آرزو خواهند کرد که بتوانند در پی اقدام آن هیاکل نورانیّه مشی نمایند. ولی به نظر من این کارها هرگز آن حلاوت و تأثیر را نخواهد داشت که انسان رمسین اطهرین این طلعات مقدّسه را در حالی که در این اتاق در کنار هم زیر دیدگان مراقب ورقۀ مبارکۀ علیا آرمیده‌اند، نظاره کند.

"هنوز حفر قبر در صخره‌های سخت کوه کرمل جریان داشت. به اطّلاع هیکل اقدس رسید که ناقضین با انتقال رمسین اطهرین مخالفت نموده‌اند و به عنوان این که از بستگان نزدیک آن دو وجود مقدّسند جسارت آن یافته که به حکومت شکایت کنند. ولی فوراً به اطّلاع ولاة امور رسید که اینان هر چند به صورت ظاهر از اقربا هستند ولی در تمام عمر دست از عداوت نسبت به

ضمیمه

حضرت عبدالبهاء و عائلهٔ او برنداشته‌اند و امر الهی را بازیچهٔ هواهای نفسانی و دسائس شیطانی خویش گرفته اند. طبق الواح وصایا همهٔ آنان از جرگهٔ یاران مطرود و ممنوعند و چون این مطالب را دانستند فوراً اجازهٔ نبش قبر و انتقال اجساد را دادند بدون خطر و حادثه‌ای و یا تعویق و مانعی دو روز بعد هیکل مبارک آن دو رمس اطهر را به کوه کرمل آوردند." (۸)

آخرین سنگ‌ها را در قوس این قبرها جای دادند، زمین آن ها را از مرمر پوشاندند و سنگ‌های مزار را که حامل اسماء مقدّسهٔ آنان بود، آماده ساختند. وقتی همه چیز حاضر شد، زمین‌ها را صاف نمودند و راه وصول به آن مراقد مطهّره نیز هموار گردید ولی باران و طوفان شدید که در بالای کوه به طور مداوم ادامه داشت کارهای نهائی را به تأخیر انداخت تا این که روز قبل از کریسمس که روزی روشن و صاف و گویا موعد مقدّر برای این کار بود فرا رسید. در غروب آن روز همهٔ ما در آن حجرهٔ محقّر که دو بار متبرّک شده بود، گرد آمدیم. صدای یکی از قدیمی‌ترین و مخلص‌ترین احبّای شرق نزدیک که به دستور حضرت ولیّ امرالله تلاوت مناجات را آغاز کرد به گوش می‌رسد. این شخص محترم با صوت لرزان و ضعیف ولی مملوّ از عشق و ایمان غیرقابل توصیف و فراموش‌نشدنی مناجاتی تلاوت می‌کند که با مناجات‌های دیگر از جمله مناجاتی به صوت حضرت ولیّ امرالله ادامه می‌یابد گویی

انسان طنین آن مناجات‌ها را از ملاء غیبی الهی که با سرور پیروزمندانه سروده می‌شود، می‌شنود.

مجدّد بر روی شانهٔ حضرت ولیّ امرالله هر دو را به ضریح مبارک حضرت اعلی آورده، پهلوی هم گذاردند و در مقامی اعظم از کلّ جهان رو به بهجی به ودیعت نهادند. شمع‌ها را بر بالای رئوس مطهّره روشن نمودند و گل‌های فراوان بر پای هر دو نثار نمودند. حال شب سالگرد تولّد حضرت‌مسیح است. ورقهٔ مقدّسه‌ای که در کتاب اشعیاء به او بشارت داده شده و فرزند دلبندی که حضرت مسیح دربارهٔ پدر بزرگوارش به بیان "روح الحقّ فهو یرشدکم الی جمیع الحقّ" (۹) ناطق گشته اکنون شب آخرشان را قبل از این که برای ابد از دیدگان مردمان جهان در خاک پنهان شوند، در کمال آرامش در این مقام مقدّس آرمیده‌اند.

درغروب روز دیگر در ضریح مبارک جمع شدیم. حضرت ولیّ امرالله زیارتنامه را در مقام حضرت باب و بعد در مقام حضرت عبدالبهاء تلاوت می کنند. یاران الهی که افتخار زیارت ارض اقدس و شرکت در این واقعهٔ مقدّس را داشتند همراه حضرت ولیّ امرالله برای بار دوّم به مقام حضرت اعلی وارد می‌شوند. رمسین اطهرین بر دوش احبّاء به حرکت آمد و حضرت شوقی افندی که "هرگز از این دو ودیعهٔ صمدانی دوری نمی‌جستند، به طواف ضریح مقدّس پرداختند. در حین طواف، صندوق حضرت غصن الله الاطهر بر دوش هیکل اطهر بود و بعد صندوق والدهٔ حضرت عبدالبهاء. پس از طواف

از جادّه‌های سفید و نیم‌دایرۀ مقام در تاریکی شب آن موکب رهیب را زیارت نمودم گویی صندوق‌های مقدّسه بالاتر از کل در اوج اعلی در حرکت بوده "[۱۰] از پلّه‌ها بالا می‌روند و بار دیگر از دروازه‌ای که به مرقد ورقۀ مبارکۀ علیا می‌رود، وارد می‌شوند و در زیر آسمان شبانه که در آن ابرهای نامنظّم، ماه را به شوخی گرفته‌اند از برابر ما می‌گذرند، نزدیک‌تر آمدند درست چهرۀ مبارک زیارت شد که صندوق را بر دوش می‌آورند رفتند تا به مقابر رسیدند.

"اوّل حضرت غصن اطهر را در محلّ خود گذاردند. هیکل مبارک به آرامگاهی که از فرش پوشیده شده بود، وارد شدند و با نهایت ملایمت و آرامی صندوق را در محلّ مقدّر خود گذاردند و به دست مبارک، گُل بر آن صندوق مطهّر افشاندند. گل‌هایی که 'لایمسها الاّ یده الاطهر العزیز' بعد والدۀ حضرت عبدالبهاء به همین ترتیب یعنی به دست مکرمت حضرت ولیّ امرالله در آرامگاه مجاور استقرار داده شد. "[۱۱]... آن‌ها کمتر از شش فیت از هم فاصله دارند. صورت‌های ساکت و آرام احبّاء در زیر انوار درخشان چراغ‌ها یک حلقۀ پرانتظار تشکیل می‌دهد. حضرت ولیّ امرالله بنّاها را خواستند و امر فرمودند هر دو مرقد را مسدود نمایند و آن‌ها هم در کمال احترام و مهارت کار خود را به پایان رساندند. خرمن گل‌ها بر مزار ریخته شد و هیکل مبارک به دست لطف و مکرمت خود عطر گل بر هر دو پاشیدند. بوی تند عطر گل در هوا منتشر شد و صورت ما را نوازش داد. حال صوت رنّان حضرت ولیّ امرالله مسموع گردید که آیات حضرت بهاءالله

که مخصوص زیارت مراقد مطهّرهٔ رمسین اطهرین بود، تلاوت فرمودند.

این بی‌شک رؤیایی بیش نیست. آیا واقعاً من هستم که در این مقام ایستاده و بر این مراقد نوساخته که در قلب کرمل جای گرفته، خیره شده‌ام؟ زیر پای من دورنمای وسیعی گسترده است. عکّا که زمانی، این دو هیکل مقدّس به مدّت طولانی در آن زندانی بوده و وقتی اجسادشان در دامنه آن مدفون بوده، در آن سمت دریا به چشم میخورد، دریا و خشکی در برابر من گسترده است و تا آن جا که ماه کوه‌های ارض مقدّس را نقره‌فام می‌کند ادامه دارد، ارض مقدّس که لانهٔ انبیاء، آشیانهٔ احبّای الهی و مقرّ سفینة الله در این عصر اعظم افخم است. در حول این مراقد شریفهٔ مادر و خواهر و برادر حضرت عبدالبهاء خدمات حیات‌بخش امر مبارک برای همیشه و به طور روزافزون متمرکز خواهد گشت. در جوار این مقامات متبرّکه مؤسّسات جلیلهٔ امر الهی برای تقویت روحانی و جسمانی عالم انسانی برپا خواهد گشت و خاطره و مثال این سه هیاکل مقدّسه با خدمات آن مؤسّسات بهیّه برای همیشه سرشته و آمیخته خواهد بود. راهی که آنان رفتند راه ما است و آنان ما را برای خدمات بیشتر هدایت می‌کنند و جامعهٔ پیروان اسم اعظم را دلالت می‌نمایند.»[۱]

کتاب‌شناسی

آثار حضرت بهاءالله:
- لوح ابن ذئب (لوح خطاب به شیخ محمد تقی نجفی اصفهانی)، موسسه معارف بهائی کانادا، ۱۵۷ بدیع – ۲۰۰۱ میلادی.
- منتخباتی از آثار حضرت بهاءالله، اینترنت، کتابخانه مراجع بهائی
- کتاب ایقان، مؤسّسه ملّی مطبوعات بهائی آلمان، هوفمایم، آلمان، میلادی۱۹۹۸.
- مجموعهٔ ادعیه و مناجات‌های حضرت بهاءالله، مؤسّسهٔ مطبوعات امری برزیل، میلادی۱۹۹۷.
- ندای رب الجنود، اینترنت، کتابخانه مراجع بهائی.
- مجموعهٔ الواح حضرت بهاءالله، قاهره، مطبعه سعادت، ۱۹۲۰ میلادی.

آثار حضرت باب:
- منتخباتی از آثار حضرت باب، اینترنت، کتابخانه مراجع بهائی.

آثار حضرت عبدالبهاء:
- تذکرهٔ الوفاء، مطبعه عباسیّه، حیفا، ۱۹۲۵ میلادی.

میرزا مهدی، غصن اطهر

- ترویج صلح عمومی (The Promulgation of Universal Peace)، ویلمت ایلینویز: مؤسّسۀ مطبوعات امری ۱۹۸۲ (مأخذ انگلیسی) .
- منتخباتی از مکاتیب حضرت عبدالبهاء ، جلد ۱، اینترنت ،کتابخانه مراجع بهائی.
- خطابات حضرت عبدالبهاء، جلد ۲، اینترنت ،کتابخانه مراجع بهائی.
- مفاوضات حضرت عبدالبهاء، اینترنت ،کتابخانه مراجع بهائی.
- الواح وصایای حضرت عبدالبهاء، اینترنت ،کتابخانه مراجع بهائی.
- فلسفۀ الهی (‘Abdu’l-Bahá on Divine Philosophy)، بوستن: مطبعه تیودور ۱۹۱۸ (مأخذ انگلیسی).
- لوح ادوارد ب کینی (Edward B. Kinney)، اهمیّت موسیقی، رؤیت شده در مقاله موسیقی: اهمیت مادی و روحانی آن (Music, Its material and Spiritual Significance)، رؤیت شده در نجم باختر (Star of the West)، جلد ۱۵، شمارۀ ۵. اگست ۱۹۲۴ صفحۀ ۱۳۰ (مأخذ انگلیسی).

آثار حضرت شوقی افندی:
- ظهور عدل الهی: مؤسّسۀ مطبوعات امری ۱۹۸۵.
- کتاب قرن بدیع: مؤسّسۀ معارف بهائی به لسان فارسی، انتاریو، کانادا، ۱۹۹۲.
- توقیعات مبارکۀ حضرت ولیّ امرالله خطاب به احبّای شرق (لانگنهاین: لجنۀ ملّی نشر آثار امری به لسان فارسی و عربی، ۱۴۹ بدیع/۱۹۹۲ میلادی).

- توقیعات خطاب به امریکا (Messages to America)، ویلمت ایلینویز: لجنهٔ نشریات امری ۱۹۴۷ (مأخذ انگلیسی).
- توقیعات مبارکه (۱۹۲۷–۱۹۳۹)، طهران: مؤسّسهٔ ملّی مطبوعات امری، ۱۲۹ بدیع.
- توقیعات مبارکه (۱۹۵۲–۱۹۵۷)، طهران: مؤسّسهٔ ملّی مطبوعات امری، ۱۱۹ بدیع.
- قد ظهر یوم المیعاد: لجنه ملی نشر آثار امری، طهران - ایران، ۱۰۴ بدیع.
- این زمان خطیر (This Decisive Hour) : توقیعات حضرت شوقی افندی خطاب به بهائیان امریکا ۱۹۳۲-۱۹۴۶ ویلمت ایلینویز: مؤسّسهٔ مطبوعات امری، ۲۰۰۲ (مأخذ انگلیسی).
- سرنوشت آشکار جامعه بهائی انگلستان (The Unfolding Destiny of the British Bahá'í Community)، توقیعات ولی امر دیانت بهائی خطاب به بهائیان انگلستان. لندن: مؤسّسهٔ مطبوعات امری ۱۹۸۱ (مأخذ انگلیسی).

بهائیّه خانم (حضرت ورقهٔ علیا):

- مجمُوعه‌ای از الواح حضرت بهاءاللّه و حضرت عبدالبهاء و توقیعات و مکاتیب حضرت ولّی امراللّه (در مورد بهائیّه خانم) و دستخطهای حضرت ورقه علیا، لجنه ملّی نشر آثار امری، لانگهاین، آلمان، ۱۴۲ بدیع - ۱۹۸۵ میلادی.

روحیه خانم ربّانی:

- تدفین غصن اطهر و مادر حضرت عبدالبهاء، در قسمت ضمیمه کتاب

نفحات ظهور حضرت بهاءالله، جلد سوّم.

بیت العدل اعظم الهی:

- نامه به کلیّهٔ محافل روحانی ملّی ۲۵ مارس ۱۹۷۰.
- نامه به جوانان بهائی در سراسر عالم ۱۰ ژوئن ۱۹۶۶.
- پیام به اوّلین کنفرانس اقیانوسیه، پالرمو، سیسیلی اگست ۱۹۶۸.

کتاب مقدّس:

- ترجمهٔ اینترنشنال بیبلیکال اسوسیشن (International Biblical Association)

ایوس، هوارد کلبی (Ives, Howard Colby):

- درگه دوست: موسسه ملی مطبوعات امری، ۱۹۶۸.

بارنز، کایزر (Barnes, Kiser):

- پنج سنگریزهٔ میرزا مهدی (Mírzá Mihdí's Five Smooth Stones) ژوهانسبورگ: مؤسّسهٔ مطبوعات امری ۲۰۰۵ (مأخذ انگلیسی).

بالیوزی، ح.م.:

- حضرت بهاءالله، شمس حقیقت. اکسفورد: جرج رونالد، ترجمه فارسی ۱۹۸۹.

بدیعی، امیر:

- داستان‌هایی از حضرت عبدالبهاء (Stories told by 'Abdu'l-Bahá)، اکسفورد، جرج رونالد، ۲۰۰۳ (مأخذ انگلیسی).

کتاب‌شناسی

براون، ادوارد:

- معرّفی مقالهٔ شخصی سیّاح [حضرت عبدالبهاء] که دوران حضرت باب را تشریح می‌نماید (ترجمهٔ ادوارد براون) ۲ جلد چاپ دانشگاه کمبریج ۱۸۸۶ (مأخذ انگلیسی).

('Introduction', ['Abdu'l-Bahá], A Traveller's Narrative Written to Illustrate the Episode of the Báb (trans. E.G. Browne)

- اطّلاعات برای مطالعهٔ دیانت بابی.

Materials for the Study of the Bábí Religion

چاپ دانشگاه کمبریج، ۱۹۱۸ (مأخذ انگلیسی).

براون، رامونا آلن:

- خاطراتی از حضرت عبدالبهاء (Memories of 'Abdu'l-Bahá)، مؤسّسهٔ مطبوعات امری ۲۰۰۲ (مأخذ انگلیسی).

بغدادی، ضیاء:

- حضرت عبدالبهاء در امریکا ('Abdu'l-Bahá in America). نجم باختر، جلد۱۹، شمارهٔ ۵ (اگست ۱۹۲۸) صفحهٔ ۱۴۱ (مأخذ انگلیسی).

بلامفیلد، لیدی (ستاره خانم، سارا لوئیز):

شاهراه منتخب. ویلمت، ایلینویز، ۱۹۴۰.

بناپارت، ناپلئون (ناپلئون اوّل، امپراطور فرانسه ۱۷۶۹):

- مجموعه‌ای از نامه‌ها و پیغام‌های ناپلئون اوّل

(A selection from the letters and despatches of the Napoleon I)

تجدید چاپ، چارلستون ان سی، نشر نابو ۲۰۱۰

بورِیج، کنت (Beveridge, Kent) :

- از ادرنه به عکا : لوید اطریشی

(From Adrianople to ‘Akká: The Austrian Lloyd)

https://hurqalya.ucmerced.edu/sites/hurqalya.ucmerced.edu

/files/page/documents/beveridge.pdf)

بیکر، افی (Baker, Effie) :

- نامه خطاب به احبّای ملبورن، ادلاید، پرت، تاسمانیا و سیدنی
(Letter addressed to the Bahá’ís of Melbourne, Adelaide, Perth, Tasmania and Sydney),
۲۹ مارس ۱۹۲۵ (مأخذ انگلیسی) .

پین، میبل هاید (Paine, Mable Hyde) :

- هنر زندگی روحانی (The Divine Art of Living) ، منتخباتی از آثار حضرت بهاءالله و حضرت عبدالبهاء برگزیدهٔ میبل هاید پین، تجدید نظر توسّط ان ماری شفر. ویلمت ایلینویز: مؤسّسهٔ مطبوعات امری، ۱۹۸۶(مأخذ انگلیسی).

- خاطرات منتشر نشده.

جامعهٔ بین‌المللی بهائی:

- ارج نهادن به روحانیت در امر توسعه: ملاحظات اوّلیّه در مورد ابداع معیارهای روحانی برای توسعه

کتاب‌شناسی

(Valuing Spirituality in Development: Initial Considerations Regarding the Creation of Spiritually Based Indicators for Development),

لندن. مؤسّسهٔ مطبوعات امری ۱۹۹۸.

- طرح پیشنهادی ارائه شده در کنفرانس « گفتگوی ادیان عالم در امر توسعه» برگزار شده توسّط رئیس بانک جهانی و اسقف کنتربوری در لمبت پلیس، لندن، فوریهٔ ۱۹۹۸(مأخذ انگلیسی) . رجوع به وب سایت:

https://www.bic.org/statements/valuing-spirituality-development

خادم، ذکرالله:
- غصن اطهر و نظم جدید، پیام بهائی جلد ۷۹، شمارهٔ ۱۱، ژوئن ۱۹۸۶.

خان، ژانت (.Khan, Janet A) :
- دختر پیامبر، زندگی و میراث بهائیّه خانم قهرمان برجستهٔ دیانت بهائی،
Prophet's Daughter: The Life and Legacy of Bahíyyih Khánum, Outstanding Heroine of the Bahá'í Faith
ویلمت ایلینویز: مؤسّسهٔ مطبوعات امری ۲۰۰۵ (مأخذ انگلیسی).

درماتوسیان، بدروس (Der Matossian, Bedross) :
- رؤیای پریشان انقلاب: از آزادی تا جبر در دوران آخرین امپراطور عثمانی.
(Shattered Dreams of Revolution: From Liberty to Violence in the Late Ottoman Empire)

پالر آلتو، کالیفرنیا: مطبوعات دانشگاه استانفورد ۲۰۱۴ (مأخذ انگلیسی).

رنشا، اِمی (Renshaw, Amy)
- سفر عشق: حضرت عبدالبهاء در امریکای شمالی
(Voyage of Love: 'Abdu'l-Bahá in North America) ,
ویلمت ایلینویز: مطبعه بلودر ۲۰۱۰ (مأخذ انگلیسی).

روح، دیوید (Ruhe, David) :
- درِ امید (Door of Hope) . اکسفورد: جرج رونالد. چاپ دوّم ۲۰۰۱ (مأخذ انگلیسی).

- ردای نور: سال‌های زندگی مظهر ظهور حضرت بهاءالله در ایران (Robe of Light: The Persian Years of the Supreme Prophet Bahá'u'lláh) ، ۱۸۱۷–۱۸۵۳. اکسفورد: جرج رونالد ۱۹۹۴ (مأخذ انگلیسی).

روزنبرگ، ئی. جی. (Rosenberg, E. J.) :
- یادداشت‌های خانم روزنبرگ از ضیائیه خانم
(Account of Zea Khánum) ، حیفا: فوریه و مارس ۱۹۰۱ رؤیت شده در «زندگی در سجن اعظم» (Life in the Most Great Prison)، نجم باختر (Star of the West) ، جلد ۸ شمارۀ ۱۳، صفحۀ ۱۷۲ (مأخذ انگلیسی).

سرویس خبری جامعه جهانی بهائی (Bahá'í World News Service)

کتاب‌شناسی

- "مکان مقدس نوسازی و به روی زائرین کشود شد"، ۲۴ نوامبر ۲۰۰۴،
http://news.bahai.org/story/336

- آمار (Statistics)، سرویس خبری جامعه جهانی بهائی، رؤیت شده در گزارش نجم باختر (Star of the West) ، اکسفورد: جرج رونالد، ۱۹۸۴ (مأخذ انگلیسی).

سلمانی، استاد محمّد علی:
- خاطرات من از حضرت بهاءالله. اینترنت، کتابخانه بهائی.

سهراب، میرزا احمد:
- یادداشت‌های روزانه (Diary of Mirza Ahmad Sohrab) ، ۵ جولای ۱۹۱۴، در مقاله «زندگی در سجن اعظم» (Life in the Most Great Prison) ، نجم باختر ، جلد ۸ شمارهٔ ۱۳ (۴ نوامبر ۱۹۱۷) صفحهٔ ۱۷۳. (Star of the West) (مأخذ انگلیسی).

- یادداشت‌های روزانه (Diary of Mirza Ahmad Sohrab) ، ۳۰ اپریل ۱۹۱۴ نجم باختر جلد ۸ شمارهٔ ۱۳ (۴ نوامبر ۱۹۱۷) صفحات ۱۶۹-۱۷۰ (مأخذ انگلیسی، بالا).

طاهرزاده، ادیب:
- ولید میثاق (Child of the Covenant)، اکسفورد: جرج رونالد ۲۰۰۰ (مأخذ انگلیسی) .

- نفحات ظهور حضرت بهاءالله، جلد اوّل: مؤسّسهٔ معارف بهائی،

انتاریو، کانادا ۱۹۹۸.

- نفحات ظهور حضرت بهاءالله، جلد دوّم، موسسه انتشاراتی سنچری پرس، استرالیا ۲۰۱۰.

- نفحات ظهور حضرت بهاءالله، جلد سوّم، موسسه انتشاراتی سنچری پرس، استرالیا ۲۰۱۲.

- سه سال مهم از عصر رسولی ۱۸۷۰-۱۸۶۸
Three momentous Years of the Heroic Age, 1868-1870),
عالم بهائی، جلد ۱۵، صفحهٔ ۷۶۷ (مأخذ انگلیسی).

عالم بهائی (The Bahá'í World) :
- جلد ۱ تا ۱۲، ۱۹۲۵-۱۹۵۴، مؤسّسهٔ مطبوعات امری، ویلمت ایلینویز: ۱۹۸۰ (مأخذ انگلیسی).

- جلد ۱۵: حیفا: مرکز جهانی بهائی ۱۹۷۶ (مأخذ انگلیسی).
- مراسم یادبود در مرکز جهانی بهائی (Commemoration at the World Centre)، جلد ۱۵، صفحهٔ ۱۶۳.

عزیزی، عزیزالله:
- تاج وهّاج، خاطرات عزیزالله عزیزی، مؤسّسهٔ مطبوعات امری، ایران، ۱۹۷۶.

فاضل، اسدالله:

- مقاله زندگی حضرت بهاءالله (The Life of Bahá’u’llah) ، قسمت دوّم، رؤیت شده در نجم باختر، (Star of the West) ، جلد ۱۴، شمارهٔ ۱۱ صفحهٔ ۳۲۸ (مأخذ انگلیسی) .

فاضل، جناب:

- مقاله شکوه اعمال (Glory of Deeds) ، رؤیت شده نجم باختر، جلد ۱۴، شمارهٔ ۶، صفحهٔ ۱۷۴. (Star of the West) (مأخذ انگلیسی)

فلپس، مایرون (Phelps, Mayron H.) :

- زندگانی و دستورالعمل‌های عبّاس افندی
(Abbs Effendi: His Life and Teachings),
نیویورک: جی پی پوتنامز سان ۱۹۰۳ (مأخذ انگلیسی).

فیضی، ابوالقاسم:

- از ادرنه تا عکا، بخش ۱۱ کتاب فاتح دلها (تألیف شرلی ماسیاس)، کتابخانه افنان (نسخه خطی منتشر نشده)، نشر در اینترنت در کتابخانهٔ منابع آکادمیک بهائی (Bahá’í Academic Resource Library) از طریق:
http://bahai-library.com/faizi_conqueror_hearts

فیلیپ، توماس (Philipp, Thomas) :

- ترقّی و نزول شهر عکا: جمعیّت و اقتصاد بین سال‌های ۱۸۵۰-۱۷۰۰ ،
(The Rise and Fall of Acre: Population and Economy between 1700 and 1850), (Revue du Monde Musulman et de la Méditerranée),

میرزا مهدی، غصن اطهر

جلد ۵۶ تا ۵۵، ۱۹۹۰، صفحات ۱۲۴-۱۴۰ (مأخذ انگلیسی).

لاتیمر، جرج اور (Latimer, George Orr):
- مصباح عالم (The Light of the World). حیفا، فلسطین، ۱۹۲۰.
- «زندگی در سجن اعظم»، «یکصدمین سال تولّد حضرت بهاءالله» نجم‌باختر (Star of the West)، جلد ۸، شمارۀ ۱۳، صفحۀ ۱۷۱ (مأخذ انگلیسی).

معانی، بهاریه روحانی:
- ورقات دو شجرۀ الهیّه (Leaves of the Twin Divine Trees). اکسفورد: جرج رونالد ۲۰۰۸ (مأخذ انگلیسی).

مک‌لین، ج.ا. (McLean, J. A.):
- خضوعی الهی: یادبودی از آخرین ایادی امرالله علی‌محمّد ورقا (مأخذ انگلیسی).

(Divine Simplicity: Remembering the last Hand of the Cause of God 'Alí-Muḥammad Varqá)

http://bahai-library.com/mclean_divine_simplicity

موسیقی:
موسیقی: اهمیت مادی و روحانی آن (Music, Its material and Spiritual Significance)، رؤیت شده در نجم باختر (Star of the West)، جلد ۱۵، شمارۀ ۵. اگست ۱۹۲۴، صفحۀ ۱۳۰ (مأخذ انگلیسی).

کتاب‌شناسی

مؤمن، موژان:

- ادیان بابی و بهائی ۱۸۴۴-۱۹۴۴ (The Bábí and Bahá'í Religions, 1844–1944)، بعضی از گزارشات غربی معاصر. اکسفورد: جرج رونالد، ۱۹۸۱ (مأخذ انگلیسی).

- جامعهٔ بهائی ایران: روند تبعید و مشکلات ارتباطی (Patterns of Exile and Problems of Communication) ، در کتاب اصغر فتحی: پناهندگان ایرانی و تبعیدها از زمان خمینی (Iranian Refugees and Exiles Since Khomeini)، کاستامزا. کالیفرنیا: نشریات مزدا ۱۹۹۱. صفحات ۲۱-۳۶ (مأخذ انگلیسی).

- تبعیدی‌های قبرس (Cyprus Exiles) ، بولتن مطالعات بهائی (Bahá'í Studies Bulletin)، جلد ۵، شمارهٔ ۳ و جلد ۶، شمارهٔ ۱، ژوئن ۱۹۹۱ (مأخذ انگلیسی).

نبیل اعظم:

- تاریخ نبیل (مطالع الانوار)، روایت ایّام اوّلیّهٔ ظهور دیانت بهائی، اینترنت، کتابخانه مراجع بهائی

نگبورن، جی (Neugeboren, Jay) :

- داستان یک یتیم (An Orphan's Tale)، ان آربر، زانس بوک ۱۹۷۶ (مأخذ انگلیسی).

میرزا مهدی، غصن اطهر

هانولد، ان ماری (Honnold, Annamarie):
- نمونه‌هایی از زندگی حضرت عبدالبهاء
(Vignettes from the Life of 'Abdu'l-Bahá)، اکسفورد: جرج رونالد، تجدید چاپ ۱۹۹۱ (مأخذ انگلیسی).

هندل، بوریس:
- ملأ أعلی، (El Concurso en Lo Alto. Lima: Propaceb)، ۱۹۸۵ (مأخذ اسپانیولی).

مآخذ و یادداشت‌ها

صفحات نخستین کتاب:
۱. حضرت بهاءالله، مجموعهٔ دعا و مناجات، چاپ برزیل، ۱۵۴ بدیع، شماره ۳۰، صفحات ۲۸-۲۹.
۲. از حضرت بهاءالله، تالیف محمد علی فیضی صفحه ۲۲۶.

دیباچه:
۱. کتاب قرن بدیع از حضرت شوقی افندی، صفحهٔ ۸۱۳.
۲. مأخذ بالا، صفحهٔ ۸۱۵.
۳. مأخذ بالا، صفحه ۷۹۹-۸۱۹.
۴. مأخذ بالا، صفحهٔ ۳۷۹.
۵. از حضرت بهاءالله، ندای ربّ الجنود صفحهٔ ۴۱.
۶. از حضرت بهاءالله، نقل شده در کتاب قرن بدیع (از حضرت شوقی افندی)، صفحهٔ ۳۷۹.

فصل اوّل- عکّا، سجن اعظم:
۱. داوران ۱:۳۱ از ترجمهٔ اینترنشنال (کتاب مقدّس)

۲. هوشع ۲:۱۵، اشعیاء ۶۵:۱۰، جاشویا ۷:۲۴، ۲۶:۱۵:۷، ترجمهٔ مؤسسه اینترنشنال.
۳. حضرت بهاءالله، لوح ابن ذئب (لوح خطاب به شیخ محمد تقی اصفهانی)، صفحه ۱۳۳.
۴. بناپارت، مجموعه‌ای از نامه‌ها و پیغام‌های ناپلئون یکم، صفحهٔ ۲۵۲ (مأخذ انگلیسی).
۵. درماتوسیان، رؤیاهای پریشان انقلاب صفحهٔ ۱۷۰ (مأخذ انگلیسی).
۶. مزامیر داود ۶۰:۹، ۱۰۸:۱۰، کتاب مقدّس ، ترجمهٔ مؤسسه اینترنشنال.
۷. هوشع ۲:۱۵ ، کتاب مقدّس ، ترجمهٔ مؤسسه اینترنشنال.
۸. مزامیر داود ۱۰- ۲۴:۷ ، کتاب مقدّس ، ترجمهٔ مؤسسه اینترنشنال.
۹. هوشع ۲:۱۵ ، کتاب مقدّس ، ترجمهٔ مؤسسه اینترنشنال.
۱۰. مزامیر داود ۳۱:۲۱ . ، کتاب مقدّس ، ترجمهٔ مؤسسه اینترنشنال.
۱۱. مزامیر ۶۰:۹، ۱۰۸:۱۰، کتاب مقدّس ، ترجمهٔ مؤسسه اینترنشنال.
۱۲. مزامیر ۱۰- ۲۴:۷ ، کتاب مقدّس ، ترجمهٔ مؤسسه اینترنشنال.
۱۳. حزقیل ۴، ۲- ۴۳:۱ ، کتاب مقدّس ، ترجمهٔ مؤسسه اینترنشنال.
۱۴. عاموص ۱:۲ ، کتاب مقدّس ، ترجمه ترجمهٔ مؤسسه اینترنشنال.
۱۵. میکاه ۷:۱۲ ، کتاب مقدّس ، ترجمهٔ مؤسسه اینترنشنال.
۱۶. مفاوضات حضرت عبدالبهاء، صفحات ۲۴-۲۵.
۱۷. منتخبات آثار حضرت بهاءالله، شماره ۱۶۴ .
۱۸. حضرت‌شوقی افندی ،کتاب قرن بدیع، صفحهٔ ۳۷۴ .
۱۹. مأخذ بالا، صفحه ۳۷۳ .
۲۰. هندال، ملاء اعلی (El Concurso en Lo Alto) (مأخذ اسپانیولی).
۲۱. کتاب قرن بدیع، حضرت شوقی افندی، صفحهٔ ۳۸۸ .

مآخذ و یادداشت‌ها

۲۲. شاهراه منتخب، بلومفیلد، صفحهٔ ۵۷.
۲۳. حضرت ولیّ امرالله، توقیعات مبارکهٔ حضرت ولیّ امرالله، ص۱۶۶.

فصل دوّم: غصن اطهر

۱. بارنز، پنج سنگریزه میرزا مهدی، صفحهٔ ۳۶ (مأخذ انگلیسی).
۲. بلومفیلد، شاهراه منتخب، صفحهٔ ۴۰، میرزا مهدی در ۱۸۵۳ چهارساله بود.
۳. مأخذ بالا صفحات ۴۰-۴۱.
۴. خادم، غصن اطهر و نظم جدید در کتاب ذکرالله خادم ایادی امرالله خاطرات دوران زندگی، صفحهٔ ۴۵۳.
۵. دیوید روح، ردای نور، صفحهٔ ۱۶۵، (مأخذ انگلیسی).
۶. بالیوزی، شمس حقیقت، صفحهٔ ۱۳۴.
۷. ماتیو، ۱۸:۳، انجیل، ترجمهٔ مؤسسه اینترنشنال.
۸. حضرت بهاءالله نقل از کتاب قرن بدیع، حضرت شوقی افندی صفحه ۲۳۳.
۹. کتاب قرن بدیع، حضرت شوقی افندی، صفحهٔ ۲۲۰.
۱۰. سلمانی، خاطرات من از حضرت بهاءالله، صفحهٔ ۱۳.
۱۱. فاضل، زندگانی حضرت بهاءالله، قسمت دوّم، نجم باختر جلد ۱۴، شمارهٔ ۱۱، صفحهٔ ۳۲۸ (مأخذ انگلیسی).
۱۲. بالیوزی، شمس حقیقت، صفحهٔ ۴۰۰.
۱۳. حسین آشچی، نقل از نفحات ظهور حضرت بهاءالله تألیف ادیب طاهرزاده، جلد ۳، صفحهٔ ۲۲۹.
۱۴. حضرت بهاءالله، نقل از کتاب قرن بدیع، حضرت شوقی افندی، صفحهٔ ۳۷۷.

میرزا مهدی، غصن اطهر

فصل سوّم: سال‌های صباوت در طهران:
۱. کتاب قرن بدیع، حضرت شوقی افندی، صفحهٔ ۲۳۰.
۲. روحیّه خانم ربّانی، تدفین غصن اطهر و مادر حضرت عبدالبهاء، در عالم بهائی جلد ۸، صفحهٔ ۲۵۳-۲۵۸.
۳. بالیوزی، شمس حقیقت، صفحهٔ ۳۳.
۴. در احادیث اسلامی آسیه، همسر فرعون است. حضرت عبدالبهاء او را دختر فرعون می‌شناسند. (خطابات، جلد دوم، صفحه ۱۳۵)
۵. بلومفیلد، شاهراه منتخب، صفحهٔ ۳۵.
۶. مأخذ بالا صفحهٔ ۳۶.
۷. این مسافرت برای سه ماه به طول انجامید از ۱۲ ژانویه تا ۸ اپریل ۱۸۵۳.
۸. بلومفیلد، شاهراه منتخب صفحه ۴۰.

فصل چهارم: دوران تبعید در بغداد، استانبول و ادرنه
۱. بلومفیلد، شاهراه منتخب، صفحه ۴۲.
۲. حضرت شوقی افندی، کتاب قرن بدیع، صفحه ۲۷۰.
۳. منتخباتی از آثار حضرت بهاءالله، شماره ۵۷، اینترنت، نسخه HTML، انتشار جدید کتابخانه مراجع بهائی.
۴. منسوب به حضرت عبدالبهاء در راهنمای مهاجرین توسّط ربّانی، صفحهٔ ۲۰ (مأخذ انگلیسی).

۵. منسوب به حضرت عبدالبهاء، در یادداشت‌های روزانهٔ میرزا احمد سهراب، ۳۰ آپریل ۱۹۱۴، نجم باختر جلد ۸، شمارهٔ ۱۳، صفحات ۱۶۹-۷۰ (مأخذ انگلیسی).
۶. منتخبات آثار حضرت بهاءالله، صفحه ۶۶.
۷. حضرت بهاءالله، نقل از کتاب قرن بدیع به قلم حضرت شوقی افندی، صفحات ۳۲۶-۳۲۷ و توقیعات مبارکهٔ حضرت ولیّ امرالله، ص۱۴۸.
۸. براون، نقل از کتاب قرن بدیع، حضرت شوقی افندی، صفحه ۳۹۰.
۹. میرزا حیدرعلی، نقل از نفحات ظهور حضرت بهاءالله، طاهرزاده، جلد۲، صفحهٔ ۲۰۸.
۱۰. حضرت شوقی افندی، کتاب قرن بدیع، صفحات ۳۳۶-۳۳۷.
۱۱. میرزا مهدی، نقل از سلمانی، خاطرات من از حضرت بهاءالله، صفحهٔ۱۳.
۱۲. طاهرزاده، نفحات ظهور حضرت بهاءالله، جلد۲، صفحه ۴۲۱.
۱۳. طاهرزاده، ولید میثاق، صفحهٔ ۸۹ (مأخذ انگلیسی).
۱۴. حضرت بهاءالله نقل از کتاب قرن بدیع به قلم حضرت‌شوقی افندی، صفحهٔ ۳۷۲.

فصل پنجم: مسافرت طولانی به عکّا

۱. فلپس، زندگانی و دستورالعمل‌های عبّاس افندی، صفحات ۵۳-۴۷. (مأخذ انگلیسی).
۲. حضرت شوقی افندی، کتاب قرن بدیع، صفحهٔ ۳۶۶.
۳. فیضی، فاتح دلها، بخش از ادرنه تا عکّا، صفحات ۲۰۹-۲۱۰.
۴. مؤمن، دیانت‌های بابی و بهائی، صفحهٔ ۲۰۵ (مأخذ انگلیسی).
۵. بالیوزی، شمس حقیقت، صفحهٔ ۳۴۰.

میرزا مهدی، غصن اطهر

۶. بلومفیلد، شاهراه منتخب، صفحهٔ ۵۷.

۷. بوریج، از ادرنه تا عکّا، در کشتی اطریشی لوید (مأخذ انگلیسی).

۸. بالیوزی، شمس حقیقت، صفحات ۳۵۷-۳۶۰.

۹. مؤمن، تبعیدی‌های قبرس، بولتن مطالعات بهائی جلد ۵، شمارهٔ ۳، جلد۶، شمارهٔ ۱، صفحات ۸۴-۱۱ همینطور در اینترنت (مأخذ انگلیسی).

۱۰. فیضی، از ادرنه تا عکّا، بخش ۱۱ از کتاب فاتح دلها (تألیف شرلی ماسیاس)، صفحه ۲۱۰.

۱۱. بالیوزی، شمس حقیقت، صفحهٔ ۳۴۰.

۱۲. حضرت عبدالبهاء، تذکرهٔ الوفاء صفحه ۲۲۵.

۱۳. بلومفیلد، شاهراه منتخب، صفحهٔ ۵۷.

۱۴. فلپس، زندگانی و دستورالعمل‌های عبّاس افندی، صفحات ۵۳-۵۴ (مأخذ انگلیسی).

۱۵. بالیوزی، شمس حقیقت، صفحهٔ ۳۴۴.

۱۶. مأخذ بالا، صفحهٔ ۳۴۵.

۱۷. از قسمت‌های منتشر نشده تاریخ نبیل، نقل شده توسّط بالیوزی در شمس حقیقت، صفحهٔ ۳۴۶.

۱۸. بلومفیلد، شاهراه منتخب، صفحهٔ ۵۸.

۱۹. مأخذ بالا صفحات ۵۷-۵۸.

۲۰. مأخذ بالا، صفحهٔ ۵۸.

۲۱. فلپس، زندگانی و دستورالعمل‌های عبّاس افندی، صفحهٔ ۵۵ (مأخذ انگلیسی).

۲۲. پیام بیت العدل اعظم الهی خطاب به اوّلین کنفرانس اقیانوسیه، پالرمو، سیسیلی، اگست ۱۹۶۸.

فصل ششم- پیاده شدن از کشتی در عکّا

۱. دیوید روح، درِ امید، صفحهٔ ۲۲ (مأخذ انگلیسی).
۲. حضرت شوقی افندی، کتاب قرن بدیع، صفحهٔ ۳۶۷.
۳. بلومفیلد، شاهراه منتخب، صفحهٔ ۵۸.
۴. منسوب به حضرت عبدالبهاء در زندگی در سجن اعظم، یکصدمین سال میلاد حضرت بهاءالله، نجم باختر، جلد۸، شمارهٔ ۱۳، صفحهٔ ۱۷۱.
۵. فلپس، زندگانی و دستورالعمل‌های عبّاس افندی، صفحهٔ ۵۶.
۶. بهائیّه خانم، نقل شده در مأخذ بالا، صفحهٔ ۵۶ (مأخذ انگلیسی).
۷. فیضی، از ادرنه تا عکّا، بخش ۱۱ از کتاب فاتح دلها (تألیف شرلی ماسیاس)، صفحه ۲۱۶.
۸. نقل شده از پین، در خاطرات منتشر نشده صفحات ۳۷-۳۸ (مأخذ انگلیسی).
۹. فیلیپ، ترقّی و نزول شهر عکّا، جلد ۵۵، صفحات ۱۲۴-۱۴۰ (مأخذ انگلیسی).
۱۰. منسوب به حضرت عبدالبهاء در زندگی در سجن اعظم، یکصدمین سال میلاد حضرت بهاءالله، نجم باختر، جلد ۸، شمارهٔ ۱۳، صفحهٔ ۱۷۱.
۱۱. فلپس، زندگانی و دستورالعمل‌های عبّاس افندی، صفحهٔ ۵۶-۵۷ (مأخذ انگلیسی).
۱۲. لاتیمر، مصباح عالم، صفحات ۱۳۲-۱۳۳ (مأخذ انگلیسی).

۱۳. منسوب به حضرت عبدالبهاء در یادداشت‌های روزانهٔ دکتر حبیب مؤیّد، نقل شده در کتاب درِ امید از دیوید روح، صفحهٔ ۲۲۱ (مأخذ انگلیسی).

۱۴. طاهرزاده، نفحات ظهور حضرت بهاءالله، جلد سوّم، صفحات ۱۳-۱۴.

۱۵. بلومفیلد، شاهراه منتخب، صفحات ۱۳۹-۱۴۱.

۱۶. حضرت باب.

۱۷. کتاب قرن بدیع از حضرت شوقی افندی، صفحهٔ ۳۷۱.

۱۸. حضرت بهاءالله نقل شده در مأخذ بالا، صفحهٔ ۳۷۳.

۱۹. فیضی، ، از ادرنه تا عکّا، بخش ۱۱ از کتاب فاتح دلها (تألیف شرلی ماسیاس)، صفحه ۲۱۶.

۲۰. فلپس، زندگانی و دستورالعمل‌های عبّاس افندی، صفحات ۵۸-۵۹ (مأخذ انگلیسی).

۲۱. حزقیل ۴۳:۲ ، کتاب مقدّس ، ترجمه مؤسسه اینترنشنال.

۲۲. مزامیر ۶۰:۹ ، کتاب مقدّس ، ترجمهٔ مؤسسه اینترنشنال.

۲۳. حزقیل ۴۳:۱ ، کتاب مقدّس ، ترجمهٔ مؤسسه اینترنشنال.

۲۴. هوشع ۲:۱۵ ، کتاب مقدّس ، ترجمهٔ مؤسسه اینترنشنال.

۲۵. مزامیر ۱۳۲:۱۴ ، کتاب مقدّس ، ترجمهٔ مؤسسه اینترنشنال.

فصل هفتم: زندگانی در قشلهٔ عسکریه

۱. طاهرزاده، نفحات ظهور حضرت بهاءالله جلد ۳، صفحهٔ ۲۰.

۲. فلپس، زندگانی و دستورالعمل‌های عبّاس افندی، صفحات ۵۷-۵۸ (مأخذ انگلیسی).

۳. لاتیمر، مصباح عالم (مأخذ انگلیسی).
۴. حضرت شوقی افندی در کتاب قرن بدیع، صفحهٔ ۳۷۶.
۵. طاهرزاده، نفحات ظهور حضرت بهاءالله، جلد۳، صفحهٔ ۱۸.
۶. فلسفهٔ الهی از حضرت عبدالبهاء، صفحهٔ ۱۸ (مأخذ انگلیسی).
۷. بالیوزی، شمس حقیقت، صفحهٔ ۳۵۶.
۸. حضرت عبدالبهاء در زندگی در سجن اعظم، نجم باختر، جلد ۸، شمارهٔ ۱۳ (۴ نوامبر ۱۹۱۷) صفحهٔ ۱۷۲ (مأخذ انگلیسی).
۹. حضرت عبدالبهاء، تذکرهٔ الوفاء، صفحهٔ ۳۸.
۱۰. جامعهٔ بین‌المللی بهائی، مکان مقدّس، نوسازی و به روی زائرین گشوده گردید، سرویس خبری عالم بهائی، نوامبر ۲۰۰۴ (مأخذ انگلیسی).
۱۱. حضرت بهاءالله، لوح رئیس، ندای ربّ الجنود، صفحات ۴۸-۴۹.
۱۲. حضرت عبدالبهاء، تذکرةالوفاء، صفحات ۲۶۰ و ۲۶۲.
۱۳. بالیوزی، شمس حقیقت، صفحهٔ ۵۲۰.
۱۴. پین، خاطرات منتشر نشده، صفحهٔ ۳۸ (مأخذ انگلیسی).
۱۵. حضرت عبدالبهاء، تذکرةالوفاء ، صفحه ۲۵۰.
۱۶. مأخذ بالا، صفحات ۲۵۰-۲۵۱.
۱۷. طاهرزاده، نفحات ظهور حضرت بهاءالله، جلد۳، صفحهٔ ۶۲.
۱۸. بالیوزی، شمس حقیقت، صفحهٔ ۳۶۹.
۱۹. فلپس، زندگانی و دستورالعمل‌های عبّاس افندی، صفحات ۷-۵ (مأخذ انگلیسی).
۲۰. بهائیّه خانم، نقل شده در یادداشت‌های روزانهٔ میرزا احمد سهراب، ۵ جولای ۱۹۱۴ در زندگی در سجن اعظم، نجم باختر، جلد۸، شمارهٔ ۱۳، صفحهٔ ۱۷۳ (مأخذ انگلیسی).

میرزا مهدی، غصن اطهر

۲۱. فلپس، زندگانی و دستورالعمل‌های عبّاس افندی، صفحهٔ ۶۶ (مأخذ انگلیسی).

۲۲. ضیاء بغدادی، حضرت عبدالبهاء در امریکا، نجم باختر، جلد ۱۹، شمارهٔ ۵ (اگست ۱۹۲۸)، صفحهٔ ۱۴۱ (مأخذ انگلیسی).

۲۳. حضرت عبدالبهاء، نقل شده در یادداشت‌های خانم ئی جی روزنبرگ، حیفا، فوریه و مارس ۱۹۰۱ (زندگانی در سجن اعظم) نجم‌باختر جلد ۸ شمارهٔ ۱۳، صفحهٔ ۱۷۲ (مأخذ انگلیسی).

۲۴. لوح حضرت عبدالبهاء به ادوارد ب.کینی در مورد اهمیّت جسمانی و روحانی موسیقی، نجم باختر، جلد ۱۵، شمارهٔ ۵، صفحهٔ ۱۳۰ (مأخذ انگلیسی).

۲۵. طاهرزاده، نفحات ظهور حضرت بهاءالله، جلد۳، صفحات ۶۱-۶۲.

۲۶. فلپس، زندگانی و دستورالعمل‌های عبدالبهاء، صفحات ۷۰-۷۱ (مأخذ انگلیسی).

۲۷. طاهرزاده، نفحات ظهور حضرت بهاءالله جلد ۳، صفحات ۲۲۹-۲۳۰.

۲۸. فلسفهٔ الهی از حضرت عبدالبهاء، صفحهٔ ۱۸ (مأخذ انگلیسی).

۲۹. حضرت عبدالبهاء، تذکرةالوفاء صفحهٔ ۲۳۷.

۳۰. بلومفیلد، شاهراه منتخب، صفحهٔ ۸۷

۳۱. طاهرزاده، نفحات ظهور حضرت بهاءالله، جلد ۳، صفحهٔ ۶۰.

۳۲. حضرت عبدالبهاء، تذکرةالوفاء ، صفحهٔ ۳۰.

۳۳. هندال، ملاء اعلی (El Concurso en Lo Alto)، صفحهٔ ۲۲۳ (مأخذ اسپانیولی).

۳۴. بالیوزی، شمس حقیقت، صفحهٔ ۵۶۳.

۳۵. حضرت عبدالبهاء، تذکرةالوفاء ، صفحات ۲۴۱-۲۴۲.
۳۶. لاتیمر، مصباح عالم (مأخذ انگلیسی).
۳۷. آیوس، درگه دوست، صفحات ۱۶۱-۱۶۲.
۳۸. براون، خاطراتی از حضرت عبدالبهاء، صفحهٔ ۳۸ (مأخذ انگلیسی).
۳۹. از خاطرات میرزا عیسی اصفهانی، گفتار شفاهی مرکز میثاق در جمع زائرین و مجاورین در حیفا، صفحهٔ ۴.
۴۰. بلومفیلد، شاهراه منتخب، فصل سوّم، حضرت عبدالبهاء، صفحهٔ ۴۳.
۴۱. هنر زندگی روحانی، صفحات ۶۸-۶۹ (مأخذ انگلیسی).
۴۲. منتخباتی از آثار حضرت بهاءالله، شماره ۴۵، اینترنت، نسخه HTML، انتشار جدید کتابخانه مراجع بهائی.

فصل هشتم: اوّلین زائرین بهائی

۱. حضرت شوقی افندی، کتاب قرن بدیع، صفحهٔ ۳۷۵.
۲. حضرت عبدالبهاء، تذکرةالوفاء ، صفحهٔ ۱۱۷.
۳. مأخذ بالا، صفحهٔ ۴۹، درباره آقا عبد الصّالح باغبان.
۴. مأخذ بالا، صفحهٔ ۲۴۱، دربارهٔ میرزا جعفر یزدی.
۵. مأخذ بالا، صفحه ۸۰، درباره مشهدی فتّاح.
۶. مأخذ بالا، صفحهٔ ۴۵، درباره آقا محمّد علی اصفهانی.
۷. مأخذ بالا، صفحهٔ ۶۴، آقا صدق علی.
۸. تاج وهّاج، صفحه ۱۵۰.
۹. منتخباتی از آثار حضرت نقطه اولی (بیان فارسی)، صفحه ۵۲.

۱۰. مؤمن، جامعهٔ بهائی ایران: روند تبعید و مشکلات ارتباطی در کتاب اصغر فتحی: پناهندگان ایرانی و تبعیدها از زمان خمینی، صفحات ۲۱-۳۶ (مأخذ انگلیسی).

۱۱. فلپس، زندگانی و دستورالعمل‌های عبّاس افندی، صفحهٔ ۶۵ (مأخذ انگلیسی).

۱۲. منتخباتی از آثار حضرت نقطه اولی (قیّوم الاسماء)، صفحهٔ ۳۵-۳۶.

۱۳. حضرت بهاءالله، استخراج از لوحی خطاب به ابوالحسن اردکانی ملخص به حاجی امین، اصل این بیان از دارالتحقیق بیت العدل اعظم واصل شد و مأخذ انگلیسی آن از کتاب درِ امید تألیف دیوید روح صفحهٔ ۳۰ می باشد.

۱۴. حضرت عبدالبهاء، تذکرةالوفاء ، صفحهٔ ۶۰.

۱۵. طاهرزاده، نفحات ظهور حضرت بهاءالله، جلد سوّم، صفحهٔ ۱۹۹.

۱۶. جناب فاضل، شکوه اعمال، نجم باختر، جلد ۱۴، شمارهٔ ۶، صفحهٔ ۱۷۴ (مأخذ انگلیسی).

۱۷. هندال، ملاء اعلی (El Concurso en Lo Alto) (مأخذ اسپانیولی).

۱۸. هونالد، نمونه‌ها صفحهٔ ۱۱۹ (مأخذ انگلیسی).

۱۹. طاهرزاده، نفحات ظهور حضرت بهاءالله، جلد ۳، صفحهٔ ۸۰.

۲۰. مأخذ بالا، صفحه ۸۱، اینها کلمات واقعی حضرت بهاءالله نیستند.

۲۱. مأخذ بالا، صفحهٔ ۸۱

۲۲. مأخذ بالا، صفحات ۸۵-۸۶.

۲۳. حضرت عبدالبهاء، تذکرةالوفاء صفحهٔ ۸۵.

۲۴. حضرت شوقی افندی، کتاب قرن بدیع، صفحات ۳۷۷-۳۷۸.

۲۵. حضرت عبدالبهاء، تذکرةالوفاء صفحهٔ ۵۵.

۲۶. مأخذ بالا، صفحهٔ ۲۵۳.
۲۷. بلومفیلد، شاهراه منتخب، صفحات ۱۱۸-۱۲۰.
۲۸. طاهرزاده، نفحات ظهور حضرت بهاءالله، جلد ۳، صفحات ۶۸-۶۹.
۲۹. حضرت شوقی افندی، قد ظهر یوم المیعاد، صفحهٔ ۱۰۵.

فصل نهم: گنجینهٔ نفیس حق در ارض اقدس

۱. بالیوزی، شمس حقیقت، صفحهٔ ۳۴۸.
۲. در نامه‌ای از افی بیکر به بهائیان ملبورن، ادلاید، پرت، تاسمانیا و سیدنی، ۲۹ مارس ۱۹۲۵ و در نفحات ظهور حضرت بهاءالله جلد سوّم صفحهٔ ۲۲۹.
۳. مطالع الانوار، تلخیص تاریخ نبیل زرندی، صفحه ۴۸.
۴. حضرت بهاءالله نقل شده در ظهور عدل الهی از حضرت شوقی افندی صفحهٔ ۱۶۸.
۵. حضرت ولیّ امرالله، توقیعات مبارکهٔ حضرت ولیّ امرالله، ص۶۰۴.
۶. اشراق خاوری، در «حضرت غصن الله الاطهر» صفحات ۹-۱۴ و در مأخذ انگلیسی در کتاب « ورقات دو شجرهٔ الهیّه » تألیف معانی، صفحهٔ ۱۱۰.
۷. فلپس، زندگانی و دستورالعمل‌های عبّاس افندی، صفحات ۶۶-۶۷.
۸. طاهرزاده، نفحات ظهور حضرت بهاءالله، جلد ۳، صفحه ۲۳۰.
۹. نامه‌ای از افی بیکر به بهائیان ملبورن، ادلاید، پرت، تاسمانیا و سیدنی ۲۹ مارس ۱۹۲۵.
۱۰. مک لین، بساطت الهی: یادی از آخرین ایادی امرالله علی‌محمّد ورقا.

۱۱. یک منبع نقل کرده است که ابتدا او را بیهوش یافتند و سپس به هوش آمد. براون، اطّلاعات برای مطالعه دربارهٔ دیانت بهائی.

۱۲. مأخذ بالا، صفحات ۲۰۶-۲۰۷.

۱۳. طاهرزاده، نفحات ظهور حضرت بهاءالله، جلد ۳، صفحهٔ ۲۳۰.

۱۴. اشراق خاوری، در «حضرت غصن الله الاطهر» صفحات ۱۴-۹ و در مأخذ انگلیسی در کتاب « ورقات دو شجرهٔ الهیّه» تألیف معانی، صفحهٔ ۱۱۰.

۱۵.فلپس، زندگانی و دستورالعمل‌های عبّاس افندی، صفحهٔ ۶۷ (مأخذ انگلیسی).

۱۶. طاهرزاده، نفحات ظهور حضرت بهاءالله، جلد ۳ ، صفحات ۲۳۴-۲۳۳.

۱۷. بالیوزی، شمس حقیقت، صفحهٔ ۳۹۹.

۱۸.طاهرزاده، نفحات ظهور حضرت بهاءالله، جلد ۳ ، صفحهٔ ۲۳۴.

۱۹. فلپس، زندگانی و دستورالعمل‌های عبّاس افندی ، صفحات ۶۷-۶۸ (مأخذ انگلیسی).

۲۰. طاهرزاده، نفحات ظهور حضرت بهاءالله، جلد ۳، صفحات ۲۳۳-۲۳۲.

۲۱. معانی، ورقات دو خاندان اغصان و افنان ، صفحات ۱۱۰-۱۱۱ (مأخذ انگلیسی).

۲۲. ضیاء خانم در یادداشتهای اتل روزنبرگ فوریه و مارس ۱۹۰۱ دربارهٔ «زندگی در سجن اعظم» نجم باختر جلد ۸، شمارهٔ ۱۳، صفحهٔ ۱۷۲ (مأخذ انگلیسی).

۲۳. بالیوزی، شمس حقیقت، صفحهٔ ۴۰۰.

۲۴. حضرت شوقی افندی، کتاب قرن بدیع، چاپ دوم، ۱۴۹ بدیع، صفحهٔ ۳۷۹.
۲۵. طاهرزاده، نفحات ظهور حضرت بهاءالله، جلد ۳ ، صفحهٔ ۲۳۳.
۲۶. مأخذ بالا.
۲۷. روح، درِ امید، صفحهٔ ۳۳ (مأخذ انگلیسی).
۲۸. فلپس، زندگانی و دستورالعمل‌های عبّاس افندی، صفحات ۶۹-۷۰ (مأخذ انگلیسی).
۲۹. منتخبات آثار حضرت بهاءالله، صفحهٔ ۷.

فصل دهم: فداکاری عظیم و رهایی‌بخش غصن اطهر

۱. حضرت شوقی افندی، کتاب قرن بدیع، چاپ دوم، ۱۴۹ بدیع، صفحهٔ ۳۷۸.
۲. حضرت شوقی افندی، کتاب قرن بدیع، چاپ دوم، ۱۴۹ بدیع، صفحات ۳۷۹-۳۸۰.
۳. طاهرزاده، نفحات ظهور حضرت بهاءالله، جلد ۳، صفحات ۲۴۲-۲۴۳.
۴. حضرت شوقی افندی، کتاب قرن بدیع، چاپ دوم، ۱۴۹ بدیع ، صفحهٔ ۳۷۹.
۵. طاهرزاده، نفحات ظهور حضرت بهاءالله، جلد ۳، صفحهٔ ۲۳۵.
۶. حضرت بهاءالله، مجموعهٔ دعا و مناجات، چاپ برزیل،۱۵۴ بدیع، شماره ۳۰، صفحات ۲۸-۲۹.
۷. نامه ای از بیت العدل اعظم به کلیهٔ محافل روحانی ملّی ۲۵ مارس ۱۹۷۰، صفحه ۱۶.
۸. طاهرزاده، نفحات ظهور حضرت بهاءالله، جلد ۳، صفحه ۲۳۳

۹. نامه‌ای از بیت العدل اعظم به کلیهٔ محافل روحانی ملّی ۲۵ مارس ۱۹۷۰، صفحه ۱.
۱۰. مراسم یادبود در مرکز جهانی، عالم بهائی، جلد ۱۵، صفحهٔ ۱۶۳ (مأخذ انگلیسی).

فصل یازدهم: زندگانی بدون میرزا مهدی

۱. طاهر زاده، نفحات ظهور حضرت بهاءالله، جلد ۳، صفحه ۲۳۳.
۲. حضرت عبدالبهاء، تذکرةالوفاء ، صفحهٔ ۸۷.
۳. ضیائیه خانم در یادداشت‌های اتل روزنبرگ فوریه و مارس ۱۹۰۱ دربارهٔ «زندگی در سجن اعظم» نجم باختر جلد ۸، شمارهٔ ۱۳، صفحات ۱۷۲-۳ (مأخذ انگلیسی).
۴. حضرت بهاءالله، مجموعهٔ دعا و مناجات،چاپ برزیل، ۱۵۴ بدیع، شماره ۳۰، صفحه ۲۹.
۵. منتخباتی از آثار حضرت بهاءالله، شماره ۶۸، اینترنت، نسخه HTML، انتشار جدیدکتابخانه مراجع بهائی.
۶. بلومفیلد، شاهراه منتخب، صفحات ۸۷-۸۸.
۷. حضرت شوقی افندی، توقیعات خطاب به امریکا، صفحهٔ ۳۶.
۸. حضرت شوقی افندی، توقیعات مبارکه (۱۹۵۲-۱۹۵۷)، صفحهٔ ۱۷۸ و قسمتی از اشعیا (کتاب مقدّس) فصل ۵۴ و ترجمه قسمتی از توقیعات مبارکه خطاب به آمریکا.
۹. حضرت شوقی افندی، توقیعات مبارکه (۱۹۲۷-۱۹۳۹) ، صفحه ۳۰۷.

فصل دوازدهم: مرقد غصن اطهر

۱. به ضمیمه مراجعه شود.
۲. روحیّه ربّانی، گوهر یکتا، صفحهٔ ۳۹۶.
۳. حضرت شوقی افندی، « سرنوشت آشکار جامعه بهائی انگلستان»، صفحهٔ ۱۳۴ (مأخذ انگلیسی).
۴. از توقیعات حضرت شوقی افندی مورّخه ۵ دسامبر ۱۹۳۹ خطاب به احبّای امریکا رؤیت شده در کتاب بهائیّه خانم حضرت ورقهٔ علیا، فصل سوم، شماره ۲۹.
۵. حضرت شوقی افندی، توقیعات خطاب به امریکا، صفحهٔ ۴۹.
۶. روحیّه ربّانی، گوهر یکتا، صفحهٔ ۳۹۶.
۷. حضرت شوقی افندی، نامه ۲۱ دسامبر ۱۹۳۹ خطاب به جامعه بهائی عالم.
۸. حضرت شوقی افندی، کتاب قرن بدیع، صفحهٔ ۷۰۰.
۹. حضرت شوقی افندی، شماره ۳۰ ، روئیت شده در کتاب بهائیّه خانم حضرت ورقهٔ علیا.
۱۰. حضرت شوقی افندی، توقیعات خطاب به امریکا، صفحهٔ ۳۶.
۱۱. حضرت شوقی افندی، در لوح نوروز ۱۱۱ بدیع.
۱۲. مأخذ بالا.

فصل سیزدهم: قصیدهٔ عزّ ورقائیه

۱ . بارنز ، پنج سنگریزهٔ میرزا مهدی(مأخذ انگلیسی).
۲. حضرت شوقی افندی، کتاب قرن بدیع، صفحهٔ ۲۵۶-۲۵۷.
۳. طاهرزاده، نفحات ظهور حضرت بهاءالله جلد۱، صفحهٔ ۷۳.
۴. حضرت ولیّ امرالله، توقیعات مبارکهٔ حضرت ولیّ امرالله، ص۶۰۴.

۵. براون، منابع برای مطالعهٔ مذهب بابی، صفحهٔ ۴۹ (مأخذ انگلیسی).
۶. بالیوزی، شمس حقیقت، صفحهٔ ۳۹۷.
۷. طاهرزاده، نفحات ظهور حضرت بهاءالله، جلد۳، صفحهٔ ۲۳۰.
۸. مأخذ بالا.
۹. حضرت شوقی افندی، کتاب قرن بدیع، صفحات ۳۷۸-۳۷۹.
۱۰. لاتیمر، مصباح عالم ، صفحهٔ ۸۹ (مأخذ انگلیسی).
۱۱. نامه افی بیکر به بهائیان ملبورن، ادلاید و محافل پرت ۲۹ مارس ۱۹۲۵ (مأخذ انگلیسی).
۱۲. لاتیمر، مصباح عالم ، صفحات ۸۹-۹۶ (مأخذ انگلیسی).
۱۳. حضرت بهاءالله، ندای ربّ الجنود، صفحهٔ ۴۰.
۱۴. بلومفیلد، شاهراه منتخب، صفحه ۱۲۳.
۱۵. سرویس خبری عالم بهائی، ۲۴ نوامبر ۲۰۰۴ «مکان مقدّس نوسازی و بر روی زائرین گشوده شد.» (مأخذ انگلیسی).

فصل چهاردهم: بخش آخر

۱. اشراق خاوری، ایام تسعه، الواح وصایای حضرت عبدالبهاء، صفحهٔ ۴۶۸.
۲. جان ۱۳:۱۵، انجیل، ترجمهٔ موسسه اینترنشنال.
۳. معانی، « ورقات دو شجرهٔ الهیّه »، صفحهٔ ۱۵۰ (مأخذ انگلیسی).
۴. سفر پیدایش ۱۸- ۱:۲۲، کتاب مقدّس ، ترجمهٔ موسسه اینترنشنال.
۵. حضرت بهاءالله، مجموعهٔ دعا و مناجات، چاپ برزیل،۱۵۴ بدیع، شماره ۸، صفحات ۱۲-۱۳.
۶. حضرت شوقی افندی، کتاب قرن بدیع، صفحهٔ ۳۷۸.

مآخذ و یادداشت‌ها

۷. نگبورن، داستان یک یتیم (مأخذ انگلیسی).

۸. حضرت عبدالبهاء، منتخباتی از مکاتیب حضرت عبدالبهاء، جلد اول، صفحه ۱۹۴.

۹. حضرت شوقی افندی، قرن بدیع، صفحهٔ ۳۷۹.

۱۰. جامعهٔ بین‌المللی بهائی، ارج نهادن به روحانیت در امر توسعه (مأخذ انگلیسی).

۱۱. طاهر زاده، نفحات ظهور حضرت بهاءالله، جلد ۳، صفحه ۲۳۲.

۱۲. ربّانی، گوهر یکتا، صفحهٔ ۱۱۷.

۱۳. فلپس، زندگانی و دستورالعمل‌های عبّاس افندی، صفحهٔ ۶۷ (مأخذ انگلیسی).

۱۴. طاهرزاده، نفحات ظهور حضرت بهاءالله جلد ۳، صفحهٔ ۲۳۴.

۱۵. منتخباتی از آثار حضرت بهاءالله، صفحهٔ ۱۳۱.

۱۶. مجموعهٔ الواح حضرت بهاءالله، لوح کرمل، صفحه ۱.

۱۷. آمار، سرویس خبری عالم بهائی (مأخذ انگلیسی).

۱۸. نامهٔ بیت العدل اعظم به جوانان بهائی در سراسر عالم، ۱۰ ژوئن ۱۹۶۶.

ضمیمه: استقرار رمسین اطهرین غصن اطهر و مادر بزرگوار حضرت عبدالبهاء در کوه کرمل، بقلم روحیه خانم ربّانی

۱. اصل این مقاله در کتاب عالم بهائی، جلد ۸، صفحات ۲۵۳-۲۵۸ چاپ شده است.

۲. روحیّه ربّانی، گوهر یکتا، صفحهٔ ۳۹۸.

۳. حضرت بهاءالله، نقل از کتاب حضرت بهاءالله تألیف محمد علی فیضی، صفحهٔ ۲۲۶.

میرزا مهدی، غصن اطهر

۴. مأخذ بالا، صفحهٔ ۲۲۷.
۵. مأخذ بالا.
۶. اشعیاء نقل از رحیق مختوم، جلد ۲، صفحهٔ ۱۰۳۸.
۷. حضرت بهاءالله، نقل از کتاب حضرت بهاءالله تألیف محمد علی فیضی، صفحهٔ ۲۳۷.
۸. روحیه ربّانی، گوهر یکتا، صفحهٔ ۳۹۶.
۹. حضرت شوقی افندی، قرن بدیع، صفحهٔ ۲۱۰.
۱۰. روحیه ربّانی، گوهر یکتا، صفحات ۳۹۹-۴۰۰.
۱۱. مأخذ بالا، صفحهٔ ۴۰۰.